# PSICANÁLISE
# DO ADOLESCENTE

Patrick Delaroche

# PSICANÁLISE DO ADOLESCENTE

*Tradução MARIA FERNANDA ALVARES*
*Revisão da tradução ANDRÉA STAHEL MONTEIRO DA SILVA*

*wmf* **martinsfontes**

SÃO PAULO 2008

Esta obra foi publicada originalmente em francês com o título
PSYCHANALYSE DE L'ADOLESCENT
por Armand Colin, Paris.
Copyright © Armand Colin 2005.
Copyright © 2008, Livraria Martins Fontes Editora Ltda.,
São Paulo, para a presente edição.

1ª edição 2008

Tradução
*MARIA FERNANDA ALVARES*

Revisão da tradução
*Andréa Stahel M. da Silva*
Acompanhamento editorial
*Luzia Aparecida dos Santos*
Revisões gráficas
*Solange Martins
Maria Regina Ribeiro Machado*
Produção gráfica
*Geraldo Alves*
Paginação
*Moacir Katsumi Matsusaki*

Dados Internacionais de Catalogação na Publicação (CIP)
(Câmara Brasileira do Livro, SP, Brasil)

Delaroche, Patrick
 Psicanálise do adolescente / Patrick Delaroche ; tradução
Maria Fernanda Alvares. – São Paulo : WMF Martins Fontes,
2008. – (Psicologia e pedagogia)

 Título original: Psychanalyse de l'adolescent
 Bibliografia
 ISBN 978-85-7827-014-8

 1. Psicanálise do adolescente I. Título. II. Série.

08-00903                                  CDD-616.891700835

Índices para catálogo sistemático:
1. Adolescentes : Psicanálise : Ciências médicas    616.891700835
2. Psicanálise do adolescente : Ciências médicas    616.891700835

Todos os direitos desta edição reservados à
***Livraria Martins Fontes Editora Ltda.***
*Rua Conselheiro Ramalho, 330 01325-000 São Paulo SP Brasil
Tel. (11) 3241.3677 Fax (11) 3101.1042
e-mail: info@martinsfontes.com.br http://www.wmfmartinsfontes.com.br*

*À memória de Jean Cournut*

# Sumário

**Prefácio** XI

**Introdução**
O nascimento da psicanálise do adolescente na França:
uma história em três tempos  **1**
Emergência do conceito de adolescência  **2**
Freud e as "metamorfoses da puberdade"  **6**
  O primado do genital  **6**
  O a posteriori  **7**
  A descoberta do objeto  **8**
  A fixação incestuosa  **10**
A contribuição de Pierre Mâle  **12**
  As concepções de Pierre Mâle sobre a psicopatologia
  e a psicoterapia na adolescência  **13**

**Capítulo I**
Processo de adolescência, processo analítico  **19**
Introdução  **19**
O amor adolescente é narcísico?  **26**
  O amor não é apenas narcísico?  **27**
  A dialética  **28**
  Os danos do amor dito narcísico  **29**

A castração  33
Clínica  37
Que bissexualidade na adolescência?  41
   Bissexualidade ou bissexuação?  41
   A identificação primária  43
   O Édipo  47
   A adolescência e a bissexualidade  49
Conclusão  50
   Metapsicologia do processo de adolescência  50
   Processo analítico e processo de adolescência  53

**Capítulo II**
**Da psiquiatria à psicanálise  55**
Princípios e atitudes do psicanalista de adolescentes  55
   Princípios do tratamento psicanalítico dos distúrbios
   psiquiátricos do adolescente  57
   Alguns exemplos de atitudes psicanalíticas ante distúrbios
   psiquiátricos da adolescência  64
Diagnóstico psiquiátrico ou diagnóstico psicanalítico dos
"momentos" psicóticos da adolescência?  71
   Que significa o termo "psicose" para o psiquiatra
   ou para o psicanalista, e mesmo para psicanalistas
   de escolas diferentes?  75
   Qual é a incidência do diagnóstico sobre a evolução?  75
   Diferenças entre diagnóstico psiquiátrico e psicanalítico  76
Reflexões sobre o desencadeamento das psicoses
na adolescência  78
   Voltar a uma fenomenologia  79
   A urgência  80
   Quais referências?  80
O Sujeito em estado-limite ou os limites da estrutura  82
Loucuras neuróticas  88
   A aposta da estrutura  90
   Exemplos  92

Clínica do Imaginário   93
Como determinar a estrutura?   95
E a adolescência   96
O corpo, espelho do adolescente   97

**Capítulo III**
Como a transferência pode se tornar terapêutica?   107
O adolescente e a psicanálise   107
 A transferência   108
 O processo de adolescência   109
 O sexo do analista   110
Narciso e Goldmund: a revolução adolescente   111
A transferência adolescente   117
 Nascimento da transferência   117
 A transferência entre amor e desejo   119
 A transferência adolescente   121
 A transferência adolescente em análise   123
 Transferência adolescente fora do tratamento
 e no tratamento   128
Como o psicodrama individual analisa a desconfiança dos adolescentes para com a psicanálise?   130
 Desconfiança de transferência ou desconfiança da
 palavra livre?   132
 Como o psicodrama contorna as defesas   135

**Capítulo IV**
Adolescência e pai ideal   143
A implicação inconsciente do conflito do adolescente
com a família   146
 O adolescente, ditador invonluntário   148
 O adolescente incestuoso sem saber   152
 O pai ideal (da mãe) e a configuração narcísica de Kohut   153
 E a menina?   155
 A recusa do complexo de Édipo   156

O mundo do avesso: a educação (tornada) impossível   *159*
A bela alma   *159*
Batem no professor   *164*
O apelo ao terceiro rejeitado?   *165*
Conclusão   *167*
Demissão do pai: uma violência fonte de violência   *169*

**Capítulo V**
O adolescente e a instituição   *179*
Balanço da situação   *181*
As dificuldades escolares na adolescência   *188*
Incidência da adolescência sobre as dificuldades escolares antigas   *191*
Diminuição recente do rendimento escolar   *196*
A inibição parcial e a neurose de fracasso   *199*
O adolescente em busca de nossos limites: reflexões sobre o tratamento psicanalítico em hospital-dia   *204*
Fort-Da   *210*
Além de nossos limites   *212*
Pôr limites   *213*
O adolescente, objeto de cuidado ou sujeito do desejo   *215*
Conclusão   *222*

**Glossário**   *225*
**Bibliografia**   *231*
**Índice remissivo**   *235*

# Prefácio

Este livro pretende ajudar a entender a adolescência psicanaliticamente, tanto em seu processo (que visa à separação dos pais) como em sua patologia. Tenta, portanto, responder ao desafio lançado por Octave Mannoni, que afirmava em 1984: "Mais do que curar a crise da adolescência, reduzi-la, é preciso acompanhá-la, e, se soubermos como, explorá-la para que o sujeito obtenha disso o melhor possível."[1] Pode-se, com efeito, esperar que uma melhor apreensão do inconsciente adolescente ajude a evitar os contratempos da idade.

Essa já era a preocupação de Pierre Mâle, pioneiro na matéria, que concretizou as descobertas de Freud, curiosamente mantidas na teoria até então, enquanto a adolescência se organizava em movimentos de juventude dos quais seus alunos participavam ativamente (cf. *Naissance de la psychanalyse d'adolescents: une histoire en trois temps* [Nascimento da psicanálise de adolescentes: uma história em três tempos]).

Mas a existência de um processo inconsciente supõe que ele possa faltar: de fato, é o que se constata em algumas análises de adultos. Além disso, em vez de favorecer esse processo, a psicanálise o expõe e às vezes o prolonga indefinidamente

---

1. O. Mannoni, "L'adolescence est-elle analysable?", *La crise d'adolescence*, Paris, Denoël, L'espace analytique, 1984.

(cf. Primeira parte: "Processo de adolescência, processo analítico"). Isso não significa que os adolescentes só possam se beneficiar da análise com a condição de ela se adaptar à demanda adolescente: entrevistas com um analista autêntico, psicoterapia simples, psicodrama individual...

Pois, infelizmente, muitos adolescentes hoje parecem atenuar a ausência de ritos de passagem, por meio de uma passagem obrigatória pela psiquiatria com seu cortejo de rótulo diagnóstico e de neuroleptização. De fato, à maioria é colado o diagnóstico de *borderline*, no qual cabe tudo, em razão das numerosas bizarrices desse período. A assistência psicoterapêutica toma, portanto, a forma de uma verdadeira metamorfose (cf. Segunda parte: "Da psiquiatria à psicanálise").

O processo adolescente se articula, evidentemente, na transferência em todos os sentidos do termo: transferência para uma figura ideal, da paixão não realizada pelos pais, mas também transferência narcísica na medida (ou desmedida) das faltas simbólicas presentes desde a infância. Essas transferências se estabelecem como que naturalmente: cabe ao analista saber percebê-las, verbalizá-las e utilizá-las para outros fins que não mórbidos! (cf. Terceira parte: "Como a transferência pode se tornar terapêutica?").

A adolescência é um fenômeno social... desde que existe. A violência de que seria portadora se assemelha às violências institucionais que lhe foram feitas desde seu re-nascimento (no século XIX na Europa): supressão das organizações de jovens, desaparecimento dos ritos de passagem que explicam, para a historiadora Michelle Perrot, o aparecimento de uma adolescência sociológica vivida como perigosa[2]. Mais recentemente, o declínio da função paterna[3], a infantilização dos pais pelo aparelho do Estado[4], o estímulo ao consumo pela televi-

---

2. Cf. P. Delaroche, *Adolescence, enjeux cliniques et thérapeutiques*, Paris, Armand Colin, 2004.
3. Deve-se distinguir da presença real do pai.
4. Estudantes são incitados por assistentes sociais a apresentar queixa contra os pais quando estes não os ajudam o suficiente financeiramente.

são⁵, tudo concorre para deificar o prazer do adolescente em detrimento de sua educação. Ora, a falta de limites é uma violência, por sua vez fonte de uma violência secundária (cf. Quarta parte: "Adolescência e pai ideal").

Essa última reflexão leva naturalmente a indagar sobre o papel da instituição para adolescentes. Se um adolescente põe em questão as instituições em sentido amplo (ameaçado pelos medos imaginários, entre sedução e perseguição), o adolescente que sofre de distúrbios psíquicos, ao contrário, encontra na instituição cuidadora referências indispensáveis para seu equilíbrio. E, com a condição de que algumas regras sejam respeitadas pelos próprios adultos, ela pode ter indiretamente uma função apaziguadora sobre o próprio distúrbio psíquico. Mas isso implica uma instituição o *menos segregativa* possível, ou seja, não baseada na doença (continuar assim implicaria manter o *status* de doente), mas na maneira de sair dela. Por esse motivo, o meio escolar pode e deve desempenhar um papel essencial: oferece um *status* de aluno e não um *status* de doente, mesmo que o aluno⁶ esteja em dificuldade. Essa concepção de instituição para adolescentes se ajusta aos princípios da assistência psicanalítica. No entanto, ela necessita que os cuidadores se arrisquem constantemente e dividam isso com os pais, o que é cada vez menos aceito pela doxa (cf. Quinta parte: "O adolescente e a instituição").

...................
5. Estudos mostraram que são os adolescentes que "prescrevem" os novos produtos aconselhados pela publicidade televisiva.
6. Sem dúvida, não é por acaso que os hospitais-dia especializados na adolescência se preocupam com o meio escolar, até integrá-lo em seu funcionamento, e referem-se à psicanálise.

*Introdução*
# O nascimento da psicanálise do adolescente na França: uma história em três tempos

A psicanálise[1] do adolescente nasceu depois da Segunda Guerra Mundial, nos anos 1950. Ela não poderia ter vindo ao mundo – desculpem-me o truísmo – se a adolescência sociológica não tivesse sido inventada no século XIX. Além disso, também não poderia ter existido sem a invenção da psicanálise no século XX; de fato, foi criada por psiquiatras antes de tudo psicanalistas, como Pierre Mâle, cuja contribuição foi fundamental. Assim, podem-se definir três tempos na história de seu nascimento: sociológico, psicanalítico, psiquiátrico. Três tempos que se articulam, sobretudo, não de modo linear, cronológico, mas de maneira lógica, aquela do *a posteriori* freudiano ou do tempo lógico lacaniano.

A "prova" de que a invenção da psicanálise da adolescência responde à lógica em três tempos é dada pelos períodos de transição, que vêem sobreporem-se dois dos períodos citados. O primeiro desses períodos é aquele em que a adolescência

..................
1. Entendo por isso a *assistência terapêutica* a adolescentes (em crise ou acometidos por uma patologia mental) pelo *método psicanalítico* que lhes era até então mais ou menos recusado por razões teóricas (A. Freud) ou práticas (o âmbito da análise do adulto era muito restritivo). Esse método psicanalítico podia revestir diferentes formas, psicoterapia breve (devida ao adolescente), psicodrama individual e até mesmo psicanálise *stricto sensu* (cf. a parte deste livro dedicada à terapêutica).

manifesta sua organização corporativista na Alemanha e na Áustria, quando a psicanálise começa a se difundir. Ora, os primeiros psicanalistas a se interessar pela adolescência não apenas participam plenamente desse movimento como, principalmente, deturpam os conceitos analíticos para justificar sua adesão ao grupo[2]. A contemporaneidade não é, portanto, uma garantia de rigor psicanalítico. O segundo período de transição, situado entre a época da teorização psicanalítica e a fase psiquiátrica que seria, por assim dizer, a aplicação dela, está ligado à mesma cegueira: "compreende-se" a adolescência, mas não se sabe cuidar dos adolescentes. Esse desconhecimento fundamental era ilustrado pela própria filha de Freud. Resta, assim, definir agora cada um desses períodos que resultaram na psicanálise do adolescente tal como a conhecemos hoje: tão misturada ao tratamento psiquiátrico (e a suas justificações) que é difícil separar o joio do trigo. Entretanto, é o que tentaremos fazer, com um cuidado terapêutico, teórico e definitivamente ético.

## Emergência do conceito de adolescência

Tal como o conceito de infância depreendido por Philippe Ariès, o conceito de adolescência pode ser datado: pode-se dizer que, nascido com a Revolução, ele emerge no século XIX (o termo *adolescência* perde sua conotação irônica nos dicionários em 1850[3]). E no século XX adquire seus fundamentos médicos – a palavra *hormônio* foi criada por Starling em 1905 – e psicológicos – os *Três ensaios sobre a teoria da sexualidade* de Sigmund Freud datam de 1905.

A questão que se coloca é saber o que existia antes desse período: adolescência desconhecida ou ausência de adoles-

..........
2. S. Bernfeld, "La psychanalyse dans le mouvement de jeunesse", *Adolescence*, 14, 1, 1996, pp. 205-11.
3. P. Huerre, M. Pagan-Reymond, J.-M. Reymond, *L'adolescence n'existe pas: histoire des tribulations d'un artifice*, Paris, Éditions Universitaires, 1990.

cência? Certamente, desde a Antiguidade sempre houve uma juventude e um problema da juventude. Mas parece que os gregos, por exemplo, limitavam o problema da passagem pubertária por meio do recrutamento militar (a efebia), ao passo que entre as meninas os ritos matrimoniais faziam as vezes de ritos de passagem. Da mesma maneira, entre os romanos, o início da idade adulta é marcado pelo dia da tomada da toga viril, aos 17 anos, e por uma peregrinação ao Capitólio. Mas também, e principalmente, existiam em Roma, na época imperial, grupos de jovens que tinham todas as características de verdadeiras formações políticas (apoiando, por exemplo, um candidato à magistratura suprema). Assim, parece que a *organização social* dos adolescentes e os *ritos* resolveram para essas sociedades o que chamamos de "(problema da) adolescência".

É clássico dizer que, nas sociedades primitivas, a adolescência não existia, porque fora substituída pelos ritos de iniciação. No plano psicanalítico, é evidente que esses ritos resolvem problemas psicológicos, tais como o abandono da infância ou a separação dos pais, que todo adolescente encontra sem que tenha necessariamente consciência disso. Aliás, é assim que a comunidade suprime a vergonha ligada à bissexualidade, por exemplo, ou às pulsões incestuosas. Os meios empregados agem por *deslocamento simbólico*: citemos a perfuração das orelhas nos povos Manus (arquipélago de Almirantado) estudados por Marguerite Mead, a absorção de esperma de seus amigos virgens pelo jovem Baruya (golfo de Papuásia), relatada por Maurice Godelier. Mas, mesmo nessas sociedades, a organização dos adolescentes pode substituir os ritos. É por isso que não existe nenhum rito de iniciação entre os trobriandeses (Nova Guiné), estudados por Malinowski. Nessa sociedade matriarcal em que o tio por parte de mãe desempenha o papel do pai, os adolescentes do sexo masculino deixam a casa dos pais para morar numa casa coletiva, o *bukumatula*, onde encontram suas bem-amadas.

Ora, é provável que, nas sociedades medievais e até o século XVII, tais organizações de adolescentes tenham existido.

Citemos os *Knabenschaften* (*Knaben* = meninos, *Schaft* = fase) suíços, os *bachelleries* na França. Sua supressão legal ou seu declínio parecem estar na origem do fenômeno da adolescência.

Para a historiadora Michelle Perrot – que cita Aurore de Saxe, avó de George Sand –, "foi a Revolução que inventou a velhice no mundo", com a abolição das formas de classificação tradicionais tendendo a se apoiar nas características individuais, no sexo e na idade. Em 1775, os menores de 20 anos formavam 42% da população, ao passo que os maiores de 60 anos apenas 7%. A Revolução Francesa foi uma revolução da juventude, juventude que se tornaria uma ameaça para o poder político do século XIX – uma vez que o sistema corporativo do Antigo Regime já não estava presente para arregimentá-la e a urbanização que acompanhou o desenvolvimento industrial desorganizava sua distribuição no espaço. Daí a urgência em retardar o momento em que os jovens poderão assumir responsabilidades políticas e sociais: é disso que se ocupam as leis eleitorais (Levi e Schmitt, 1994). Desde seu surgimento, a adolescência é, portanto, vivida como perigosa.

Naquela época, os *Wandervögel* (os "Pássaros migratórios"), criados em 1896 na Alemanha, eram uma grande organização da juventude. No entanto, esse movimento, "ligado à reivindicação antiautoritária da liberação sexual implicada na psicanálise"[4], comportava apenas meninos, e S. Bernfeld, um dos primeiros companheiros de Freud, que dirigia o ramo austríaco dos *Wandervögel*, chegou mesmo a "teorizar" a exclusão das meninas "porque tomou consciência do fato de que o eros da puberdade necessita que as noções de homem e de masculino sejam associadas"! Segundo August Aichorn, outro pioneiro da psicanálise da adolescência, especialista em delinqüência e autor de *Jeunesse à l'abandon* [Juventude abandonada] (1925), a instituição cuidadora deve oferecer ao jovem delinqüente satisfações superiores às que ele encontraria roubando,

---

4. J. Losserand, *in* "L'adolescence dans l'histoire de la psychanalyse", *Cila*, n° 1, 1996.

correndo o risco de deixá-lo escolher entre ambas para provocar o que chama de "transferência".

Hoje essas teorizações nos fazem rir, e empregamos para refutá-las argumentos extraídos da teoria freudiana já formulada na época. Os movimentos de massa provaram sua nocividade a partir de então. Oferecer ao delinqüente, como sugere A. Aichorn, aquilo que supostamente lhe faltou nos parece implicar uma cegueira semelhante à que leva a militar, como Bernfeld, num movimento de que se é ao mesmo tempo o teórico. O sentimento de culpa do delinqüente é tão forte, de fato, que o faz cometer delitos para se consolar: isso não vai ao encontro do tratamento que Aichorn aplica ao delinqüente...

Essa clivagem entre clínica e teoria é explicada de diversas maneiras. De um lado, com efeito, a adolescência é assimilada à juventude e não é ainda considerada um fenômeno individual, um fenômeno *clínico*. De outro, a teorização da adolescência ainda é chamada de *puberdade* e é marcada pela biologia. Ora, esses dois aspectos, sociológico e biológico, serão reunidos no conceito atual de adolescência. De início *crise de adolescência* reconhecida pelos psicólogos (M. Debesse), recebe suas cartas de nobreza psicanalítica com a teorização de um processo inconsciente que serve de base a suas implicações.

Desde o princípio, as concepções de um Bernfeld – para quem as necessidades sexuais do adolescente são diferentes das necessidades sexuais da infância e da maturidade – opõem-se à posição "estrutural" antecipada por Ernst Jones, para quem "a adolescência recapitula a primeira infância". Essa oposição é encontrada em duas correntes atuais: uns, com Donald Winnicott, procuram acompanhar um processo estrutural; outros, a exemplo de Moses Laufer, insistem, ao contrário, na patologia e na necessidade de uma intensa terapia reparadora. O principal desacordo concerne de fato à maneira de considerar a sexualidade: os primeiros se interessam pela sexualidade inconsciente *da* adolescência; os segundos pela sexualidade *na* adolescência.

## FREUD E AS "METAMORFOSES DA PUBERDADE"

As "metamorfoses da puberdade" constituem o terceiro capítulo dos *Três ensaios sobre a teoria da sexualidade* publicados em 1905 e modificados até 1924. Em Freud, puberdade e adolescência são rigorosamente *sinônimos*. A puberdade vê a conclusão de "uma das realizações psíquicas mais importantes, mas também mais dolorosas [deste] período, a emancipação da autoridade dos pais; somente por ela se cria a oposição entre a nova e a antiga geração, tão importante para o progresso cultural"[5]. Essa tarefa cabe apenas à adolescência, como processo psíquico (em parte inconsciente) que permite passar da infância para a fase adulta.

## O primado do genital

Na adolescência, as pulsões sexuais pré-genitais, orais e anais, vêem sua importância se relativizar: até então eram de fato auto-eróticas. A puberdade vai dar importância à fase fálica do garoto, ao passo que vai provocar o recalque da sexualidade clitoridiana na menina. Portanto, a evolução normal do menino faz com que ele supere esses prazeres pré-genitais: ele não os abandona verdadeiramente, já que Freud faz disso a base do *prazer preliminar* para o ato sexual, base que vai contribuir para aumentar o *prazer terminal* genital. Quanto à menina, ela também não abandona sua sexualidade infantil: como esta é exclusivamente clitoridiana, logo masculina, vai ao contrário servir para "transmitir", no ato sexual, sua excitação para as partes femininas vizinhas (logo, para a vagina), "um pouco como as resinosas podem ser úteis para queimar a madeira mais dura"[6].

O interesse por essa teorização da sexualidade, para Freud, é definir uma sexualidade normal em relação ao pato-

---
5. S. Freud (1905), *Trois essais sur la théorie du sexuel*, Paris, NRF Gallimard, 1987, p. 171.
6. S. Freud, *Trois essais sur la théorie du sexuel, op. cit.*, p. 163.

lógico: "Todos os distúrbios patológicos da vida sexual podem ser considerados inibições do desenvolvimento." Para ele, a patologia é, portanto, a permanência numa fase. Assim, a fixação nas fases pré-genitais, e portanto nos prazeres preliminares, cria a perversão. Por esse motivo, a prevenção passaria de fato pelo estabelecimento, a partir da infância, do "primado das zonas genitais"[7].

Freud volta, portanto, a sua concepção primeira, na qual a síntese das pulsões parciais só acontecia na puberdade. À fase sádico-anal, em que existia para o inconsciente apenas a oposição ativo-passivo (é a oposição órgão masculino ou castrado que o caracteriza), sucede a fase genital, que Freud chama de *fase fálica* (1923). Assim, é apenas na adolescência que se afirma a verdadeira fase genital com a oposição masculino-feminino.

## O a posteriori

O fundamento da sexualidade humana, para Freud, está no fato de que "a escolha de objeto é realizada em duas ondas. A primeira onda começa entre 2 e 5 anos, e o período de latência leva a sua estagnação e seu recuo; é caracterizada pela natureza infantil de suas metas sexuais. A segunda intervém na puberdade e determina a confirmação definitiva da vida sexual"[8]. É a predominância do infantil que continua fundamental: "Os resultados da escolha de objeto infantil repercutem no período ulterior."[9] Eles constituirão a *corrente terna* da vida sexual, que conserva, contudo, seu caráter sexual (incestuoso portanto), ao qual o adolescente deve renunciar para recomeçar na *corrente sensual*. A convergência dessas duas correntes para o mesmo objeto cria um dos "ideais da vida sexual".

Mas o *a posteriori* é apenas o prolongamento no adulto da sexualidade já estruturada na infância. Há de fato na adoles-

---
7. S. Freud, *ibid.*, p. 158.
8. S. Freud, *ibid.*, p. 131.
9. S. Freud, *ibid.*

cência uma conclusão, *realização* dessa sexualidade potencial. Freud construiu essa teoria sobre o modelo do recalque histérico. Primeiro tempo: sedução pelo adulto sem significação sexual para a criança. Segundo tempo: por causa da puberdade que surgiu nesse meio tempo, uma sedução análoga, mas menor, vai provocar um traumatismo que o sujeito relaciona com esse segundo acontecimento, quando sua intensidade é provocada pela lembrança do primeiro[10]. Essa teoria convém particularmente ao processo da adolescência: compreende-se por que, para alguns sujeitos, a puberdade pode causar traumatismo. É que sua escolha de objeto infantil era incestuosa, como explicará Freud no fim da matéria.

## A descoberta do objeto

Essa *descoberta* do objeto só é compreensível devido ao *a posteriori*. De fato, Freud reconhece que uma relação de objeto pode ser feita desde a infância. Mas é preparada, principalmente, desde a primeira infância: "Quando a satisfação sexual inicial ainda era ligada à ingestão de alimentos, a pulsão tinha no seio materno um objeto no exterior do próprio corpo. Ela só o perdeu mais tarde, talvez justamente na época em que se tornou possível para a criança formar a representação global da pessoa à qual pertencia o órgão que lhe dava satisfação. Em regra geral, a pulsão sexual tornou-se então auto-erótica, e foi apenas depois de o tempo de latência ter sido superado que a relação original se restabeleceu (...). A descoberta do objeto é na verdade uma redescoberta."[11] "A figura da criança que mama no peito da mãe tornou-se o modelo de toda relação amorosa", diz Freud, que vai acentuar em seguida essa afirmação: "[A mãe] transmite ao filho sentimentos vindos de sua própria vida sexual, acaricia-o, beija-o e embala-o, e toma-o

..................
10. J. Laplanche e J.-B. Pontalis, *Vocabulaire de la psychanalyse*, Paris, PUF, 1967, reed. col. "Quadrige", 2004. [Trad. bras. *Vocabulário da psicanálise*, São Paulo, Martins Fontes, 4ª ed., 2001.]
11. S. Freud, *ibid.*, p. 165.

de forma completamente clara como substituto de um objeto sexual plenamente legítimo."[12]

A "escolha de objeto" – que devemos colocar entre aspas, pelo fato de Freud mostrar que de fato é induzida – é feita em três tempos: o *desmame*, operação pela qual o sujeito separa a "atividade sexual" da ingestão de alimentos; o *período de latência*, em que "a criança aprende a amar" e durante o qual é amada; a *puberdade*, que permite restabelecer a felicidade perdida antes do desmame. Freud chama esse modelo de *apoio*, pois a sexualidade *se apóia* na satisfação da necessidade. Em 1915, ele acrescentará o modelo narcísico, "que busca o próprio eu e o encontra no outro". Esse modelo, descoberto pela clínica da homossexualidade, na qual o objeto escolhido não é o da mãe que satisfaz a necessidade, está de fato "presente em todos os seres humanos"[13], na medida em que "o ser humano tem dois objetos sexuais na origem: ele mesmo e a mulher que cuidou dele".

Mas o recalque responsável pelo *a posteriori* não aparece nesse esquema em três tempos, no qual mesmo o período chamado *de latência* é marcado de sexualidade. Provavelmente por isso Freud vai nuançar o apego dos pais pelo filho em latência e introduzir a *barreira do incesto*. Esta é cultural, afirma ele, e seria mais "cômodo para a criança escolher como objetos sexuais as próprias pessoas que ama desde a infância com uma libido por assim dizer atenuada"[14]. Na verdade, é no período de latência que essa barreira terá tempo de ser levantada. Além disso, é na medida em que "a ternura dos pais consegue *evitar* que seja despertada sua pulsão sexual prematuramente (...) que ela pode realizar sua tarefa: orientar a criança, que chega à idade da maturidade, na escolha do objeto sexual"[15].

...................
12. S. Freud, *ibid.*, p. 166.
13. S. Freud, "Pour introduire le narcissisme", *in La vie sexuelle*, Paris, PUF, 1969, p. 98.
14. S. Freud, 1987.
15. S. Freud, *Trois essais sur la théorie sexuelle*, *op. cit.*, p. 168. O destaque é nosso.

## A fixação incestuosa

O adolescente deve se separar dos pais, mas o papel destes aparece em negativo com o que ele chama de "pais neuróticos". De fato, eles são culpados pelo "excesso de ternura" seguramente nocivo, já que acelera a maturidade sexual e também "mima" a criança, tornando-a incapaz, em sua vida futura, de ficar provisoriamente sem amor ou contentar-se com uma quantidade menor de amor. Compreende-se assim que o amor que envolve a criança no período de latência deve ser suficientemente distante para não excitar as pulsões infantis e para permitir um recalque saudável da primeira onda do complexo de Édipo, que faz o menininho ou a menininha dizer: "No futuro, vou me casar com mamãe ou papai." Os pais neuropáticos são incapazes de reprimir suas próprias pulsões incestuosas, mesmo platônicas, e impedem por isso que o filho, já adolescente, se separe deles. Freud afirma que "[esses] pais neuróticos dispõem de vias mais diretas que as da hereditariedade para transmitir seus distúrbios ao filho"[16]. De fato, "nos distúrbios graves do desenvolvimento psicossexual, encontra-se uma escolha de objeto incestuosa"[17]. Além disso, sem ir muito longe, a angústia é a manifestação mais comum do perigo incestuoso encontrado na relação de objeto.

Logo depois de evocar a interdição do incesto, Freud fala das *fantasias* do adolescente. Cita em nota (p. 171) a contemplação da relação sexual dos pais, a sedução precoce por pessoas amadas, a ameaça de castração. Para ele, essas fantasias são modelos da escolha de objeto, porque "esta se realiza em primeiro lugar na representação, e a vida sexual do adolescente está quase restrita a se manifestar em fantasias, ou seja, em representações que não estão destinadas a acontecer"[18]. Pode-se medir o que, nessa frase, se volta para o ambiente cultural:

---

16. S. Freud, *ibid.*, p. 167.
17. S. Freud, *ibid.*, p. 172.
18. S. Freud, *ibid.*, p. 169.

*Introdução*

talvez a contracepção tenha mudado o meio do(a) adolescente; não é certo que isso facilite as tarefas psíquicas com as quais ele (ela) é confrontado(a). Entre essas tarefas, a separação dos pais está no primeiro plano, e Freud a situa exatamente no mesmo tempo que a rejeição das fantasias incestuosas. Por isso algumas meninas não conseguem "superar a autoridade dos pais e [não] os privaram da ternura que [elas] dedicavam a eles, a não ser de maneira imperfeita". Quando se casam, elas não podem "dar ao marido o que lhe é devido. Tornam-se esposas frias e sexualmente anestésicas. Compreende-se assim", acrescenta Freud, "que *o amor aparentemente não sexual pelos pais e o amor sexual se alimentam nas mesmas fontes,* o que significa que o primeiro corresponde apenas a uma fixação infantil da libido"[19].

Ora, essa fixação incestuosa é quase um destino comum: "Mesmo quem conseguiu evitar a fixação incestuosa de sua libido não escapa totalmente de sua influência."[20] Por isso, "a primeira paixão amorosa de um jovem se volta, como vemos com freqüência, a uma mulher mais velha, e a da jovem a um homem de certa idade investido de autoridade, capazes de fazer viver para eles a imagem da mãe e do pai"[21]. Trata-se de um modelo corrente: a escolha de objeto *se apóia* de fato nessa fixação. Daí a importância das relações edipianas infantis: sua perturbação tem conseqüências na vida sexual futura.

A barreira contra o incesto é, portanto, essencial para evitar os distúrbios psicopatológicos. Poder-se-ia esperar, assim, que a adolescência – ou seja, a repetição de um complexo de Édipo que se tornou possível – pudesse corrigir os eventuais excessos do investimento incestuoso da criança: coloca-se aqui a questão do pai real e a de sua função na adolescência. Mas, a menos que haja uma modificação hipotética do quadro familiar, não conseguimos imaginar como o pai do adolescente poderia assumir e corrigir as faltas do pai da criança.

...................
19. S. Freud, *ibid.*, p. 171. Os destaques são nossos.
20. S. Freud, *ibid.*, p. 172.
21. S. Freud, *ibid.*, p. 173.

## A CONTRIBUIÇÃO DE PIERRE MÂLE

Nascido com o século, como Lacan, de quem foi companheiro de estudos no hospital Sainte-Anne, Pierre Mâle foi o verdadeiro criador da psicanálise do adolescente na França, embora recusasse qualquer especialização e constatasse que as indicações de tratamento-tipo eram raras nessa idade. Sua trajetória associa intimamente psiquiatria e psicanálise, como aliás fazem os pioneiros dessa época. Residente em 1926, começa uma análise didática com Rudolph Loewenstein e, depois da guerra, faz uma "sessão" com a princesa Marie Bonaparte. Em 1948, em Henri-Rousselle, assume a direção de um pavilhão para crianças cuja hospitalização estava centrada na manutenção dos vínculos com a família. Foi aí que criou, em seguida, o famoso centro de acompanhamento infantil, onde em consultas públicas recebia crianças e adolescentes: um número considerável de pedopsiquiatras foi formado nesse centro.

No que concerne à adolescência, ele tinha posições muito próximas às de Winnicott, o que talvez explique seu relativo esquecimento por aqueles que recorrem hoje a Laufer e Anna Freud. Winnicott estava próximo de Melanie Klein, cuja corrente se opôs, durante anos, à de Anna Freud no seio da Sociedade Psicanalítica britânica. Membro da Sociedade Psicanalítica de Paris (SPP), Pierre Mâle não acompanhou o amigo J. Lacan no conflito que opôs este a Sacha Nacht e que o levou a deixar a SPP em 1953.

Suas obras psicanalíticas publicadas em parte pela editora Payot estão esgotadas. Convém citar a importante reedição de *La psychothérapie de l'adolescence*[22] [A psicoterapia da adolescência], sob a égide de seus alunos Pierre Bourdier, Ilse Barande, Simone Daymas e Thérèse Tremblais, pela editora PUF. Esse livro é testemunho de sua paixão pela psicanálise e de seu cuidado terapêutico: para ele, a florescência das terapias ditas

---

22. *La psychothérapie de l'adolescence*, 1964, reed. PUF, 1999.

novas vindas dos Estados Unidos era explicada, em parte, pela decepção com a eficácia terapêutica do tratamento clássico. Para Mâle, assim como para Freud, se a psicanálise fosse confrontada com forças que lhe colocassem obstáculo, ela poderia, com a condição de ser bem manejada, modificar o essencial.

## As concepções de Pierre Mâle sobre a psicopatologia e a psicoterapia na adolescência

Essas concepções podem ser reunidas em três pontos: sua idéia de um *processo* da adolescência, ainda não chamada assim mas suficientemente explícita; uma nova forma de *nosologia* aplicada a esse período e dependendo do dinamismo inconsciente; e enfim a abordagem *terapêutica*, muito original, embora tenha dado lugar a interpretações que devem ser avaliadas na capacidade de suas concepções da adolescência.

### O processo de adolescência

Para Mâle, a adolescência emerge "do encontro de uma crise vital decisiva" com "estruturas conflituosas que contribuíram para a organização do eu"[23]. Para ele, portanto, é preciso considerar o que remete às antigas organizações e o que remete a uma mutação. Esse encontro, com efeito, é visto numa "atualidade vivida", que se deve tentar compreender antes de qualquer atitude diretiva intempestiva. Trata-se, assim, e Mâle o diz explicitamente, "de confiar nesse remanejamento espontâneo do indivíduo"[24]. Essa atitude se funda na idéia de que a distinção entre a estrutura (ou seja, o que é permanente) e a crise juvenil permite empregar um processo cujo dinamismo em si é fecundo. Logo, não é por acaso que Mâle cita em seguida Winnicott, para quem a "doença juvenil" é curada pela

---

23. P. Mâle, "Quelques aspects de la psychopathologie et de la psychothérapie à l'adolescence", in *Confrontations Psychiatriques*, Specia, *Psychopathologie de l'adolescence*, n°. 7, 1971, com uma passagem publicada no fim da obra *La psychothérapie de l'adolescence*.
24. P. Mâle, *op. cit.*

"maturação simples". Ora, esse período se revela com freqüência por aspectos patológicos: é preciso, portanto, "evitar o perigo de patologizar comportamentos que às vezes parecem aberrantes para o meio (comportamento com relação ao caráter, escolar, profissional, sexual) e que o irritam"[25].

Mâle chama de "tempos falhos" o que decide a intervenção do terapeuta. Por razões conflituosas, diz ele, faltaram fases fundadas nas aquisições culturais, linguageiras, etc., o que pode se transformar, na adolescência, em passagem ao ato. Há, portanto, na adolescência uma "encruzilhada" que necessita nesses casos da intervenção ativa do terapeuta. O otimismo relativo de Mâle em relação ao que ele chama de crise juvenil não é neutro, ao contrário: "A vida do sujeito depende, com muita freqüência, de soluções psicoterapêuticas ou de orientação que parecem tiradas da atualidade e que precisam de uma ação imediata."

Ao lado dos casos que "serão reparados espontaneamente por meio de uma maturação simples", de fato, há outros que, "apesar de todo tratamento, evoluem para um desequilíbrio ou uma psicose", e não se deve "perder o momento fecundo que permite conduzir o adolescente pelo lado seguro do cume estreito sobre o qual ele caminha"[26].

*Uma nosografia adaptada à adolescência*

Apesar de sua abordagem flexível da crise, Mâle insiste na necessidade de um princípio nosográfico, o que chamaremos de cuidado estrutural. A adolescência é também o momento da instalação definitiva da estrutura neurótica, psicótica ou perversa, estrutura que se deve reconhecer através dos sintomas conflituosos (conflitos encobridores). Mas o adolescente pode cristalizar esses conflitos em três formas essenciais.

– *A neurose de inibição*. É manifestada por "bloqueios" de todas as ordens, mas que partem da relação com o

---

25. *Ibid.*
26. *Ibid.*

outro sexo e se espalham *como manchas de óleo* sobre as atividades sociais e intelectuais. No plano psicanalítico, trata-se, no menino, de uma *angústia de castração* reativada, e, na menina, de uma *"frustração fálica* não reconhecida, nunca compensada, mas secundariamente culpabilizada".

– *A neurose de fracasso.* Ligada ao masoquismo e à autopunição, impede o êxito em adolescentes que, no entanto, têm muita aptidão. Ele apresenta como exemplo "pessoas brilhantes que, depois de terem entendido um raciocínio matemático numa prova importante, cometem, no texto, erros de operações simples que os fazem ser reprovados, ou, em física, trocam as fórmulas". O conflito inconsciente em causa decorre com freqüência de um Édipo não resolvido, que provoca uma angústia de castração vivida.

– *A morosidade.* Não é nem a depressão nem a psicose, mas uma *recusa a investir* no mundo, nos objetos, nos seres. Idéias como "nada serve para nada, o mundo é vazio" não são propriamente ditas depressivas, pois são compatíveis com uma energia conservada. Mâle vê nessa natureza tão freqüente a repetição de um fracasso das dificuldades da infância. Esse estado moroso prepara a chegada de algumas passagens ao ato: fuga, delinqüência, drogas, suicídio.

## Uma psicoterapia adaptada

O respeito e a consideração por esse dinamismo da adolescência, a recusa da intrusão terapêutica, levam Pierre Mâle a privilegiar formas de terapias espaçadas e principalmente calorosas, sem silêncio frustrante, que ele chama de *psicoterapias de inspiração psicanalítica* (PIP). Mas, como vimos, isso não significa de maneira alguma que não seja necessário intervir ativamente em alguns casos. O analista parte da atualidade por meio de um contato que representa a transferência "empregada constantemente, ao contrário do que acontece no tratamento-tipo"²⁷, para apreender pouco a pouco o passado ainda presente na vida do sujeito. Ele desempenha o papel de um personagem "extrafamiliar", espécie de testemunha do adolescente nos conflitos encobridores que o opõe aos pais, e ganha a confiança do adolescente por meio de uma atitude compreensiva, nem sedutora nem distante²⁸. A maioria das dificuldades termina com uma interpretação edipiana a mais banalizante possível; outras, em compensação, imergem numa zona mais antiga. Os sintomas mais graves se relacionam, para Mâle, com *perturbações que datam dos três primeiros anos*, ligadas à relação com a mãe e concernentes às pulsões pré-genitais. A psicoterapia deve, portanto, ser flexível e adaptar-se ao nível dos problemas apresentados: como indicava Freud em seus *conselhos aos médicos*²⁹, o analista deve se deixar "surpreender por qualquer fato inesperado, conservar uma atitude indiferente e evitar toda idéia preconcebida". Esse conselho parece ter sido escrito por Mâle a respeito do adolescente. A flexibilidade justifica, a meu ver, a brevidade de alguns tratamentos de adolescente: em vez de ser prescrita, essa brevidade reflete a parte ativa que o adolescente toma em seu tratamento.

É preciso reler Pierre Mâle, não apenas porque ele é a fonte de todas as teorizações atuais da análise de adolescentes, mas também porque, sem nunca esquecer a ética analítica, sabe dizer como adaptar hoje nossa técnica à considerável demanda dos adolescentes.

\*\*\*

*O terceiro tempo*, que vê a emergência do conceito de processo de adolescência, processo inconsciente cujas bases foram lançadas por Freud ao situá-lo numa verdadeira interação com a dinâmica familiar, esclarece retrospectivamente

---

27. *La psychothérapie de l'adolescent*, p. 94. Cf. o terceiro capítulo "Comment le transfert peut-il devenir thérapeutique?".
28. Ph. Gutton, J. Gagey, "L'acte même de la séance. À propos des travaux de Pierre Mâle sur l'adolescence", *Adolescence* 1, 1, pp. 189-96.
29. S. Freud, La technique psychanalytique, Paris, PUF, reed. 1997.

Introdução _____ 17

(*nachträglich, a posteriori*) a essência da adolescência tal como apareceu no século XIX. Como tentamos mostrar brevemente, a adolescência nascente aparece em ruptura, não apenas com a infância, mas com a ausência de adolescência visível que a precedeu no tempo. Se concordamos com a historiadora M. Perrot, de fato a ruptura com a organização anterior da sociedade cria essa adolescência imediatamente mediática, psicopata e mórbida. Ora, essa organização era feita, como vimos, de ritos de passagem mas também e sobretudo do agrupamento dos adolescentes, desde a Antiguidade, em associações criadas por eles mesmos: foi sua supressão, como vimos, que contribuiu para a criação na França, com a revolução industrial, do mal-estar adolescente, ao passo que organizações tão poderosas e numerosas quanto os *Wandervögel* na Alemanha mantiveram os adolescentes numa arregimentação que conheceu desvios sinistros. Quando conhecemos a partir de Freud o papel do ideal do eu nesses fenômenos de massa, não podemos deixar de pensar que eles protegiam os adolescentes... de sua própria adolescência (cf. a figura do escoteiro atrasado), ou seja, *in fine*, da assunção de seu próprio ideal do eu. Se o ideal do eu é, de fato, resultante do Édipo, mas continua em parte ainda exterior até a puberdade, podemos pensar com Peter Blos que o processo de adolescência, com o qual é preciso contar agora, corresponde à separação moral dos pais e, portanto, à retomada de cada sujeito de seu próprio ideal por si mesmo. São os avatares desse processo que criam o que chamamos de crise de adolescência, mas também a patologia desse período e, em particular, o risco de descompensação psicótica. Por isso, voltaremos a esse processo antes de abordar clínica e terapêutica da adolescência.

# Capítulo I
# Processo de adolescência, processo analítico

## Introdução

No *Testament français*[1], Andrei Makine enuncia a frase que o faz entrar no processo de adolescência. É sua avó que lhe conta: "Alguns anos depois da visita de Nicolau II a Paris, o presidente (Félix Faure) morreu... nos braços da amante." Como uma simples frase pode marcar o início dessa crise, senão por sua virtude de representar repentinamente o que já existia? Foi Freud que, no capítulo dos *Três ensaios sobre a teoria sexual*[2] intitulado "A descoberta do objeto", declarou: "A descoberta do objeto é, na verdade, uma redescoberta", assinalando o caráter *nachträglich, a posteriori*, de todo significado, e aqui do significado que a puberdade adquire para o futuro adolescente. Lacan vai retomar esse *nachträglich* com o par antecipação-retroação. Lacan[3] nos diz que Freud "declara considerar legítimo que se evite, na análise dos processos, os intervalos de tempo em que o acontecimento permanece latente no sujeito. Isso significa que ele anula os tempos para compreender em pro-

...................

1. Mercure de France, 1995. [Trad. bras. *O testamento francês*, São Paulo, Martins Fontes, 1998.]
2. S. Freud, 1905, "La découverte de l'objet", *in Trois essais sur la théorie sexuelle, op. cit.*
3. J. Lacan, *Écrits*, Paris, Seuil, 1966, p. 256.

veito dos momentos de conclusão que precipitam a motivação do sujeito no sentido de determinar o acontecimento original". Por esse motivo, o *Homem dos lobos* assiste, sem nada compreender, à cena primitiva com um ano e meio de idade; ele revive essa cena graças ao famoso sonho que desencadeia a fobia, mas só consegue compreender isso vinte e quatro anos depois, e é com as palavras de adulto que pode reconstruir as fases intermediárias que não existiriam sem essas palavras[4]. No "Esboço"[5], Emma só compreende pela análise que aquilo que sente diante da idéia de entrar sozinha numa loja não se deve ao fato de que aos 13 anos os vendedores zombaram dela, mas sim que foi acariciada por um vendedor de balas aos 8 anos. Freud concluiu: "Todo adolescente possui traços mnésicos que só podem ser compreendidos por ele com a manifestação de sensações propriamente sexuais", e "o aparecimento tardio da puberdade torna possíveis processos primários póstumos"[6]. O *a posteriori*, ou seja, o sentido que os acontecimentos ou mesmo as palavras (Makine) tomam, pela intervenção, e até pela irrupção, de outros fatos ou de outras palavras, evoca uma nova tecedura que vem substituir a antiga e que também está sujeita a ser reconsiderada por algum acontecimento da vida. É por isso que nunca estamos certos, em psicopatologia, do caráter irreversível de algumas estruturas.

Em todo caso, é mais como um efeito *a posteriori* do que como o de uma reativação que se deve compreender no adolescente as manifestações que evocam fortemente a fase do espelho ou o complexo de Édipo. O acontecimento novo pode ser a puberdade, mas também algum acontecimento que signifique o fim real da infância. Um pode aliás ocasionar o outro, e vice-versa. É porque, como num efeito de espelho, o adolescente se sente um, único, portanto sozinho, que a tentação do

---

 4. S. Freud, *Cinq psychanalyses*, Paris, PUF, cf. a nota, p. 356.
 5. S. Freud, 1895, "Esquisse d'une psychologie scientifique", *in La naissance de la psychanalyse*, Paris, PUF, 1956.
 6. Citado por J. Laplanche e J.-B. Pontalis, *Vocabulaire de la psychanalyse, op. cit.*

suicídio pode ser determinante nessa idade. Da mesma maneira, é porque a puberdade lhe proporciona os meios de realização, que o amor pela mãe pode fazer com que o adolescente se afaste, sem que os que estão à sua volta entendam tal comportamento insólito.

Compreende-se com essa observação como, em Freud, o objeto pode ser considerado um inimigo. Em "Pulsões e destinos das pulsões"[7], ele chega a escrever: "Com a entrada do objeto na fase do narcisismo primário, atinge-se também a formação do segundo sentido oposto a amar: odiar." Por essa razão, é no sentido de evitar o desprazer que se deve compreender essa frase que termina "Para introduzir o narcisismo", artigo centrado, por outro lado, na diferença entre mecanismos neuróticos e psicóticos que tem tanta importância na adolescência. Vejamos esta frase: "O desenvolvimento do eu consiste em afastar-se do narcisismo primário e engendrar uma aspiração intensa a recobrar esse narcisismo. Esse afastamento é produzido pelo deslocamento da libido para um ideal do eu imposto do exterior, a satisfação pela realização do ideal."[8]

Isso vai nos ajudar a aceitar a idéia de um processo de adolescência e, portanto, a estendê-la a todo o funcionamento psíquico, pois das duas uma: ou a adolescência corresponde a um remanejamento das instâncias psíquicas que explica o desencadeamento de psicoses nesse período da vida, sendo que esses remanejamentos concernem a todo o aparelho psíquico; ou a adolescência é apenas um fenômeno superficial conjuntural e sociológico.

Freud começa o artigo de 1914 sobre o narcisismo comparando psicótico e neurótico em relação à realidade, mas sobretudo na análise. O psicótico, de fato, retira realmente sua libido do objeto; por isso é inacessível à influência do analista. O neurótico, em contrapartida, conserva o objeto na fantasia.

---

7. S. Freud, 1915, "Pulsions et destins des pulsions", in *Métapsychologie*, Paris, Gallimard, 1968.
8. S. Freud, 1914, "Pour introduire le narcissisme", in *La vie sexuelle*, Paris, PUF, 1969, p. 104.

Trata-se de que objeto? Pode-se supor a justo título que se trata do objeto *incestuoso*. Para se desprender desse objeto, a criança coloca, como nos diz Freud, sua libido homossexual sobre um ideal no entanto imposto do exterior[9]. Existe aí um paradoxo que se deve destacar. É a ausência dessa mesma libido homossexual, ou antes, seu retraimento, que causa, no paranóico, a transformação desse ideal em objeto estranho persecutório. No neurótico, a consciência moral vai julgar conforme ou não ao ideal o investimento de objeto. Se sim, o estado amoroso vai narcisá-lo; do contrário, ele erige o objeto em ideal sexual tirânico[10]. A saúde mental precisa desse ideal do eu, cujo papel eminentemente simbólico, que é desempenhado em relação ao supereu e ao eu ideal, será definido por Lacan. Ora, todo o problema do ideal do eu, a dificuldade de sua apreensão, é que ele é ao mesmo tempo personagem parental exterior – no início em todo caso –, suporte de projeção – o ideal que se projeta diante de si –, instância projetada – resquício do Édipo – e instância recalcada – pois para Freud o ideal está na origem do recalque. Na verdade, a releitura de Freud feita por Lacan nos ajuda a esclarecer o problema. O ideal do eu como instância *simbólica* amarrada ao *imaginário* compreende tanto o lado narcísico do eu ideal quanto o constrangimento ligado ao supereu; simplesmente consegue conciliar os dois.

A hipótese a que chegamos quanto ao processo de adolescência – e que corresponde à clínica – é que, especialmente no adolescente, constrangimento e imaginário tendem a ser desemaranhados, e o ideal do eu exterior deixa de desempenhar sua função de grande Outro. A partir de então, a tarefa com a qual o adolescente deve se defrontar é conseguir introjetar – digo definitivamente – essa instância egoica que alguns escritores descreveram bem chamando-a, por exemplo, de *es-*

---

9. S. Freud, 1914, "Pour introduire le narcissisme", *op. cit.*, p. 100.
10. Desenvolvo as relações entre investimento de objeto e narcisismo no capítulo "O amor adolescente é narcísico?".

*tátua interior*[11]. A estátua interior, que representa uma espécie de supereu pacificado, o ideal ("você não se deitará com sua mãe, mas terá todas as outras mulheres"), tem de fato muita dificuldade para se instalar. Como é ela que julga o que é bom ou ruim para o eu, compreende-se que nessa idade o adolescente busque desesperadamente novos guias, diferentes de seus pais, para desempenhar esse papel de ideal personificado, mesmo que às vezes ande em más companhias.

Os remanejamentos do eu, iniciados pelos fenômenos de *a posteriori*, estão sob a dependência de duas defesas maiores, que são introjeção e projeção. Observa-se, além disso, no adolescente, uma curiosa inversão simétrica (e, portanto, característica do imaginário) do que acontece metapsicologicamente quando o bebê encontra o objeto sob a influência do princípio de prazer. Nesse momento, nos diz Freud, "ele toma para si, na medida em que são fontes de prazer, os objetos que se apresentam, introjeta-os (segundo a expressão de Ferenczi) e, por outro lado, expulsa para longe de si o que no interior de si mesmo provoca o desprazer (projeção)"[12]. O adolescente faz a mesma coisa e ao mesmo tempo o inverso: também projeta o que possui de melhor em si na forma de *ídolo* por exemplo, ídolo que admira mas mantém à distância[13], pois ainda não pode tornar suas as características que o fascinam. Da mesma maneira, no estado amoroso que chamamos de primeiro amor, o objeto é com muita freqüência mantido a uma distância respeitosa, porque a realização parece ainda muito perigosa. Paralelamente, ele não introjeta apenas o que é bom para si, visto que os objetos infantis perdidos com os quais identifica seu eu são fontes de uma depressão morosa[14].

..................
    11. F. Jacob, *La statue intérieure*, Paris, Odile Jacob, 1987.
    12. S. Freud, 1915, "Pulsions et destins des pulsions", *in Métapsychologie, op. cit.*
    13. Exceto precisamente nos suicídios de adolescente, cujo mecanismo é identificatório.
    14. Descrevi esses dois movimentos como *desafio* e *luto* em *Adolescence à problèmes*, Paris, Albin Michel, 1992.

Portanto, o processo adolescente reproduz *a posteriori* o nascimento das instâncias inconscientes do eu: eu ideal de início (ídolo) contra o qual se desencadeia em seguida o supereu precoce (identificação melancólica), sob o olhar ainda vacilante de um ideal do eu que hesita entre uma posição externa e a introjeção definitiva. A *sexualidade*, ou antes, a *renovação da identidade sexuada*, ilustra bem essas revoluções características dos movimentos de antecipação-retroação. Retomarei esse esquema da sexuação no adolescente no capítulo sobre a bissexualidade[15]: para retomar Stoller, a apreensão pela mãe do sexo real do filho fixa a criança em sua identidade sexuada antes dos 3 anos de idade. É nesse momento que algumas mães confirmam o filho no sexo oposto a seu sexo real (transexualismo). Essa primeira etapa pode ser qualificada de *real*. Vem em seguida a identificação resultante do *Édipo precoce*, que concerne ao conjunto do eu e será responsável pelo comportamento sexual para com o objeto: essa identificação pode ser dita narcísica, seja quando diz respeito ao genitor do mesmo sexo e resulta de uma "identificação direta anterior à escolha do objeto"[16], seja, ao contrário, quando diz respeito ao genitor do sexo oposto, levando assim à identificação sexuada com esse genitor e conduzindo à escolha de objeto homossexual. Essa fase determinante pode ser qualificada de *simbólica*. A terceira, em contrapartida, resultado das identificações secundárias no quadro do complexo de Édipo normal e invertido, autoriza uma bissexualidade apenas imaginária. Essa terceira etapa pode ser, portanto, qualificada de *imaginária*.

Que acontece na adolescência? Puberdade, de um lado, e imposição da emancipação, de outro, vão provocar os fenômenos de *a posteriori*. A puberdade, por exemplo, pode contrariar o investimento fálico da criança, se este não foi substituído pelas identificações edipianas. Em outros casos, os movimentos

..................
15. Cf. p. 41, "Que bissexualidade na adolescência?".
16. S. Freud, 1923, "Le Moi et le ça", in *Essais de psychanalyse*, Paris, Petite Bibliothèque Payot, 1981, p. 244.

de projeção vão favorecer as identificações imaginárias, quando a insistência de uma identificação edipiana precoce se opõe a isso. Assim, por exemplo, a uma identificação heterossexuada imaginária vai se opor uma identificação homossexuada simbólica, com o risco de conflito melancólico e de suicídio que comporta. É também na adolescência que o transexualismo se afirma e faz voar em pedaços as identificações secundárias superficiais. Cada posição imaginária pura (ou seja, sem fundamento simbólico) impõe, em contrapartida, um luto às vezes doloroso: o fim de algumas amizades traduz, às vezes dificilmente em alguns, o fim de um processo da adolescência.

Gostaríamos de comentar, para terminar, em que a psicanálise reabre esse processo. Em "Para introduzir o narcisismo", Freud explica primeiro que a paixão amorosa – como vimos – eleva o objeto à posição de ideal sexual. Acrescenta que ela se produz – a tradução é minha – sobre o modelo idealizado do amor pelos pais. Esse ideal sexual entra necessariamente em concorrência com o ideal do eu, que deve julgar se o investimento está conforme ou não com o eu e que está em concorrência com o objeto. Compreende-se nas entrelinhas que a fraqueza do ideal do eu, ou seja, os restos de apego incestuoso, explica ao mesmo tempo a paixão amorosa calcada sobre esse modelo incestuoso e a escolha de um objeto, elevado à posição de ideal. Freud acrescenta também: "Quando a satisfação narcísica se choca com obstáculos reais, o ideal sexual pode servir para uma satisfação substitutiva." Ama-se, portanto, "o que possui a qualidade eminente que falta ao eu". Por esse motivo o neurótico procura, "segundo o tipo narcísico, um ideal sexual que possua as perfeições que ele não pode atingir". É assim que Freud explica a transferência[17]. Acrescento que a abstinência no tratamento encoraja a transferência graças à idealização que provoca. E que *a contrario* o objeto escolhido pelo neurótico nunca consegue preencher para ele as condições ideais que sua falta narcísica exige. A abstinência no tra-

---

17. Isso explicaria – se fosse necessário – o título do capítulo seguinte.

tamento toma o lugar do amor sublimado e desinteressado dos pais. Por isso, o analista ocupa na transferência o lugar do ideal do eu. É esse ideal do eu, o mais livre possível das projeções, que ele deverá introjetar para terminar a análise. Notemos de passagem que os mesmos movimentos, projetivo e introjetivo, imaginário e simbólico, acompanham, durante todo o tratamento, esse processo.

## O AMOR ADOLESCENTE É NARCÍSICO?

Preocupado com a necessidade de provar, diante das asserções de Carl Gustav Jung, a unidade de seu conceito de libido, Freud provavelmente não insistiu o bastante naquilo que diferenciava a libido de objeto da libido narcísica. Ou antes, tratou essa diferença com a lógica do caldeirão, tão freqüente nele[18], no capítulo 26 de *Introdução à psicanálise*. Primeiramente, *não, não há diferença* ("não temos naturalmente nenhuma razão para afirmar uma diferença de natureza, aliás pouco concebível, entre [tendências do eu e tendências sexuais]"). Além do mais, *isso não tem nada a ver* ("é com razão que libido continua sendo um nome exclusivamente reservado às tendências da vida sexual, e é unicamente nesse sentido que sempre o empregamos"). Seja como for, *essa diferença não tem nenhuma importância* ("a questão de saber até que ponto convém conduzir a separação entre tendências sexuais e tendências [do eu] não tem grande importância para a psicanálise").

Portanto, se essa diferença (com a condição de que exista) não tem importância alguma nem mesmo aos olhos de Freud,

..................
18. História que ele conta em *A interpretação dos sonhos* e no dito: seu vizinho acusa um homem de lhe ter devolvido em mau estado um caldeirão que tomou emprestado. A resposta está em três pontos: a) ele devolveu o caldeirão intacto; b) o caldeirão já estava furado antes de ser emprestado; c) ele nunca pediu o caldeirão emprestado para o vizinho. Essa lógica é desenvolvida, portanto, em três termos: não, além do mais, seja como for. Citado por J. Cournut, *in L'ordinaire de la passion*, Paris, PUF, p. 33, que destaca numerosos exemplos na obra de Freud.

por que formular a questão de saber se o amor é, ou não é, narcísico? Bem, por três razões:
1. Primeiro, porque formular a questão introduz a dúvida: com efeito, talvez o amor *não seja apenas* narcísico, se me permitem essa formulação.
2. A partir dessa primeira afirmação, e como uma segunda razão, porque essa interrogação introduz uma dialética entre amor e narcisismo, o que nos permitirá opor dois tipos de ligação ao objeto e evitará que eu caia na armadilha de ter de definir o amor.
3. Enfim, e sobretudo, porque, embora não se trate de prometer para nossos pacientes, segundo as palavras de Lacan, o eldorado do amor chamado de genital, é certo que o modo narcísico de amar reforça, em particular no adolescente, o risco de descompensação, a começar pelo risco de depressão, que conduz, na pior das hipóteses, ao hospital psiquiátrico e, na melhor, ao divã do analista. E, se a transferência é uma forma de amor que não pode ser qualificada de narcísica, ela também pode em alguns casos conduzir ao pior.

Retomemos essas razões.

### O amor não é apenas narcísico?

"Ama-se", diz Freud, "o que falta ao eu para atingir o ideal." "O desenvolvimento do eu", prossegue, "afasta-se do narcisismo primário... e faz vigorosos esforços para recuperá-lo."[19] Lacan segue seus passos: "A *Verliebtheit* (o estado amoroso) é fundamentalmente narcísico." "No plano libidinal, o objeto sempre é apreendido através da grade da relação narcísica."[20] Poderíamos, assim, renunciar a essa discussão ou deixá-la aos filósofos. Seria jogar o bebê com a água da ba-

---

19. S. Freud, 1914, "Pour introduire le narcissisme", *in La vie sexuelle, op. cit.* Cf. acima p. 22.
20. J. Lacan, *Le Séminaire, Livre II, Le moi dans la théorie freudienne*, Paris, Seuil, p. 200.

nheira e privar-se de uma teorização indispensável, presente em filigrana nessas mesmas afirmações. Freud acrescenta: "O afastamento [do narcisismo primário] é feito pelo deslocamento da *libido para um ideal do eu* imposto do exterior"[21], e Lacan: "O amor é um fenômeno que acontece no nível do imaginário e que provoca uma verdadeira subducção do simbólico, uma espécie de anulação, de perturbação da função do ideal do eu."Temos assim que, se o amor é narcísico, é por falta do ideal do eu, essa função eminentemente simbólica que escapa do espelho, forma o arco do grafo[22] e apóia-se na linguagem.

## A dialética

Amar não é, portanto, apenas imaginário, sinônimo aqui de narcísico. Eros é ambivalente: oscila entre dois pólos, apesar de uma inclinação natural – voltaremos a isso – conduzi-lo antes para um ideal diferente do ideal do eu: fazer um com o objeto, fusionar, esse é o objetivo reconhecido pelo eu ideal. A partir de então, o ideal do eu exterior, ao mesmo tempo *imposto* pelo Outro e investido pelo sujeito, fica no segundo plano de toda paixão clivada por um "sei bem, mas mesmo assim" (Octave Mannoni), porém é possível recorrer a ele para trazer o sujeito neurótico de volta à razão. Pois esse sujeito é consciente de que o fracasso de sua relação amorosa – e é tanto que se repete – está inscrito no caráter imaginário de sua paixão, em sua recusa em ver suas realidades, no desconhecimento hipomaníaco de uma fala autêntica. Assim a psicanálise aparece nesse momento como o único recurso, com o caráter propriamente "compensatório" (Lacan) que a ligação transferencial oferece. Seja dito de passagem, enquanto o estado amoroso é facilmente descritivo ou universalmente cantado pelos poetas, o outro amor, aquele de que se foge nesse tipo de

...................
21. S. Freud, 1914, "Pour introduire le narcissisme", *in La vie sexuelle, op. cit.*, p. 104.
22. O grafo do desejo.Ver J. Lacan, *Le Séminaire, Livre V, Les formations de l'inconscient*, Paris, Seuil, 1998.

loucura, parece singularmente banal e até mesmo inqualificável; talvez porque seja simplesmente autorizado?

## Os danos do amor dito narcísico

O paciente narcísico freudiano – entenda-se o paciente psicótico – é desprovido de parapeito, que é o ideal do eu, por causa de forclusão do Nome-do-Pai. Pequeno parêntese. O que explica a confusão entre narcisismo e psicose é o fato de que Freud parte da psicose para explicar o narcisismo: em caso de ruptura com o objeto, nessa estrutura com efeito, o investimento desaparece completamente, ou seja, transforma-se em identificação, e não subsiste nem na fantasia nem na neurose. A regressão pode se limitar, atrevo-me a dizer, à identificação melancólica do objeto perdido ou ocasionar despersonalização e delírio megalomaníaco, por exemplo, assinalando a falência fundamental da fase do espelho nos sujeitos. Esse narcisismo, *ersatz* de um narcisismo primário debilitado, não tem nada a ver com as defesas narcísicas do sujeito neurótico, este também narcisismo secundário mas que se desenvolve sem regredir para o lado de cá do espelho. Por isso, prefiro falar de *estrutura* psicótica no primeiro caso e reservar para os outros o termo *sintoma* narcísico.

Portanto, na estrutura psicótica, a começar pela "psicose pura", ou seja, a melancolia (Lacan), o fenômeno depressivo parece exatamente o *inverso* da forma de amor que o engendrou. Esse amor narcísico é de fato caracterizado por uma *forte fixação* ao objeto e uma *fraca resistência do investimento* de objeto, paradoxo ao qual voltaremos com freqüência. A ausência total da função de ideal do eu permite que o amor de objeto se conserve intacto, por regressão à identificação, e que se encontre pela mesma ação exposto a um supereu terrificante: o objeto é literalmente comido (*fressen*, escreve Freud), o amor total é sinônimo de um ódio mortífero.

Mas esse aspecto depressivo do amor narcísico é observado também na neurose, com o mesmo efeito de retorno. Aqui, contudo, o objeto toma o lugar do ideal do eu, pois amor (narcísico) e identificação são análogos. O amor pelo objeto serve mesmo para substituir um ideal do eu falido. A ruptura inverte dramaticamente esse mecanismo, e o sujeito se encontra com um ideal ainda mais rebaixado por não ter conseguido manter o objeto. Veremos que apenas o amor de transferência permitirá nesse caso – a menos que o analista se desencoraje – a reconstrução narcísica do ideal do eu.

## A relação de objeto narcísico

Voltemos à famosa e tão frágil relação de objeto narcísico, que resume admiravelmente a dialética entre amor e narcisismo, já que caracteriza de fato todo vínculo, do amor louco à amizade aristotélica, segundo a proporção de *fixação* e de *investimento*.

Para Freud, a *fixação* define o que poderíamos chamar atualmente de uma relação dual. De fato, ele faz de sua irreversibilidade a característica da estrutura perversa, mas também a condição universal do recalque original, que vai oferecer ao recalque propriamente dito uma espécie de atração para baixo. Como não ver todas essas características como a marca do caráter imaginário, no sentido estrito do termo, de todo primeiro vínculo? É esse caráter imaginário que encontramos analisado por Lacan a partir dos dados da *etologia*. No mundo animal, com efeito, todo o ciclo do comportamento sexual é dominado pelo imaginário[23]. O encontro com um objeto que apresenta algumas das características[24] da imagem que está no animal desencadeia nele o mecanismo inato da exibição. Portanto, tudo acontece como se, para ele, a imagem interna dada pelo espelho côncavo[25] correspondesse ao objeto real que de-

---

23. J. Lacan, *Le Séminaire. Livre I, Les écrits techniques de Freud*, Paris, Seuil, col. "Le champ freudien", 1975, p. 150.
24. Somente alguns, como mostra a utilização eficaz das figuras reduzidas a alguns aspectos do objeto.
25. Cf. nossa explicação da fase do espelho, *in De l'amour de l'autre à l'amour de soi. Le narcissisme en psychanalyse*, Paris, Denoël, 1999.

sempenha o papel de estímulo desencadeador. Diferentemente do animal, diz Lacan, o homem interpõe, entre o objeto real e a imagem, o espelho plano, cuja inclinação é comandada pela fala[26]. É uma maneira de dizer que a linguagem confunde definitivamente o homem com seu parceiro, e que ele nunca reencontrará nesse parceiro o objeto primário. A clínica, como se sabe, mostra que aquele que ama procura recusar essa realidade, pois se engana ao acreditar ver no objeto a Coisa, ou seja, o objeto primordial. São conhecidos os danos que esse engano provoca.

O *investimento*, ao contrário, remete à linguagem. As representações, diz Freud em "O Inconsciente"[27], são investimentos de traços mnésicos. Assinalo, na passagem, um contra-senso da primeira tradução de Laplanche (as representações são investimentos *fundados* nos traços mnésicos), corrigido na nova tradução (as representações são investimentos – *no fundo* de traços mnésicos). Seja com for, o destino da representação é ser *superinvestida* pela linguagem para entrar no domínio do pré-consciente, quando é a perda desse mesmo investimento que marca o recalque e remete a representação ao inconsciente.

Fixação e investimento estão, portanto, numa relação oposta, entre imaginário e simbólico, fusão e castração, e entram em ressonância dialética para qualificar a relação de objeto. *Quanto mais essa relação é investida pela fala, menos ela é narcísica, ou seja, imaginária.* Isso não significa que podemos falar de amor, muito pelo contrário: como todos sabem, fazemos isso apenas na relação amorosa, e evidentemente para não dizer nada, já que esse discurso é, na melhor das hipóteses, a negação do gozo. O dizer verdadeiro, ao contrário, não precisa das provas psíquicas e, além disso, elas não o infirmam[28]. No fundo, a oposição fixação-investimento é a da divi-

..........
26. *De l'amour de l'autre à l'amour de soi. Le narcissisme en psychanalyse*, op. cit.
27. S. Freud, 1915, "L'Inconscient", in *Métapsychologie*, nova trad. fr., Paris, PUF, p. 217.
28. O que acontece, ao contrário, nas relações puramente sensuais.

são com a união: a divisão pela linguagem afirma a inexistência da relação sexual[29], a união imaginária proclama, mas um pouco forte demais, que a relação sexual existe.

## As referências?

Mais uma vez, Freud tinha razão: não há nenhum interesse em separar libido de objeto e libido narcísica. Na verdade, elas são totalmente confundidas quando se trata de amor. Como então explicar esse narcisismo, essa idealização que, como vimos, pode, em caso de ruptura, se voltar contra o sujeito por identificação? Em que referências confiar? No princípio, a psicanálise se voltou para o objeto. O tipo de objeto pode definir a relação, mas essa pista foi revelada um impasse, tanto que a *projeção* de que ele é o alvo é um dos estigmas narcísicos[30].

Por exemplo, um homem ama uma mulher considerada ideal em sua cultura (árabe-muçulmana). Durante os preparativos do casamento, que seguem rápido, ela lhe confessa já não possuir hímen desde os 5 anos de idade: foi o que disse o ginecologista consultado pela mãe com o pretexto de masturbação. Tudo desmorona para esse homem, que, como é dito, continua a amar a mulher. É acometido assim por uma grave depressão. Evidentemente, o objeto está tanto menos em questão que a noiva se esforçava para dizer algo que o futuro marido não queria escutar!

Além disso, se o cúmulo do narcisismo é ser amado, as mulheres – cuja vocação seria essa, para Freud – deveriam estar todas sujeitas à melancolia. De fato, mesmo a inexistên-

---

29. No sentido lacaniano da expressão: "Não existe completude entre os sexos." Ou ainda: "Toda complementaridade sexuada é apenas imaginária."
30. Como escreve Moustapha Safouan (*Études sur l'Oedipe*, Paris, Seuil, 1974, p. 117): "Nada impede que um psicótico latente se case, ou seja, que faça uma escolha de objeto sexual conforme a ordem simbólica, na medida em que toda a sociedade assuma sua vigilância. Contudo, esse casamento o deixaria diante do objeto, assim como diante de alguma coisa com a qual ele não sabe literalmente o que fazer; dessa forma, na maioria das vezes o casamento serve apenas para deflagrar sua loucura."

cia real do objeto não é uma prova de narcisismo. Místicos, como são João da Cruz ou santa Teresa, que fazem da união divina o cúmulo do amor, amam o Outro ainda mais do que nossos pacientes fazem transferências. Nem num caso nem no outro pode-se considerar que se trata de narcisismo.

## A castração

O único meio que temos à nossa disposição para considerar o narcisismo (patógeno) na relação de amor é entender o que pode separar o sujeito de um objeto por definição incestuoso. O narcisismo, com efeito, abole real ou imaginariamente essa separação: *ele não quer saber nada da castração*, quer se trate da castração da mãe, quer da do sujeito. Entende-se a castração da mãe, seja do ponto de vista dela, e sua recusa assinala assim a simbiose com o filho, seja do ponto de vista da criança, e portanto sua recusa incita o sujeito a se identificar com o falo inamovível. Quanto à castração do sujeito, o complexo de Édipo nos ensina que tanto o menino como a menina *se desviam dela para dar preferência* à integridade ou à completude narcísicas. Mas há melhor ou pior que isso: mesmo quando as castrações, cada uma em seu nível, operaram, minimamente, uma relativa separação para com o objeto primordial, o sujeito continua na seqüência a encontrar num parceiro a felicidade perdida, em suma a tentar *anular* as castrações, seja por terem sido incompletas, em conseqüência da ambivalência dos pais, seja por terem sido literalmente pervertidas. Por isso, o amor pelo outro tem então a significação de uma necessidade de *restauração da integridade narcísica* do sujeito.

Farei, portanto, uma incursão na psicanálise genética. Como todos sabem, trata-se de ficção, tanto assim que nunca nada foi verdadeiramente adquirido no domínio do imaginário (motivo pelo qual tentamos ligá-lo ao simbólico).

1. Que acontece antes da *primeira das castrações*, para não dizer a castração primária, ou seja, a *fase do espelho*, que faz de nós seres especulares e sexuados? Fiquem tran-

qüilos, não creio que uma *"regressão"* possa nos levar a revisar nossa identidade sexual e as dificuldades encontradas no amor, nos fazer seguir na direção do transexualismo[31], ainda que... a ascendência da imago materna seja às vezes tão dominante que determina posteriormente todas as opções fundamentais da existência sem dar lugar apesar disso ao transexualismo[32]. No entanto, em alguns psicóticos – e o transexualismo é uma de suas formas –, as falhas do espelho rebaixam o espelho plano e a relação amorosa se torna uma fusão mortífera, com o outro tomando o lugar da imagem especular. É o que se observa na relação primária de algumas crianças psicóticas com uma mãe de quem são apenas o prolongamento. A metáfora dos vasos comunicantes ou a do animálculo protoplásmico convêm perfeitamente a esse tipo de amor dual em que um é glorificado enquanto o outro se rebaixa, e vice-versa. Na melancolia, por exemplo, o sujeito incorpora oralmente um objeto que potencialmente já fazia parte dele mesmo e que ele não suportou que fosse outro: é feito, assim, o objeto de um sujeito sádico que é apenas ele mesmo. *Mas não se deveria acreditar que esse tipo de atitude estivesse reservado aos psicóticos.* A propósito do "aviltamento" da vida amorosa de que fala Freud, Lacan dizia que "esses sujeitos não [tinham] abandonado o objeto incestuoso, ou *não o suficiente*, pois no final das contas sabemos que o sujeito nunca o abandona totalmente"[33]. Ora, o estado amoroso pode chegar a *abolir* toda distância e toda separação para recuperar esse objeto primordial, *desprezar* a barreira do ideal do eu até assimilá-lo ao objeto da paixão: o eu ideal que representa o incesto. É o que ilus-

...................
31. = ser uma verdadeira mulher para se fazer o falo da mãe (M. Safouan).
32. M. Safouan, *Études sur l'Oedipe, op. cit.*, p. 85.
33. J. Lacan, *Le Séminaire. Livre V, Les formations de l'inconscient*, Paris, Seuil, maio de 1998, p. 32.

tra o amor repentino de Werther ao ver, pela primeira vez, Lotte mimando uma criança (citado por Lacan[34]). Acrescenta Lacan, é "essa coincidência do objeto com a imagem fundamental para o herói de Goethe [que] desencadeia seu apego mortal". E conclui: "É seu próprio eu que se ama no amor, seu próprio eu realizado no nível imaginário." Acrescentarei uma única palavra a essa citação: é seu próprio eu que se ama no *amor-fusão*, amor-fusão que solda o amor repentino, se me permitem essa imagem. Esse amor-fusão preenche o sujeito, mas a menor falha na união com o outro causa uma verdadeira *hemorragia* narcísica.

2. *A castração primária*, seguindo Françoise Dolto, permite uma primeira separação e, portanto, a possibilidade de um amor que não seja imposto. Ao contrário, a criança vai escolher identificar-se ao desejo do desejo da mãe fazendo-se falo: dá forma assim ao que será mais tarde o objeto do desejo. O falo vai preencher a mãe... ou o parceiro se o sujeito permanece *fixado* nisso, pois nos encontramos agora numa relação em espelho, objeto e sujeito de desejo que podem se intercambiar. O falo designa ora a pessoa total da criança ora a criança como falóforo. Permitam-me citar aqui uma passagem de *Três ensaios sobre a teoria da sexualidade*: "O comércio da criança com a pessoa que cuida dela é, para a criança, uma fonte contínua de excitação sexual e de satisfação que parte das zonas erógenas, tanto mais quando essa pessoa – que definitivamente é, em regra geral, a mãe – dedica à criança sentimentos provenientes de sua própria vida sexual, acaricia-a, beija-a e embala-a, e a toma de forma totalmente clara como substituto de um objeto sexual plenamente legítimo."[35] A ambigüidade desse

---
34. J. Lacan, *Le Séminaire. Livre I, Les écrits techniques de Freud, op. cit.*, p. 163.
35. S. Freud, 1905, *Trois essais sur la théorie sexuelle, op. cit.*, p. 156.

objeto sexual é evidente: não se sabe se Freud fala do pênis ou do menino. Essa ambigüidade é característica do *narcisismo primário* confirmada pela fase do espelho e de sua *imagem* fálica, e isso até ilustrar a dialética objeto parcial-objeto total, objeto da pulsão-objeto de amor. Essa é a dialética do fetichista, cujo amor desmesurado pelo objeto, ou seja, seu fetiche, o força a toda espécie de acrobacias, a começar pela clivagem obrigada por sua recusa da castração. Essa recusa, quando falha, provoca às vezes descompensações, e não pequenas, chegando até a um abatimento narcísico próximo da psicose.

3. *A castração edipiana*, que é apenas uma ameaça de fato, acarreta no sujeito uma renúncia a seu amor e uma preferência por seu narcisismo primário, ou seja, conservar o pênis, diz Freud, para o menino, ao passo que a ameaça executada na menina faz com que ela consagre ódio à mãe e abra os braços para o pai. Só mais tarde, ela renunciará a suas pretensões.

Essa renúncia ao amor implicada pelas castrações não é a maior homenagem que se pode prestar ao amor?[36] Infelizmente, não é fácil colocá-la em prática, pois supõe, assim como a transferência negativa que Ferenczi reclamava a Freud, uma inimizade que parece inumana. Seja como for, o complexo de Édipo só pode ser operado quando ou o pai ou a mãe, em particular o do sexo oposto, se presta a isso e se oferece como objeto de desejo. E o outro, que se presume pronunciar a interdição, não é muito mais rigoroso. Em todo caso, uma vez que as castrações são mais ou menos realizadas, as fases narcísicas (antes do espelho, fálica, edipiana neurótica) que elas delimitam permanecem vagas, e cada etapa nova conserva alguma coisa da antiga. Essa observação retoma completa-

---

36. Por essa razão, as crianças amam tanto mais os pais quanto eles as fizeram renunciar a eles mesmos, ou seja, a uma escolha incestuosa. Os pais narcísicos, que buscam na verdade se fazer amar pelos filhos, induzem a essa escolha patológica.

mente o procedimento freudiano: no *Compêndio de psicanálise*[37], *de fato, a respeito das fases oral, sádico-anal e fálica, Freud nos alerta: "Seria falso acreditar nessas três fases como bem delimitadas, visto que elas podem se unir, se encavalar ou se seguir paralelamente umas às outras."*[38] Ora, além do fato de nossas fases narcísicas serem em parte sobrepostas às fases libidinais, podemos fazer para as primeiras a mesma observação que Freud faz para as segundas.

## Clínica

A clínica da libido tem a particularidade de que, com freqüência, é extremamente difícil discernir o que pertence ao investimento simbólico daquilo que concerne ao narcisismo patógeno. Isso é especialmente verdadeiro, antes da análise, no momento das entrevistas preliminares, quando é precisamente necessário poder considerar o imaginário e o simbólico. O processo da análise, a dinâmica do tratamento permitem distingui-los melhor. *É preciso observar ainda que o amor* (isto é, o investimento) *oculta muitas vezes o narcisismo* (isto é, o imaginário), *e vice-versa*. Além disso, a transferência pode ser, num primeiro momento, às vezes muito longo, de aparência totalmente imaginária e narcísica, o que torna seu manejo extremamente delicado. Vejamos dois exemplos que ilustram essas duas observações.

*Julien*[39], 20 anos, freqüentou a cama da mãe com o pretexto de insônias que tiravam o pai do leito conjugal e o faziam ficar na cama do rapaz. Questionados sobre seus cuidados, os pais reduziram intensamente o número de deslocamentos. Mas, para Julien, eles continuavam quase todos os dias. Evi-

---

37. S. Freud, 1938, *Abrégé de psychanalyse*, Paris, PUF, 1978, p. 16.
38. Do mesmo modo (p. 17): "Os processos que resultam na instauração de um estado normal nunca são totalmente realizados nem totalmente ausentes. Eles só se realizam *parcialmente*, de maneira que o resultado depende de relações *quantitativas*."
39. Ver o segundo capítulo: "Da psiquiatria à psicanálise".

dentemente ele vivia a relação com a mãe como uma fusão, seu desejo sendo perfeitamente submisso ao dela. Na adolescência, adquiriu uma anorexia mental típica, e uma primeira terapia o conduziu a uma psicanálise, durante a qual, já não esperando resposta de um analista mudo, e aterrorizado por um concurso difícil, cortou os pulsos e viu-se no hospital psiquiátrico. Julien já não espera de seu novo psicanalista uma cura, de qualquer maneira, inesperada. Diz que é incapaz de sentimentos, incapaz de trabalhar, quase incapaz de se deslocar: a rua está povoada de sombras que o espreitam e que podem lançar-se sobre ele por trás. Vale dizer que tem tendência a não olhar de frente os marginais que o assustam, esperando uma surra. Sua fantasia principal é esta: leva uma surra, fica todo ensangüentado e vai nesse estado se mostrar aos amigos[40]. Tem apenas meninos como amigos, sentindo-se bem na companhia deles; as meninas de seu grupo o arrepiam literalmente. Incapaz de amar, Julien responsabiliza a mãe por isso: embora distante, ela continua onipresente em seu discurso. Então, um dia, uma menina das mais persistentes – vamos chamá-la de Sylvie – se interessa por ele. Ele se apaixona, perde a virgindade e, milagre, seus sintomas mais incapacitantes, como as fantasias de outras épocas, desaparecem totalmente. Apesar disso, Julien não desinveste a análise. Seu percurso o surpreende, ele começa a trabalhar sem descanso. E então o estado amoroso parece desaparecer completamente. Agora sente prazer em voltar à casa dos pais e rever a mãe, e desloca para Sylvie o tipo de apego que tinha pela mãe: ela já não o interessa, o aborrece com seus pedidos, tornou-se estúpida e não suscita mais nenhum desejo. Um dia, ele tem a fantasia de considerá-la um objeto, ou seja, de esquecer os desejos que supõe que ela tenha por ele, e como por milagre o desejo volta. A análise não terminou, longe disso. Certamente, o apoio narcísico da transferência permitiu a Julien num pri-

---

40. Esse masoquismo está ligado à culpa de uma necessidade louca de ser amado.

meiro momento substituir uma mãe que tornou homossexual seu filho mais velho, mas que não teve êxito com ele. Eu o vejo quatro vezes por semana, longamente, pois ele é incapaz de falar de verdade, e graças a essa transferência maternal quase induzida pela oferta que faço a ele. Julien pode depois investir brevemente, decerto, mas realmente, num objeto de amor. Julien começa a falar na análise, pede para se deitar e pode enfim associar livremente.

*Clara* se recusa a usar vestido desde muito pequena. Diz que o abandono do pai por causa do divórcio a divide em dois: um menino e uma menina. Ora, diz que escondeu a menininha, pois era ela que agradava ao pai. Comigo, é a mais desagradável possível: um véu de *ódio* para com o homem que sou a impede de falar comigo, e ela grita para dizer quanto vomita seu sexo de mulher e as menstruações. Sua transferência é tanta que ela me faz agir, sempre dando um jeito de me provocar: por exemplo, quando exige que eu desconte do preço da sessão a bebida que tomou, antes de chegar, num café próximo, onde escutou o idioma do pai, ou ainda, quando bate minha porta com tanta força que a quebra. Por todas essas razões, fico bastante espantado – isso faz parte das surpresas de uma análise – ao saber que ela vive com um rapaz que ela ama e que a ama. Questiona-se se foi *ela ou eu* quem mudou para explicar sua maior confiança na análise. Chora quando percebe que ama o pai, e eu encontro no seu companheiro um aliado inesperado quando ela percebe que tem tendência a transferir para ele as mesmas coisas que transfere para mim. Inútil dizer quanto sua inveja do pênis – no sentido mais trivial – era forte nela: desde os 6 anos de idade, inventava substitutos com massa de modelar e, na adolescência, enfaixava os seios. Ela compreende que na puberdade, assim como um garoto, tinha vontade de se atirar contra o pai e aceita que isso possa significar também sua própria identificação masculina e, portanto, a eliminação desse pai. A identificação masculina a impedia até mesmo de comprar absorventes na farmácia e estava levando-a ao suicídio: não era nem mesmo uma operação que poderia transformá-la, como no transexual, mas a erradicação do cromossomo Y de todas as suas células! Ela toma consciência, entretanto, de que por trás desse ódio de si, por trás de seu ódio pelo pai, há uma necessidade de amar extremamente dolorosa, que nunca pôde ser expressa, pois havia o risco de ser abandonada. Esse abandono imaginário é resultado de um Édipo ciumento, ainda mais violento porque nunca falado, nunca dito. Os padrastos da mãe, racistas, odeiam o pai dela, nunca o viram e evidentemente recuperaram a menininha e a mãe depois do divórcio. Vemos, em todo caso, como a transferência narcísica, que foi preciso verbalizar constantemente, apesar e por causa de sua violência, permitiu ao mesmo tempo sua transformação em investimento de objeto do analista, a tradução das identificações imaginárias e o nascimento de uma relação heterossexual.

Poderíamos dizer, para concluir, que o amor narcísico, tão freqüente na adolescência, é sempre dependência do outro (incorporação) ou ascendência sobre o outro (projeção) e comporta assim grandes perigos. Na medida em que ajuda o sujeito numa completude narcísica possível apenas no imaginário, o outro, o próximo, herda qualidades imputáveis ao grande Outro. Por isso, o pequeno outro, o parceiro, adquire uma responsabilidade desmesurada: a de suportar uma *transferência* narcísica. Seu fracasso quase obrigatório provoca infalivelmente o abatimento do sujeito. Apenas o analista poderia suportar, assumir essa transferência, ser responsável por ela, se fosse destinado a isso... Infelizmente, raras vezes ele é o objeto dela. Se o fosse, para ele, porém, seria uma prova, pois não é fácil sustentar a intensidade de tais transferências, e o menor erro pode ser catastrófico. De fato, é mais freqüente que o analista se encontre em posição terceira: a de questionar suficientemente esse amor narcísico devastador para relativizá-lo. Para isso, é necessário que ele se lembre de que o amor preenche as falhas do ideal do eu (Freud) e que ele encerra, por meio de suas contingências imaginárias, uma busca simbólica inexprimível e sobretudo inaudível até então. Todo seu ofício consiste, portanto, em não reduzir essa busca a uma simples enamoração e a *extrair* disso (como da tentativa de suicídio) o objetivo simbólico, ou seja, não uma necessidade de identificação mas um verdadeiro desejo do sujeito.

## QUE BISSEXUALIDADE NA ADOLESCÊNCIA?

### Bissexualidade ou bissexuação?

A bissexualidade está na moda entre os adolescentes. As razões disso são simples: real ou imaginária, ela permite evitar um pouco mais a hora de escolher seu sexo – eu ia dizer seu campo. Seu campo significa o dos homens ou o das mulheres, e alguns hesitarão por toda a vida! Nesse *famoso processo de adolescência* nos encontraríamos, portanto, diante de uma nova sexuação – que estou dizendo? –, de uma revivescência pós-edipiana de uma escolha do sexo de fato pré-edipiana, já que Stoller mostrou bem que era a mãe que escolhia o sexo do filho com erros que levavam, como se sabe, ao transexualismo. Esse esquema, em todo caso, explicaria o lapso tão comum, mesmo entre os psicanalistas, relativo à inversão do sexo do objeto do desejo no sujeito: "há problemas de *identidade* sexual", dizem![41] Acho que não é por acaso, pois a escolha da sexualidade pelo adolescente participa, de fato, de sua identidade, e é nisso que a *bissexualidade* remete a uma verdadeira *bissexuação*. Mas, em vez de oferecer o conforto de uma causalidade orgânica ou de uma dupla personalidade, essa bissexuação, ao contrário da bissexualidade, abre os abismos da clivagem entre um sexo real e um sexo psíquico perfeitamente definidos quando estão opostos no mesmo indivíduo. Esses dois sexos – é um acaso? – não têm nenhuma relação, ao con-

---

41. De fato, isso corresponde para alguns à tradução de *Gender Identity*, conceito forjado por Stoller em 1968 e que é melhor chamar de "identidade de gênero".

trário se combatem, até o assassinato, ou seja, o suicídio. Dois exemplos breves. O primeiro é o do transexual homem que acha o próprio corpo um erro da natureza e tenta suprimir suas marcas. O segundo é o do homossexual masculino que descobre com horror que sua escolha de objeto ambíguo revela uma feminilidade definitiva. Nos dois casos, com estrutura bem diferente de resto, nossa sociedade tende atualmente a privilegiar o sexo psíquico em detrimento do sexo biológico: já não obriga os homossexuais a se "curar" e aceita operar os transexuais. *Isso não resolve, no entanto, os problemas deles.* Longe disso. Para cada adolescente homossexual que encontra uma nova família no movimento *gay*, há muitos que recusam, às vezes a vida inteira, sua inversão quando não estão no divã. Quanto aos transexuais, a facilidade com a qual é oferecido a eles um protocolo cirúrgico e hormonal sem equivalência legal é realmente escandalosa, ainda mais porque nesse caso só vão atrás de um gozo delirante sem entendê-lo.

O que chamei de *bissexuação*, que remete à oposição do sexo real a um sexo imaginário ou simbólico, definiria melhor, na minha opinião, uma *bissexualidade* que é apenas potencial. Decerto, a bissexualidade freudiana, embora sempre retomada no sentido biológico, distingue-se definitivamente do hermafroditismo somático. Mas, mesmo reconhecendo que "a inversão e o hermafroditismo *somático* são, no conjunto, independentes um do outro"[42], ele declara algumas linhas depois que "devemos atentar para uma predisposição bissexual na inversão"[43]. Ora, essa bissexualidade freudiana se comporta como um fator genético, já que é a bissexualidade congênita que finalmente fará com que o complexo de Édipo oscile no sentido normal ou invertido. Além disso, mesmo a ambivalência para com os pais, que Freud pensava ser devida às identificações e à rivalidade edipianas, é atribuída, em 1923[44], a essa famosa bis-

---

42. S. Freud, *Trois essais sur la théorie sexuelle, op. cit.*, p. 47.
43. S. Freud, *ibid.*, p. 49.
44. S. Freud, *Essais de psychanalyse, op. cit.*, pp. 245-6.

sexualidade, vergonhosa herança de Fliess que Freud reconhece nunca ter abandonado desde que a adotou. Essa bissexualidade (ou essa bissexuação se me acompanharem) é, portanto, pré-edipiana, o que diz respeito no mais alto grau a nossos adolescentes. Vamos procurar dizer por quê, conscientes de apenas nomear as coisas que todo o mundo conhece. Mas às vezes as coisas ficam melhores ao serem ditas. No entanto voltamos mais uma vez para Freud na esperança de que ele nos esclareça e dê, em todo caso, uma explicação racional a essa bissexualidade primária. Ora, é preciso dizê-lo, ficamos tão decepcionados quanto depois da leitura do "aturdido"[45] de Lacan. De onde virá de fato essa bissexualidade básica anedipiana, se me permitem o neologismo, que, entretanto, nos persegue além da adolescência? *"A libido de todos nós hesita normalmente durante toda a vida entre o objeto masculino e o objeto feminino."* Está no mesmo texto, na página 256. A bissexualidade se manifesta, portanto, em nossas escolhas de objeto e seria o objeto de uma dúvida generalizada e contínua (durante toda a vida?). Caramba! Em todo caso, privada de todo substrato orgânico, essa bissexualidade chega de algum lugar. Em si, sua predominância, masculina ou feminina, demonstra uma influência preponderante... do pai ou da mãe. *Mas um pai e uma mãe que influenciariam a criança fora do famoso complexo?*

## A identificação primária

Observemos de passagem que, para Lacan, a terceira fase do Édipo no menino evoca alguma coisa da ordem dessa influência quando ele diz que "normalmente o pai se faz *preferir* à mãe". Quanto ao papel do elemento feminino na educação, ele é reconhecido tanto por Freud como pela doxa, quando sua preponderância corre o risco de enfraquecer a virilidade do menino. Estamos desde o início deste capítulo na psicanálise? Não tenho certeza disso e creio que vocês também não. Entre-

..........
45. J. Lacan, "L'étourdit", *in Autres écrits*, Paris, Seuil, 2001.

tanto, não estamos errados, já que existem verdades fora da psicanálise. É necessário, a partir de agora, que nos resignemos e declaremos com Freud que "a psicanálise não pode elucidar a essência do masculino e do feminino"?[46] Por que estamos fora da psicanálise? Porque não há análise sem discurso, ou seja, sem representante da representação. A análise começa, portanto, com o mito do recalque originário. É sobre esse recalque primário que está fundada a identificação primária, nos lembra Conrad Stein[47]. Ele vai retomar essa questão a partir de Freud, que cita o lingüista K. Abel: "O homem só pode ter acesso a seus conceitos primeiros e elementares na oposição deles a seu conteúdo."[48] A identificação primária seria, nesse sentido, "o conceito que é antes de tudo conceito da oposição dos contrários em si". Sua fantasia original, inconsciente, traduziria a oposição dialética fusão-separação, que é apenas virtualidade na relação do bebê com a mãe. Sua primeira expressão pré-consciente seria a oposição *Fort-Da* do jogo da bobina que precede o "não". Stein encontra esses pares opostos no narcisismo originário freudiano constituído de dois objetos sexuais, "si mesmo e a pessoa que educa", ou ainda, na simultaneidade de uma identificação primordial com o pai e de um investimento da mãe contemporâneo ou anterior a essa identificação. Por esse motivo, provavelmente, a identificação primária é qualificada de edipiana, até mesmo de metaedipiana por Conrad Stein, com a oposição fusão/separação, ser/não-ser, remetendo necessariamente a um terceiro termo: o outro. Mas, nessa identificação primária, o pai é "suposto idêntico à fantasia original do desejo da mãe". Essa concepção da identificação primária, como se vê, não é sexuada, está mesmo aquém do conceito da diferença dos sexos. Con-

---

46. S. Freud, 1920, "Psychanalyse d'un cas d'homosexualité féminine", *Névrose, psychose et perversion*, Paris, PUF, 1973, p. 270.
47. C. Stein, "La mort d'oedipe", *Médiation*, Paris, Denoël/Gonthier, 1977.
48. S. Freud, 1910, "Le sens antithétique des mots archaïques", *Essais de psychanalyse appliquée*, Paris, NRF Gallimard, 1933.

tudo, é paradoxal: com efeito, como conciliar seu caráter assexuado com o fato de que ela seja edipiana e tenha a ver com a bissexualidade? Quando se fala de identificação de fato, não se pode deixar de referi-la a um modelo oral, portanto ambivalente por essência, mas principalmente a uma apropriação pelo sujeito de características do Outro, mesmo que essa apropriação pareça mais um acúmulo do que uma escolha. Neste momento, deve-se lembrar a diferença fundamental que Freud faz entre a identificação narcísica e a identificação histérica. A primeira incorpora o objeto no eu, quer se trate de identificação primária ou de identificação melancólica. Essa identificação é intensa e pode incluir o sexo do objeto. A identificação histérica, ao contrário, se faz de uma só vez pelo recalque de um significante comum ao sujeito e ao objeto: é com esse tipo que a identificação edipiana se parece. Se a identificação edipiana de traço unário foi bem retomada por Lacan, isso não acontece, em contrapartida, com a identificação *narcísica*. Ora, esta é capital para a compreensão de alguns fatos clínicos. Como compreender, por exemplo, a identificação primária no transexual, no homossexual ou no normal? No transexual, por exemplo, é evidente que o *gênero* sexual – para retomar a expressão de Stoller – é comparável a uma identidade que parece tanto mais psicogenética quanto não tem nada a ver com o sexo real, anatômico. Seria, portanto, tentador assimilar essa identidade de gênero a uma identificação primária. Mas a identificação, segundo Freud, primeira manifestação de um desejo pelo Outro, exige pelo menos um amor identificatório ou, na pior das hipóteses, uma decepção maior. Ora, nesse caso, os estudos de Stoller o demonstram, parece mesmo que a identidade sexual foi imposta pela mãe, o que retoma, aliás, M. Safouan. Se implicamos aí o sujeito, somos obrigados então a recorrer ao modelo freudiano, ou seja, à escolha primária do menino confundindo identificação primordial com amor pelo pai, escolhendo contudo nesse caso... a mãe: o menino a partir de então "dará mostras de um interesse particular por [a mãe], ele gostaria de se tornar e ser como [ela], de tomar seu lugar em todos os pontos. Digamos tranqüilamente, ele tomaria [sua mãe] como ideal." Etc. Convenhamos, esse modelo parece descrever precisamente a identificação primária... do homossexual masculino. Entretanto, Freud e Lacan nos dizem que esse modelo não corresponde a ele. De fato, nesse segundo caso, a identificação não é primária, é secundária com uma *fixação* edipiana extremamente forte. Se o menino ama sua mãe de amor, na verdade é no sentido de uma *posição masculina*. Ora, todo Édipo é um fracasso, nos diz Freud. Este tanto quanto um outro. Por que ele oscila então nessa regressão maior, que é a identificação narcísica? Freud não o diz explicitamente, mas é possível deduzir de seus escritos. Inicialmente, a interdição do incesto não é clara nessa configuração, a renúncia inevitável à mãe não é, portanto, favorecida por um sobreinvestimento da identificação com o pai. Mas, mais ainda, essa interdição – e constatamos isso em clínica –, em vez de ser formulada, não existe ou até transforma-se categoricamente em incitação. Dessa maneira, parece que a *identificação* é a última muralha contra o incesto, a última maneira de evitar a loucura, essa loucura que o transexual não pôde evitar. A identificação narcísica com a mãe é assim secundária, ocupando o lugar *central do eu* – segundo o mecanismo de uma identificação melancólica. Compreende-se assim a diferença com o transexualismo, em que essa identificação imposta se faz sem terceiros: aqui, ao contrário, o sujeito desenvolve uma relação de objeto intensa, mesmo que seja qualificada de induzida, mas ele a desenvolve *a partir* de uma posição masculina, e o Édipo, mesmo em negativo, está presente. A identificação com a mãe é um compromisso que o sujeito encontrou, de um lado, para evitar o incesto e, de outro, para não perdê-la. Ela prepara evidentemente a chegada do Édipo negativo. Mas *quid* da identificação primária? É preciso reconhecer que, se essa identificação é essencialmente paterna no início, e como tal reconhece no menino seu sexo próprio, a oscilação do investimento materno em identificação feminina triunfa amplamente sobre as origens. Como veremos, o Édipo invertido, no entanto, virá secundariamente recuperar essa identificação primária enfraquecida a ponto de permitir uma sexualidade de aspecto masculino. Mas, no fundo, por que essa oscilação? Por que a intensidade do amor pela mãe, que é no entanto bastante freqüente, engendraria essa identificação? A fraqueza do pai é suficiente para explicá-la? Isso remete, sempre no esquema freudiano, que eu gostaria muito que me provassem estar ultrapassado, à bissexualidade originária. Se esta é, como diz Stein, paraedipiana, é no sentido de que só reflete o contra-Édipo, ou seja, o desejo dos pais. Foi nesse sentido que pude falar do Édipo simbólico, Édipo que busca apenas se realizar literalmente e, para cada criança, segundo modalidades próprias[49]. De que é feito esse Édipo simbólico? Da supremacia do desejo de um dos pais sobre o produto de sua união, o que vai ao encontro da concepção lacaniana do Édipo: o desejo é a lei. Essa supremacia é lida facilmente, por exemplo, na escolha do nome da criança, que não tenho tempo de desenvolver aqui. Última hipótese: a criança normal. Nesse caso, a identificação com o genitor do mesmo sexo se faz segundo três modalidades concorrentes. Primeiro, o investimento direto da mãe pela filha, que ela reconhece idêntica a ela, ou pelo menino, que ela reconhece como a imagem do pai. Em seguida, vem a famosa identificação primordial de Freud, que é uma forma primária de amor em que ser e ter se confundem. Enfim, o complexo de Édipo, no qual o lado positivo predomina sobre o lado negativo. Mas vemos que todas essas etapas – aqui congruentes – apenas repetem a configuração primeira, a saber, a configuração contra- ou metaedipiana, que é ela mesma o molde do Édipo simbólico.

## O Édipo

O que o Édipo traz a essa identificação primária, ela mesma simbolicamente edipiana? *Identificações secundárias;*

---

49. Cf. P. Delaroche, "La découverte du sexe à l'adolescence", *in De l'amour de l'autre à l'amour de soi. Le narcissisme en psychanalyse, op. cit.*

sejam narcísicas – como vimos no caso do homossexual; sejam de tipo histérico, isto é, de uma só vez. No momento da destruição do Édipo, com efeito (*Zertrümmerung*), o abandono do investimento materno desencadeia no menino ou uma identificação (narcísica) com a mãe, ou um reforço da identificação com o pai, nos diz Freud, que acrescenta, com humor: "Temos o costume de considerar essa última possibilidade como a mais normal."[50] Mas aí, ainda, insiste: "O fato de a identificação edipiana ter como possibilidade uma identificação com o pai ou com a mãe parece, assim, depender nos dois casos da força relativa das disposições sexuais masculina e feminina"[51], portanto da bissexualidade primária que chamei de bissexuação. Mas essa bissexualidade intervém ainda de outra maneira, como sabemos, pelo viés do Édipo chamado negativo, tendo como resultado o fato de as quatro tendências levarem a uma identificação com o pai ou com a mãe. De novo, Freud insiste: "Na *impressão* (*Ausprägung*) mais ou menos forte das duas identificações se refletirá a desigualdade das duas disposições sexuais."[52] De modo que, seja qual for a força das identificações secundárias, que poderíamos qualificar de imaginárias, o resultado – se é possível empregar aqui tal palavra – do Édipo depende sempre do que Freud chama de bissexualidade, mas que reflete de fato o que chamei de Édipo simbólico, ou seja, a preeminência do desejo paterno ou materno. Tomo ainda como prova disso, se o quiserem, o caso do homossexual. Freud nunca qualifica a homossexualidade como resultado do Édipo negativo. Muito pelo contrário, quer se trate de Leonardo, da jovem homossexual ou dos *Ensaios* que acabamos de reler, a homossexualidade é sempre, para ele, a conclusão de um Édipo positivo e mesmo – como vimos – de um Édipo positivo particularmente poderoso. Tudo acontece então

...........

50. S. Freud, 1923, "Le Moi et le ça", in *Essais de psychanalyse, op. cit.*, p. 244.
51. S. Freud, *ibid.*, p. 245.
52. S. Freud, *ibid.*, p. 246, tradução pessoal de *Ausprägung* por *empreinte* [impressão].

como se o Édipo negativo só viesse acrescentar ao Édipo positivo identificações "secundárias" em todos os sentidos do termo. É, além disso, o que explica todas as variedades de homossexualidade, variedades que alguns costumam considerar diferenças de estrutura, mesmo que, por outro lado, cada estrutura tenha sua forma de homossexualidade. Pois todas as identificações edipianas, simbólica ou imaginária, se encontram "de algum modo *compatíveis (vereinbart)* uma com a outra"[53] no cerne do ideal do eu. Isso não simplificará a tarefa do adolescente.

## A adolescência e a bissexualidade

No plano da realidade, ou seja, da clínica fenomenológica, ninguém duvida que o adolescente se procure, como se diz, e, a menos que ele não tenha dúvida, possa tentar todas as posições de uma bissexualidade real ou imaginária, ou seja, se enganar. Mas essas tentativas têm o mérito de procurar tornar *compatíveis* as identificações oriundas da bissexuação simbólica. A maior parte do tempo, é necessário dizê-lo, essa bissexualidade permanece imaginária, e sua realização, com muita freqüência, rudimentar, com exceções evidentemente. Na adolescência, de fato, fica-se muitas vezes longe do ideal sexual freudiano, em que sentimento e sexo estão juntos. Por isso, o adolescente precisa projetar um ideal do eu, que freqüentemente é de caráter bissexual, o que vai permitir atenuar a tensão entre simbólico e real. Ou, mais exatamente, o que vai afastar de si numa imagem a contradição da bissexuação simbólica e imaginária. Sidonie Csillag nos oferece um exemplo demonstrativo disso. Sua biografia publicada por Ines Rieder e Diana Voigt[54] prolonga de fato a observação de Freud, das mais

.............
53. S. Freud, *ibid.*, p. 246, tradução própria. O texto francês diz *accordés*. [O autor emprega *compatibles* no lugar de *accordés* (de acordo com, unidas), termo escolhido na tradução francesa. (N. da T.)]
54. *Sidonie Csillag, homosexuelle chez Freud, lesbienne das le siècle*, trad. fr., EPEL, 2003.

notáveis. O amor que Sidonie sente por Léonie von Puttkamer, na verdade, tem todos os aspectos da transferência para um ideal: ele é passional, casto, ao mesmo tempo íntimo e distante. Reflete, porém, a estrutura edipiana, ou seja, a identificação narcísica com o pai que abre a via de uma homossexualidade que se afirmará com sortes diversas durante toda a vida. Mas existe também em Sidonie, como bem viu Freud, uma bissexualidade que é fruto de um Édipo positivo. Essa heterossexualidade, cujo caráter imaginário é demonstrado por nossos autores – ela é de fato capaz de se apaixonar –, tropeça na realização sexual, no entanto consumada pelo casamento. Com isso se esclarecem, talvez de maneira diferente, os famosos sonhos de casamento que Freud qualificava como "mentirosos". Na medida em que, de fato, a jovem consente em ver Freud para agradar a um pai que ela ama, não no sentido incestuoso mas no sentido edipiano banal, pode-se imaginar que ela tenha esses sonhos não apenas para contentar Freud (ele não parece precisar disso verdadeiramente), mas para satisfazer... sua bissexualidade.

## Conclusão

### *Metapsicologia do processo de adolescência*

A definição, pelos psicanalistas, da adolescência como processo de mudança que acompanha a operação de individuação-separação do adolescente em relação às imagos parentais acarreta uma seqüência lógica de conseqüências. A primeira pode ser formulada assim: se há processo, é porque também pode faltar. Ora, é o que se pode constatar em clínica, por exemplo, com alguns adolescentes cuja crise é tanto mais espetacular quanto o fato de os pais desses adolescentes nunca terem se separado verdadeiramente de seus próprios pais e, portanto, nunca terem tido adolescência. Outro exemplo que ilustra bem nossas proposições: alguns pacientes em análise lamentam não ter podido se opor aos pais e de só poder dizer ao analista o que gostariam de dizer a eles. Assim, parece que a adolescência – como processo psíquico – existe, mesmo que a adolescência – como manifestação social – tenha aspectos consideravelmente variados tanto no tempo como na intensidade, segundo as culturas e as épocas.

A segunda conseqüência provém da primeira: se esse processo existe, é preciso defini-lo com a ajuda de conceitos psicanalíticos, o que não é simples. O modelo que proponho foi concebido a partir de manifestações clínicas diversas e variadas observáveis nesse período. Estas vão, de fato, dos comportamentos de risco e tentativas de transgressão à depressão grave e ao suicídio, passando pela inibição tão característica de alguns adolescentes. As manifestações clínicas parecem ser o reflexo (ou a recusa) de remanejamentos pulsionais que se imprimem mais ou menos conscientemente no nível do eu, cujas instâncias foram redefinidas por Lacan: eu ideal, supereu, ideal do eu. Pouco importa aqui a causa desencadeadora, seja ela biológica (puberdade), psicológica (modificação da imagem do corpo) ou social (paradoxo de uma obrigação de emancipar-se dividida entre o adolescente e os pais e de um prolongamento da coabitação). Esses remanejamentos obedecem a dois movimentos pulsionais opostos: projeção e introjeção, que Lacan atribui respectivamente ao Imaginário e ao Simbólico. Esses dois movimentos (que chamei também de Desafio e Luto) são perfeitamente ilustrados no que se pôde chamar de revivescência do complexo de Édipo e nessa nova "sexuação" própria da adolescência.

A excitação pubertária, assim como o crescimento ou a promessa de um porvir sexual, leva o(a) adolescente a investir sua libido em imagens novas (ídolo, primeiro amor), que são apenas deslocamentos de uma paixão infantil, a menos que esta ganhe consistência unicamente num antigo objeto: a mãe. Esse investimento possui a força de uma pulsão pré-genital que se apropria do objeto sem limites. É nisso que ele é narcísico e possui a marca da projeção. Aliás, ele mesmo não nasceu *stricto sensu* do contra-Édipo? É assim que o ídolo ou o objeto do amor-paixão aparecem para o sujeito como se fossem ele mesmo; esse transitivismo se concretiza na fórmula ambígua: "o amor da mãe". Tudo concorre então para uma megalomania mantida atualmente pelo social, de que participam pais idólatras da juventude, que se projetam, eles também, narcisicamente em seus filhos. Evidentemente, esse movimento projetivo se estende a outros objetos além da mãe ou seus substitutos: pode tomar a forma de uma espécie de hipomania generalizada, responsável tanto por proezas intelectuais quanto por alguns comportamentos de risco. Certamente, pode até mesmo ser interpretado como um *desafio*, ou seja, uma provocação da imagem parental que se supõe ter autoridade: o pai[55]. A função paterna consistiria então em humanizar um desejo louco, já que incestuoso, para lhe evitar naturalmente as reprovações do supereu. Pois, não esqueçamos, é função do Édipo, e portanto do Édipo adolescente, evitar no sujeito criança ou adolescente a represália implacável imposta a um sujeito ilimitado por um supereu ainda mais feroz quando não é encarnado por Um-pai.

Seja como for, isto é, haja ou não *mediação* paterna – e é melhor que ela esteja presente –, nosso sujeito adolescente vai encontrar ou os obstáculos inerentes a toda vida social, ou a interdição separadora. Em suma, ele deverá compor – como se diz – com a realidade, o que quer dizer que não tem realmente a escolha. Renuncia, de todo modo, ao objeto de gozo, seja de maneira melancólica com os avatares que se conhecem, seja por identificação com o interditor paterno. No primeiro caso, ele introjeta um supereu vingador; no segundo, constitui seu ideal do eu a partir dos valores que reconhece no pai. É nesse caso que o segundo movimento da adolescência pode ser qualificado de *introjeção*: ele é de qualquer forma caracteri-

---

55. É o que teríamos vontade de responder à obra de Charles Melman, *Entretiens avec Jean-Pierre Lebrun. L'homme sans gravité. Jouir à tout prix*, Paris, Denoël, 2002.

zado pelo *luto* da infância, o luto da onipotência, o luto do incesto. É edipiano no sentido de que supera, sublimando-o, o desejo incestuoso que no entanto permanece como o modelo do desejo. Isso corresponde ao fim da adolescência, fim às vezes tingido de morosidade, caracterizada pela assunção do ideal do eu. A abertura a todas as possibilidades, inaugurada com o início da adolescência, fecha-se de novo numa relativização marcada pelo simbólico. Nesse sentido, pode-se dizer que o Édipo *simbólico* preexistente ao nascimento do sujeito, dissimulado no infantil pelas identificações imaginárias do Édipo normal e invertido, se resolve, ou antes, *se conclui*, na adolescência e encontra, às vezes brutalmente, o Édipo estrutural, ou seja, a configuração parental na origem da identificação primária e, portanto, da sexuação psicológica. O fim da adolescência é, pois, marcado pela *introjeção* do ideal do eu, até então ainda encarnado por figuras parentais, até mesmo deslocado para outras imagos. Essa introjeção assinala evidentemente o fim da onipotência, restringindo-a ao imaginário do ideal.

## Processo analítico e processo de adolescência

Graças à abertura considerável que o quadro freudiano oferece ao imaginário, o processo analítico abre, ou antes, reabre esse processo[56]. A oferta de dizer tudo, livre dos preconceitos e dos entraves, permite de fato que o sujeito faça voltar a funcionar aquilo que constituiu sua personalidade, ou seja, as *identificações* múltiplas e às vezes contraditórias que a constituíram. Graças à *projeção* – e o próprio analista se oferece literalmente –, o sujeito poderá inventar para si um novo romance familiar, imaginar toda espécie de cenas primitivas, em suma reconstruir suas lembranças infantis. Sem saber, vai investir o psicanalista, não apenas de figuras que o marcaram, mas fazendo dele o íntimo cúmplice de seu desejo. É por isso que pacientes em análise ficam surpresos ao constatar, no fim

---
56. Ver p. 26.

de algum tempo, que não sabem mais por que voltam: já não têm sintomas, mas precisam dizê-lo para aquele que se tornou, bem ou mal, a causa do desejo deles. Pode-se compreender, com isso, por que os tratamentos duram tanto tempo: são o lugar de um verdadeiro renascimento e não são, enfim, mais longos que os anos que produziram as neuroses! A verdade é que, quando o tratamento reabre o processo adolescente, até criando pela magia da transferência a encarnação do ideal do eu, que é o *ídolo* ou o objeto de amor, é muito difícil pôr fim nesse processo. Tudo acontece como se o próprio espaço do tratamento oferecesse o luxo de uma adolescência renovada e indefinida. Tudo concorre, além disso, para o prolongamento inesperado da esperança adolescente: os benefícios secundários e mesmo a contratransferência arriscariam então tornar a terapia psicanalítica uma análise interminável.

A dificuldade em terminar a análise, e portanto – segundo nossa opinião – em fechar o processo de adolescência, parece tão específica dessa técnica, de resto incontornável, que só podemos apontar essa dificuldade em pôr fim nela, quaisquer que sejam as teorizações empregadas para explicá-la.

# Capítulo II
# Da psiquiatria à psicanálise

PRINCÍPIOS E ATITUDES
DO PSICANALISTA DE ADOLESCENTES

Na França, o interesse pela psicanálise na adolescência foi obra, como se viu, de psiquiatras-psicanalistas que trabalhavam no serviço público, e Pierre Mâle é seu líder incontestável. Esse interesse foi antes de tudo técnico e poderia ser formulado assim: como fazer com que um adolescente que sofre de distúrbios psiquiátricos seja beneficiado por esse método cujo plano parece reservado a adultos autônomos? A adaptação[1] que os psicanalistas submeteram a esse plano permitiu compreender o sofrimento dos jovens pacientes e elaborar uma nova *psicopatologia*[2], *baseada ao mesmo tempo na clínica psiquiátrica e em conceitos psicanalíticos que arriscavam desde então algu-*

---

1. Em particular na forma de "PIP": psicoterapias de inspiração psicanalítica.
2. Além de P. Mâle, *Psychothérapie de l'adolescent*, Paris, EMC, 378-18 K 10, citemos E. Kestemberg, "La psychanalyse des adolescents", *Psychiatrie de l'Enfant*, vol. II, fasc. 1, Paris, PUF, 1961; J. Rouart, *Psychopathologie de la puberté et de l'adolescence*, Paris, PUF, 1954; D. Marcelli, A. Braconnier, *Psychopathologie de l'adolescent*, Paris, Masson, 1983; J. Rousseau e P. Israël, "Jalons pour une étude métapsychologique de l'adolescence", *L'inconscient*, 1968; C. Terrier e G. Terrier, "L'adolescence, un processus", *Revue Française de Psychanalyse*, 1980.

ma objetivação. Na verdade, o risco dessa mistura é mais terapêutico que diagnóstico (diagnóstico psicanalítico e psiquiátrico coincidindo[3]), na medida em que a atitude do especialista, seja qual for sua formação, apresenta ao adolescente uma resposta sobre a origem de seus problemas. Mas essa resposta, no estado atual de nossos conhecimentos, só pode parecer *ideológica*. Afirmar, por exemplo, como fazem muitos psiquiatras hoje em dia, que a doença mental é orgânica e de determinação genética, deixa de fato pouco espaço no sujeito para uma assistência psicológica que o levaria a se questionar. Inversamente, muitos adolescentes que descompensam de modo psicótico com freqüência começaram alguns meses antes uma psicoterapia que não foi suficiente para bloquear a entrada na doença. Psiquiatria e psicanálise poderiam assim aparecer como procedimentos antinômicos, com o paciente arcando com o ônus de um combate desigual e duvidoso. Desigual, porque os progressos em psicofarmacologia permitiram a descoberta de novos neurolépticos chamados de segunda geração, desprovidos de efeitos colaterais e prescritos *larga manu* para indicações que excedem em muito os distúrbios psicóticos, encobrindo sintomas neuróticos característicos[4]. Duvidoso, pois, qualquer que fosse a ideologia do terapeuta, seria difícil de compreender com que direito ele impediria que seu paciente se beneficiasse com medicamentos que o aliviassem.

Nos dias de hoje, pelos efeitos conjugados da oferta farmacêutica, da inflação diagnóstica dos casos decretados *borderline*, da demanda do público cuja tolerância à angústia e às frustrações diminui a cada dia, assistimos a uma verdadeira *psiquiatrização* das dificuldades do adolescente. Essa psiquiatrização é acompanhada, paradoxalmente, de uma desafeição pela nosografia psiquiátrica e de um desconhecimento profundo da noção de estrutura mental entre os jovens psiquiatras, impreg-

..................
3. Ler abaixo "Diagnóstico psiquiátrico ou diagnóstico psicanalítico dos 'momentos' psicóticos da adolescência?".
4. Ler abaixo: "Loucuras neuróticas".

nados, é verdade, de semiologia pragmática e falaciosa, tal como é realizada pelos diferentes DSMs[5] vindos dos Estados Unidos. Assim, como veremos, um paciente atormentado por distúrbios obsessivos que pergunta a seu médico "se tem alguma coisa a ver com a doença" terá como resposta: "Não! Pois é puramente hereditário", e como prescrição um neuroléptico associado a um antidepressivo. Pouco importa se o distúrbio em questão apareceu durante uma primeira masturbação fortemente culpabilizada, cuja lembrança, recalcada, voltará depois de numerosas sessões de psicodrama... Essa psiquiatrização parece convir infelizmente a alguns adolescentes paralisados pela vergonha e pela inibição: comporta resistências, justifica o esquecimento e torna ainda mais difícil o trabalho de psicoterapia que se vem às vezes reclamar *in fine*, no término da trajetória, como um suplemento de alma na receita médica.

### Princípios do tratamento psicanalítico dos distúrbios psiquiátricos do adolescente

O trabalho psicoterapêutico é difícil em distúrbios característicos de uma doença psiquiátrica, seja ela neurótica ou psicótica, por duas razões essenciais. Nós já abordamos a primeira: provém do paciente que tem tendência a recusar os esforços exigidos pela análise (em todas as suas formas); a psiquiatria é, portanto, um refúgio – os famosos benefícios secundários –, até mesmo um verdadeiro sucedâneo de uma identidade difícil de afirmar. Concebe-se neste último caso o poder das resistências a um tratamento que por definição põe em dúvida a identidade factícia, mas considerada vital pelo su-

...................
5. *Manuel diagnostique et statistique des troubles mentaux* [Diagnostic Statistical Manual of Mental Disorders (Manual diagnóstico e estatístico das doenças mentais)]. "Por sua simplicidade e facilidade de uso, esse manual vai se impor ao mundo inteiro", explica Jacques Hochmann em *Histoire de la psychiatrie*, PUF, col. "Que sais-je?", 2004. "A categoria das neuroses é eliminada, e a noção de doença, substituída pela de distúrbio [*disorder*] [...].Tudo não passa de processo, sem ligação com uma história individual" (citado por Cécile Prieur, *Le Monde*, 20 de junho de 2005).

jeito. A segunda provém do terapeuta, mas não é menos perigosa. Trata-se da angústia do clínico que, seja qual for sua formação anterior, se surpreende duvidando de seu método, acha que está enganado quanto à estrutura (o que acontece) e... passa ao ato com a interrupção do tratamento psicológico, e até mesmo – o que é evidentemente muito mais sutil – impedindo o recurso, às vezes necessário, a um tratamento psiquiátrico!

*Psiquiatria ou psicanálise?*

Não se trata, portanto, de *opor* nesses princípios psiquiatria a psicanálise[6], mas – eu diria muito simplesmente – de *hierarquizá-las*. Se consideram[7] o determinismo mórbido como sendo da ordem do biológico, hereditário ou congênito, o tratamento só pode ser médico: medicamentos e reeducação (como se é reeducado depois de uma fratura); nesse caso, a contribuição da psicanálise, na forma de terapias de apoio, familiares ou outras[8], pode ser apenas um complemento compassional, evidentemente desembaraçado das exigências (mas também da eficácia) da psicanálise. Se, ao contrário, acreditam (por terem experimentado em sua própria análise, por exemplo) na causalidade psíquica[9] para distúrbios da mesma ordem, será necessário, caso se queira remontar às origens da doença, pedir ao paciente que explore seus pensamentos segundo o método freudiano. Se respeitam, por esse motivo, o que se convencionou chamar de plano[10], é essa própria inves-

..................
6. Veremos mais adiante que o "diagnóstico" é, de certa maneira, o mesmo, com a psicanálise acrescentando ao diagnóstico de estrutura elementos de apreciação sobre a evolução terapêutica.
7. Esse "consideram" engloba paciente, médico e família.
8. Cf. P. Delaroche, *Psy ou pas psy*, Paris, Albin Michel, 2004.
9. O grande psiquiatra Jean Delay, autor da classificação dos psicotrópicos, afirmava em 1956: "Convém lembrar que, em psiquiatria, os medicamentos sempre são apenas um momento do tratamento de uma doença mental, e que o tratamento de fundo continua sendo a psicoterapia" (*L'Encéphale*, tomo XLV, 4, 1956; citado por É. Roudinesco, *Pourquoi la psychanalyse?*, Paris, Fayard, 1999).
10. Cf. J. Bleger, *Symbiose et ambiguïté*, Paris, PUF, "Le Fil Rouge", 1989.

tigação que vai caducar os sintomas. E, se não podem respeitá-lo, poderão adaptar esse plano, por exemplo, através do psicodrama psicanalítico individual[11], ou ainda, por uma fase psicoterapêutica pré-analítica.

Julien, 20 anos, teve uma anorexia mental na adolescência[12]. Assistido analiticamente (três vezes por semana deitado no divã) sem precaução, interrompeu a análise em razão de uma tentativa de suicídio e foi hospitalizado num hospital psiquiátrico. Quando saiu, veio me ver e iniciamos entrevistas preliminares. Foi assim que se deu início a uma psicoterapia cara-a-cara três vezes por semana. Julien é extremamente angustiado e ainda segue um tratamento medicamentoso. Além disso, ele tem algumas fantasias persecutórias preocupantes; e a impressão de "que uma voz fala com ele" e que não pode apagá-la. Sonha abundantemente, mas às vezes afirma que está com a cabeça vazia e que não tem nada a dizer, o que suporta ainda menos, por ter a fantasia de "ser aderente". Nesse caso, propus sistematicamente um jogo de papéis, ou seja, que ele tomasse meu lugar e eu o dele. Eu desempenhava então, em meu papel de paciente, todas as razões de estar "bloqueado": vergonha, medo transferencial, medo de questionar meus pais, etc. Em meu papel, Julien respondia finamente até compreender suas próprias razões de mutismo e se pôr a falar. Essa fase vai durar dois anos mais ou menos, no final dos quais, depois de ter interrompido seus psicotrópicos, ele sente necessidade de se deitar no divã. Fará, em seguida, uma excelente análise, quatro sessões por semana durante as quais analisa sua transferência, avalia sua necessidade de dependência e descobre uma certa complacência na "doença". Paralelamente, retomou com êxito os estudos e encontrou um trabalho para pagar seu tratamento e não mais depender dos pais.

...............
11. P. Delaroche, *Le psychodrame psychanalytique individuel*, Payot, "Bibliothèque scientifique", 1996; J.-M. Dupeu, *L'intérêt du psychodrame analytique*, PUF, "Le Fil Rouge", 2005.
12. Cf. acima, p. 37.

Evidentemente, o que sempre primou para Julien (e seu analista) foi a convicção da predominância do psíquico em seus sintomas, o que ele exprimia com humor no início do tratamento: "Antes era o corpo; agora é a cabeça que está doente." É claro que essa convicção, quando existe, se apóia em resultados da interpretação e na sedação de alguns sintomas. Entretanto, a falta dela não deve fazer com que se entreguem os pontos: basta respeitar a regra analítica[13], já dizia Freud. Em todo caso, é essencial que o tratamento psicanalítico, quando decidido de comum acordo, prime sobre todos os outros, ainda que o analista possa encaminhar, se necessário, seu paciente a uma prescrição de psicotrópicos com um psiquiatra que compreenda o valor desse complemento (e este apenas), sabendo "entender" o que não pode (ainda) ser dito.

## O desencadeamento da doença

No princípio, a psicanálise estava à procura de um *traumatismo* na origem dos distúrbios: teoria chamada de "neurótica" por Freud. Essa teoria deu lugar à teoria da fantasia, com os traumatismos sendo revelados, com freqüência, como imaginários quando não eram sugeridos pelo investigador. A procura – pois se tratava de uma – foi assim rapidamente abandonada por Freud, e depois por seus alunos. Talvez essa seja a razão pela qual em nossos dias os psicanalistas consultantes, em particular nos centros onde atuam às vezes como psiquiatras ou psicólogos, recusam questionar seus jovens pacientes. Ora, se já não se trata de encontrar a todo preço uma sedução precoce "que explique" tal estado mórbido, é em contrapartida do maior interesse descobrir uma *causa desencadeadora*, até mesmo sutil, que tenha precedido os distúrbios. Por quê? Porque acontece com freqüência, em pacientes submersos pelos afetos, pelo delírio, ou ao contrário estupeficados pela desper-

---

13. Que se deve absolutamente lembrar, já que é ignorada: dizer o que se passa pela cabeça, sem nada omitir, mesmo que seja vergonhoso, agressivo ou banal.

sonalização, em suma que não compreendem que doença os "atacou", de eles fazerem ligações entre o que aconteceu em sua vida e o estado em que estão, e de começarem a dominar pela linguagem sua situação. Essa *causa* apresenta um nome: é uma *perda* na origem de uma depressão ou de um acesso maníaco, é um "encontro ruim" que fez o sujeito oscilar na psicose. Evidentemente, não se trata de obrigar no que quer que seja o sujeito a essa busca, mas, ao contrário, de acompanhá-lo, de guiá-lo, e ao fazer isso, muito freqüentemente, reconciliá-lo consigo mesmo. Além disso, certamente a própria causa foi *recalcada*, seja porque tenha parecido evidente demais ou, ao contrário, muito insignificante. Com efeito, é comum que a origem de uma *descompensação psicótica* de ordem *melancólica* ou *delirante* possa estar ligada à ruptura de uma relação de tipo narcísico de ordem transferencial[14]. Essa "ruptura" pode tomar uma forma paradoxal (já que narcísica), como a da transformação, simplesmente desejada pela parceira, de uma forte amizade em relação amorosa[15].

Essa questão sobre as causas ficará em segundo plano no tratamento de que constitui "o esboço". É evidente que ela será suplantada "naturalmente" pela regra analítica *se* as entrevistas preliminares conduzirem a uma psicoterapia e *se* a psicoterapia conduzir a uma análise. Com efeito, nunca se deve "queimar as etapas", atrevo-me a dizer, com o risco de uma descompensação dramática, como no caso de Julien. Dito isso, essas "etapas" são eminentemente variáveis conforme o indivíduo: existe uma verdadeira "economia" dos sintomas e mesmo da doença, economia que depende dos acasos da vida e das incidências de outros campos tão importantes na adolescência. A escolaridade, reflexo imperfeito das possibilidades da estrutura mental, a possibilidade de sublimação responsável pelos dons artísticos essenciais têm às vezes um peso

---
14. Cf., acima, "O amor adolescente é narcísico?" e, abaixo, "Reflexão sobre o desencadeamento das psicoses na adolescência".
15. Desejo que desencadeou uma depressão melancólica no sujeito!

enorme na evolução psicopatológica. Isso talvez explique a *variabilidade* considerável dos próprios distúrbios psicóticos.

A *variabilidade: argumento em favor da psicogênese*

O princípio da variabilidade dos distúrbios da adolescência parece adquirido, visto que está inscrito nos manuais de psiquiatria. Caberia apenas a ele induzir a prudência necessária no diagnóstico e, portanto, no tratamento de toda patologia pesada. Infelizmente, não é o caso. É necessário constatar que todo distúrbio *considerado* grave (depressão, delírio, despersonalização, etc.) ocasiona, praticamente *ipso facto*, medidas constrangedoras (como a hospitalização) ou terapêuticas pesadas (cuja eficácia só pode ser julgada teoricamente ao fim de quinze dias), e isso, é claro, em razão da angústia que suscita no adulto (os pais ou o médico). É verdade que, quando ocorrem, as manifestações graves da adolescência são muitas vezes espetaculares, e é verdade também (o que "justifica" a angústia) que podem provocar, diretamente ou por suas conseqüências, riscos vitais. Mas não é menos verdade que essas mesmas manifestações podem ceder do dia para a noite, transformar-se ou agravar-se, em função da resposta (ou da ausência de resposta) que lhes é dada. Ora essa *plasticidade* dos distúrbios só pode evidentemente ser observada quando o tratamento que se opõe a eles não os abrasa totalmente. É importante, portanto, que o terapeuta dose – ouso dizer! – sua resposta e que a justifique em função daquilo que lhe é dito; em suma que ele negocie com o adolescente, com o risco de responder a sua demanda de psicotrópicos ou de contenção, mas reservando sempre uma possibilidade de abertura à fala, mesmo que seja inicialmente recusada.

*Laetitia*, adolescente de 16 anos, em hospital-dia, sofre manifestações psicóticas múltiplas que podem se assemelhar a uma parafrenia, pois seus distúrbios não parecem incomodá-la excessivamente em seu cotidiano. Apresenta, de início, alucinações auditivas: uma voz que ela reconhece como sendo a do diabo lhe sussurra que se jogue embaixo de um trem, ou mais prosaicamente que não obedeça à mãe. Em seguida, experimenta alucinações táteis: a mão de um homem estranho acaricia desagradavelmente a barriga dela e às vezes se aproxima dos órgãos genitais. Mas Laetitia, mesmo convencida do caráter exógeno dessas manifestações, não apresenta nem delírio sistematizado nem despersonalização. Evidentemente, tem acompanhamento de um psiquiatra do estabelecimento que lhe ministra um tratamento neuroléptico, e vê regularmente uma psicóloga para falar de sua vida cotidiana. Proponho a ela um psicodrama, considerando os riscos que suas alucinações auditivas a fazem correr: muito reticente no início (ela não quer perder sua "defesa psicótica"), aceita e, para grande espanto meu, propõe que se represente a voz. Essa voz (do diabo) será representada ou por uma co-terapeuta, ou por ela mesma, com seu papel sendo desempenhado então por outra co-terapeuta. Através desse dispositivo[16], interpretamos (em todos os sentidos do termo) a ambivalência dos vínculos mãe-filha e o retorno sobre si dessa agressividade muito culpabilizada. Laetitia, assim que estiver um pouco melhor, vai interromper o psicodrama, entretanto este desempenhará o papel de recurso extremo quando as vozes a ameaçarem de novo.

O tratamento psicanalítico – aqui um psicodrama individual no âmbito de um hospital-dia – não deve se opor ao tratamento psiquiátrico, mas, ao contrário, apresentar-se – o que ele é na minha opinião – como o tratamento etiológico[17]. Ou este é aceito logo de início, quando os medicamentos são recusados; ou, ao contrário, se é recusado, é apresentado como último recurso. Exige de fato uma participação ativa do sujeito que deseja se empenhar para ser curado. Como se vê, a psicanálise (em suas diferentes formas) não é um tratamento *médico* aceito passivamente: é um tratamento psicológico do qual o sujeito participa (ou não) ativamente. Ora, a flexibilidade de sua "aplica-

---

16. Cf. P. Delaroche, *Le psychodrame psychanalytique, op. cit.*
17. Etiologia: estudo das causas das doenças.

ção"[18] contrasta com o uso pesado dos psicotrópicos (sobretudo neurolépticos e antidepressivos); estes, de fato, agem apenas cerca de duas semanas depois, e o médico não pode se pronunciar antes sobre sua eficácia, qualquer que seja a vivência eminentemente subjetiva do paciente. No entanto, como eu disse, não apenas uma depressão aparentemente típica pode, na adolescência, ceder — contrariamente à doxa psiquiátrica — em alguns dias[19], mas também distúrbios psicóticos, como as manifestações maníaco-depressivas, o delírio e a despersonalização, podem se resolver (aparentemente) como por milagre. Concebem-se assim os perigos da medicalização desses sintomas: ela não pode encobrir a evolução natural deles, como também tende a congelá-la, até mesmo a criar uma doença iatrogênica.

## Alguns exemplos de atitudes psicanalíticas ante distúrbios psiquiátricos da adolescência

Pareceu-me útil completar esses "princípios" com exemplos[20] tirados de minha prática tanto particular como em hospital-dia. Sobretudo, neste último caso, pode-se encontrar adolescentes para os quais a abordagem psicoterapêutica fracassou ou não foi seriamente considerada: é aí que o título "Da psiquiatria à psicanálise" faz todo o sentido.

### Os transtornos obsessivos compulsivos (TOC): ou como desprezar o sintoma?

Essa nova denominação dos ritos obsessivos e dos pensamentos compulsivos parece ignorar a clássica neurose obsessiva de que eram os indícios principais. De fato, é justo dizer que podem ser encontrados como sintomas em outras estruturas (neurótica ou psicótica). Na verdade, eles desenca-

...........
18. Sobretudo, como acabamos de ver, em instituição: centro médico-psicológico ou hospital-dia.
19. Particularmente depois de uma entrevista com um analista.
20. Portanto, em nenhum caso exaustivos e articulados aqui com conceitos analíticos.

dearam em geral uma assistência obrigada no que se pode chamar de verdadeiro *circuito*. Com efeito, os clínicos gerais são convidados a encaminhar seus pacientes que sofrem dessa síndrome, hoje amplamente conhecida graças à vulgarização midiatizada, a uma associação de pais e amigos de doentes, que conduz esses pacientes a centros que tratam dos transtornos por meio de uma associação de psicotrópicos com reeducação comportamental. Esses centros, com efeito, homologaram uma etiologia orgânica com filiação genética, visando "desculpabilizar" (*sic*) o doente ao considerar os sinais psíquicos secundários. São em geral os casos difíceis, aqueles que resistem ao tratamento, ou tem necessidade de uma assistência mais intensa, que leva então ao analista ou ao psicoterapeuta.

Ora, é preciso reconhecer, a técnica psicanalítica *stricto sensu* tem pouco êxito nesses casos e às vezes até mesmo os agrava[21]. Em contrapartida, o PPI (psicodrama psicanalítico individual) é particularmente indicado e eficaz[22]. Por quê? Sem dúvida, porque põe em jogo o movimento ao mesmo tempo que a representação, o corpo pulsional e o psiquismo.

Essa indicação maior exige, evidentemente, a participação do paciente. Pois ainda aí se insiste na causa desencadeadora, na culpa involuntária do sujeito e, sobretudo, em seu desejo de se curar. Ora, os sintomas, nessa doença, são particularmente importantes: ocupam *todo o espaço*, edificam um *novo eu mórbido* e até representam o sujeito de maneira que ele possa se definir por seu sintoma. O fato de falar "de outra coisa", de abordar todos os temas, de poder representar os conflitos psíquicos, enfim, tudo isso oferece ao nosso adolescente uma nova dimensão a que ele adere freqüentemente com uma grande su-

...........

21. Citemos como exceção o caso do *Homem dos ratos*, caso *princeps* tratado por Freud, em que este último, movido por um desejo de compreender extraordinário, não mantém (precisamente) uma neutralidade clássica. Por outro lado, a *agravação*, que não se justifica explicar aqui, não é uma prova de ineficácia (ao contrário). Cf. S. Freud (1918), *Cinq psychanalyses*, Paris, PUF, 1954.

22. Temos alguma experiência disso no hospital da Salpêtrière (unidade de psicodrama, departamento do Pr. Mazet), particularmente em colaboração com o doutor David Cohen.

tileza. Nessas condições, abordar seu inconsciente lhe dá menos medo e lhe sugere um controle mais autêntico do que o controle que pretendia obter.

O analista, por sua vez, deve poder se dar ao luxo de desprezar (aparentemente) sintomas que possam contrariar seu procedimento. É preciso, portanto, que ele consinta explicar o que faz[23], por que o faz. Isso requer também, e como sempre, uma aliança com os pais, com um respeito escrupuloso do segredo profissional, e às vezes a indicação de uma orientação[24].

*As escarificações e o complexo de castração*

É cada vez mais freqüente observar adolescentes que fazem escarificações nos braços (em geral) ou no busto (nas garotas, por exemplo). Esse sintoma não era observado há dez anos; por esse motivo, é tentador fazer dele um fenômeno social.

Clinicamente, um(a) adolescente, tomado(a) de uma angústia incoercível que quase o(a) leva a uma passagem ao ato num momento de grande solidão transferencial[25], imagina como *solução* se escarificar. A escarificação, praticada no auge da crise, é efetivamente resolutiva: a dor, como a visão do sangue, traz um alívio imediato e durável para essa angústia. O fato de que essa escarificação pode ser vista completa a sedação. A mesma cena será reproduzida nas mesmas circunstâncias, pois o remédio está agora ao alcance da mão e da memória.

Esse sintoma é mais comum nas estruturas de tipo histérico, mas é visto de fato em todos os casos em que a angústia prevalece. Deve-se distingui-lo da flebotomia[26], gesto com o qual pode ser confundido. Mas coloca o problema da natureza da angústia,

...................

23. O psicodrama é uma boa escola para formar os psicanalistas no que podem dizer, devem dizer... ou calar.
24. Sobre esse tema, remeto a minhas obras de divulgação destinadas aos pais. Em particular, *Doit-on céder aux adolescents?* e *Psy ou pas psy*, Paris, Albin Michel.
25. No sentido de que ele (ela) não tem (ou já não tem) nenhum interlocutor válido, capaz de compreendê-lo(a): nem amigo, nem psicanalista.
26. Suicidar-se cortando os pulsos.

uma vez que a compreensão do alívio produzido pelo ato pode permitir uma assistência psicológica. Essa angústia, com efeito, quando estudada de perto, não é uma angústia de *castração*, mas ao contrário – se posso dizer – uma angústia de *despersonalização*. A angústia de despersonalização, que diz respeito ao sentimento de identidade corporal ou psíquica e se manifesta por sensações físicas muito particulares – cuidado excessivo com o corpo, impressão de "flutuar", não saber mais quem se é e onde se está –, é particularmente insuportável. A angústia de castração, que foca um órgão perturbado por ela, embora também seja dolorosa, é mais suportável, pois é localizável, pode ser dita e mais facilmente reconhecida, já que pode até mesmo ter características de um sintoma médico: constrição laríngea, taquicardia, polipnéia (sufocação), espasmos abdominais. Por esse motivo, pode-se analisá-la como angústia de castração, impedindo o sujeito em seu desejo, limitando sua onipotência. A angústia de despersonalização provoca pânico no sujeito, que se imagina sem limites nem interdições; é o sintoma da onipotência que não tem como ser contida.

Compreende-se então o sintoma de escarificação, que, como Freud mostrou muitas vezes, corresponde de fato a uma tentativa de cura: substituir a angústia de despersonalização pela angústia de castração; colocar um limite, barreiras no real do corpo ao imaginário onipotente. Para uma assistência a esse tipo de sujeito, resta, é claro, interditar a autocastração, que pode tomar proporções preocupantes e se tornar uma nova fonte de gozo. Essa interdição só poderá intervir a partir da instalação da transferência e sua consideração necessita de uma grande disponibilidade da parte do analista.

*Dismorfofobia e imagens do corpo*

Sintoma relativamente freqüente na adolescência, a *dismorfofobia* – receio ou certeza[27] de uma anomalia física visível –

---

27. O *receio* sendo do domínio neurótico, a *certeza* marcando a psicose. Cf. para este último caso "O corpo, espelho do adolescente", a seguir.

ilustra consideravelmente a noção de *imagem do corpo* em suas vicissitudes que aparecem com a puberdade. O adolescente que sofre disso, com efeito, muitas vezes fica horas na frente do espelho procurando uma assimetria (do rosto ou dos seios, por exemplo), uma anomalia numa parte qualquer do corpo. Ora, esse questionamento sem fim, pois não justificado na maioria do tempo, parece mascarar de fato outras preocupações que concernem mais "profundamente" à *identidade* (pelo viés da semelhança com os pais), à *identificação sexuada* ("eu sou um homem, uma mulher?") ou ainda a uma preocupação narcísica ("Sou bonito, feio? Posso ser amado[a]?"). Como então reatar as duas "imagens", uma externa, visível, a outra íntima, invisível, ambas constitutivas da identidade?[28] É o que a *fase do espelho* realiza, tal como foi elaborada por J. Lacan (e F. Dolto), constitutiva do eu infantil e reativada na adolescência: a *imagem especular* tal como se reflete no espelho vai formar o invólucro limitado de um eu sexuado, visível pelo outro. Mas essa imagem também vai englobar, recobrir e, enfim, *recalcar* a outra imagem, imagem anterior de fato, a imagem do corpo – definida por F. Dolto –, que reuniu até então não apenas o conjunto das informações dirigidas ao bebê pelo meio em que vive, mas também a soma das excitações pulsionais provenientes do corpo[29]. A fase do espelho, que resume essas operações, caracteriza a identidade do indivíduo que forma mais de um com sua imagem[30]. Essa fase só pode ser atravessada quando as referências simbólicas estão estabelecidas. Por esse motivo, a fase do espelho é particularmente perturbada na psicose: sua reativação explica as *despersonalizações* e as en-

28. Ou identificação primária. Cf. P. Delaroche, *De l'amour de l'autre à l'amour de soi. Le narcissisme en psychanalyse*, Paris, Denoël, 1999.
29. É por esse motivo que a imagem do corpo pode ser chamada de acústica, ou ainda, cenestésica. Ela corresponde à *imagem real* do esquema óptico de Lacan, que figura a fase do espelho. Cf. *Écrits*, Paris, Seuil, 1966, pp. 673-4, 680.
30. Isso é garantido quando o bebê (de cerca de 18 meses) se volta para a mãe, que reconhece então a identidade da imagem no espelho com a da criança que tem nos braços.

tradas na psicose comprovada. É o que se observa em particular na dismorfofobia delirante[31], mas também na esquizofrenia – "o mundo inteiro lê meus pensamentos" –, como se, neste último caso, a imagem especular perdesse seu caráter de *invólucro*, invólucro ao mesmo tempo protetor (diante do exterior) e recalcado (em relação aos desejos ocultos).

*A depressão e o mecanismo da melancolia*
*(a identificação narcísica)*

A depressão verdadeira, clinicamente reconhecível nos distúrbios do sono ou do apetite que se juntam ao *taedium vitae*, corresponde – mesmo nos casos de neurose – ao mecanismo descrito por Freud na *melancolia*[32], que pode ser resumido assim: o sujeito é ligado ao objeto de amor por um *vínculo narcísico*. Esse vínculo é paradoxal, visto que é feito ao mesmo tempo "de uma *forte* fixação ao objeto de amor e de uma *fraca* resistência ao investimento de objeto". A decepção ou a ruptura, provenientes desse objeto, desencadeiam uma revolta, uma recusa da perda de amor. Por isso, o sujeito anula a perda identificando-se ao objeto perdido. "A sombra do objeto recai assim sobre o eu, que pode então ser julgado por uma instância particular (o supereu) como o objeto abandonado."[33] Daí a autodepreciação feroz e a impressão de que o mundo exterior é vazio.

Esse mecanismo pode explicar o suicídio, quando o vínculo narcísico[34] é particularmente exclusivo de qualquer outra relação. Mas todos os graus são possíveis até a depressão dita

---

31. O sujeito "vê" então no espelho a imagem *deformada* (que não tem nada a ver com a imagem real que observamos), *transparente* mesmo, já que não esconde mais a imagem interna (imagem do corpo), reflexo da desorganização psicótica.

32. S. Freud (1917), "Deuil et mélancolie", *in Métapsychologie*, Paris, Gallimard, 1968.

33. S. Freud (1917), "Deuil et mélancolie", *in Métapsychologie, op. cit.*, p. 158.

34. O objeto perdido pode ser um ideal.

reacional por ruptura sentimental. Por isso, é capital, para mim, fazer o deprimido descobrir (ou redescobrir) a origem de sua depressão. A origem se encontra de fato no mal-estar que preexistiu no vínculo com o objeto e que refletia as falhas narcísicas do sujeito, falhas profundas e antigas, reativadas na adolescência. Essa abordagem do deprimido (ou da tentativa de suicídio frustrada) constitui o primeiro momento da psicoterapia ou da análise.

## A anorexia e a luta contra a megalomania

A anorexia mental em sua fase crítica não é uma indicação de psicanálise. Isso porque a recusa em comer, mais ou menos justificada pelo desejo de emagrecer, deu lugar a uma perda de apetite real, e até mesmo a uma aversão quase fisiológica à comida. A oferta de falar, nesse tipo de caso, pareceria portanto um luxo inútil, se não abrisse ao mundo irrisório de uma onipotência mortal. Essa perda de apetite de fato conduz à morte, enquanto – por um mecanismo de clivagem – a capacidade de raciocínio, de intelectualização, de racionalização permanece intacta e mesmo hipertrofiada no sujeito. Por esse motivo, tanto o(a) adolescente como o analista devem – diante desse sintoma – abandonar, cada um deles, sua megalomania. O paciente, a que o faz se privar de alimentos terrestres; o analista, a onipotência do verbo.

Desde que haja uma rigorosa assistência médica paralela, o sujeito pode ser levado a refletir sobre o que o levou – à sua revelia – a recusar comer, através de diálogo psicoterapêutico entremeado às vezes de jogos de papéis[35], ou ainda, através de psicodrama individual, excelente indicação nesse caso. Somente depois dessa fase psicoterapêutica é que o sujeito poderá iniciar a análise e encontrar seu sintoma abandonado de forma metafórica: a dificuldade de falar tomando então o lugar da recusa de alimento.

...........
35. Cf. acima o caso de Julien.

## A fobia escolar, doença contemporânea

O aumento da recusa escolar (chamada de fobia escolar), a diminuição constante da idade em que aparece fazem disso manifestamente uma patologia atual. Ora, essa patologia tem uma etiologia complexa ligada às carências educativas – nas quais o laxismo parental ocupa um lugar importante –, a dificuldades relacionais freqüentes nessa idade – os famosos imbróglios – nas relações professor-aluno, fortemente tingidas de transferências mal geridas pelos adultos. Tudo isso conduz a tamanha angústia, que qualquer tentativa de pressão causa pânico ou somatizações insuperáveis.

Ora, a busca das causas se choca num recalque maciço: elas aparecem múltiplas, como para esconder melhor o verdadeiro motivo inconsciente. Tanto que apenas uma terapia parece insuficiente. É significativo então que uma entrada em meio protegido (hospital-dia ou internato terapêutico) suprima de uma vez todos os sintomas: a mudança de ambiente regula como por mágica o que o meio anterior tinha de obscuramente patogênico. Por esse motivo, parece-me útil que o terapeuta aja em dois planos ao mesmo tempo: psicoterapia e, num segundo momento (depois do afastamento escolar), mudança de estabelecimento. Veremos nesta primeira parte que, de fato, a análise sozinha não tem poder para isso e que uma intervenção na realidade pode ser indispensável.

## Diagnóstico psiquiátrico ou diagnóstico psicanalítico dos "momentos" psicóticos da adolescência?

Como a noção de *diagnóstico* é médica, não poderíamos estendê-la à psicanálise sem erro epistemológico. Mas, embora seja verdade também que "os significados do médico operam como significantes do psiquiatra e vice-versa"[36], corre-se

---

36. Leguil, "Sémiologie psychiatrique et linguistique", *Confrontation Psychiatrique*, nº 19.

o risco de cometer o mesmo tipo de erro quando se trata de definir a psiquiatria a partir da medicina. Além disso, assimilar o sintoma médico, que para o lingüista G. Mounin[37] é apenas um sinal num signo lingüístico[38], como acabo de fazer, corresponde certamente a uma verdadeira *interpretação*, mas a um contra-senso epistemológico.

A noção de *estrutura psíquica* que não deixaremos de evocar suscita o mesmo tipo de reflexão. Se a estrutura é uma "teoria que permite dar conta da interdependência dos elementos de um objeto concebido como uma totalidade"[39], notaremos que ela se aplica com relativa facilidade em medicina... no sistema endócrino, em que a totalidade corresponde aqui a um "sistema no qual cada elemento mantém com cada outro elemento uma relação de *influência causal e recíproca*"[40], mas apresentou na área psicopatológica modelos que, depois da teoria da *Gestalt* e através da noção de *sistema*, quando correspondem mais ou menos à teoria matemática dos *conjuntos*, são apenas sua metáfora. O mesmo tipo de confusão se encontra na noção de *estrutura* em Lacan: se ela empresta da antropologia de Lévi-Strauss ou da lingüística de Saussure sua definição como "os efeitos que a combinatória pura e simples do significante determina na realidade em que ela os produz", leva alguns de seus alunos, como Melman, a dizer que ela permite "superar a querela estéril (entre organogênese e psicogênese) com o isolamento da organização *material*, de que a especificidade psíquica do sujeito humano é tributária: a do significante"[41]! Além disso, os psicanalistas não são os únicos a utilizar essa noção de estrutura, já que tanto os fenomenólo-

---

37. G. Le Gaufey, "Symptômes et structures", *Psychiatries*, n? 35, 1978/1.
38. O que faz R. Barthes, para quem o sintoma corresponde à substância do significante, enquanto o ato semiológico o transforma dentro do signo ao fazê-lo significante de um significado.
39. In *L'Encyclopédie universelle*.
40. K. Lorenz, *Trois essais sur le comportement animal et humain*, Paris, Seuil.
41. G. Benoît e G. Daumezon, *Apport de la psychanalyse à la sémiologie psychiatrique*, Paris, Masson et Cie, 1970.

Da psiquiatria à psicanálise ———————————————— 73

gos como os defensores da teoria dos sistemas, como Piaget, o fizeram não antes deles, mas historicamente na mesma época. O diagnóstico de estrutura não poderia portanto ser assimilado ao procedimento analítico: este, ao contrário, na medida em que consiste "em compreender cada caso particular, ou seja, conseguir saber o que escapa ao funcionamento da estrutura"[42], remeteria antes o diagnóstico de estrutura a uma atitude psiquiátrica.

A noção de *diagnóstico* se encontra, portanto, no cruzamento de problemas epistemológicos, ideológicos, e até mesmo éticos. A amplitude dos problemas levantados nos convida à modéstia, que consiste em comparar apenas *atitudes* e em como o fazer sem opô-las um pouco caricaturalmente. Como bem mostraram G. Benoît e G. Daumezon, a semiologia psiquiátrica nasceu do asilo[43] e, na medida em que ela tem uma perspectiva pragmática, leva a ele. Essa concepção utilitária da semiologia está presente também nos psicanalistas, quando se trata de decidir sobre uma assistência. Alguns, como Nacht e Held, não inventaram "o sinal do pé que mexe", e Bouvet não definiu (como uma estrutura) a relação de objeto genital como uma "relação *límpida* e *quente*"?[44]

Mas psicanálise e psiquiatria se situam, uma e outra, em relação à loucura que delimitam e procuram explicar de maneira felizmente não definitiva. Não poderíamos entretanto ignorar como uma querela pode mascarar os problemas. K. Lorenz, por exemplo, mostra como aquela que separou os

..............
42. G. Le Gaufey, "Symptômes et structures", art. cit.
43. G. Benoît e G. Daumezon, *Apport de la psychanalyse à la sémiologie psychiatrique, op. cit.*, p. 37; Daquin (1791): "Apenas nos hospitais é [possível] observar os diferentes traços sob os quais a loucura se apresenta"; e Pinel (1809): "Seria uma escolha ruim tomar a alienação mental como objeto particular de suas pesquisas, dedicando-se a discussões vagas sobre o foco do entendimento e a natureza de suas lesões diversas, pois nada é mais obscuro nem mais impenetrável. Mas, quando nos restringimos a sábios limites, nos detemos no estudo dos caracteres distintivos manifestados por *sinais exteriores*."
44. G. Benoît e G. Daumezon, *Apport de la psychanalyse à la sémiologie psychiatrique, op. cit.*, p. 79.

defensores do "instinto" (como conceito escolástico, fator extraordinário sobrenatural e pseudo-explicativo), ou seja, os *vitalistas* e os *mecanicistas* (como os behavioristas e os pavlovianos), impediu a passagem a uma nova descoberta, no caso a dos comportamentos específicos inatos. Não se poderia esquecer também quem arca com essas querelas: o *psicótico*, que é muitas vezes – e sabemos que tira proveito disso, pois o "psicótico é astucioso"[45] – dividido entre uma psiquiatria biológica que faz dele um *zumbi* e uma psicanálise feita para os neuróticos que o lança ao asilo, uma tirando seus argumentos da fraqueza (ou da força) da outra.

Ora, entre os psicóticos, alguns são particularmente obstinados; são precisamente os adolescentes. São *obstinados*, por uma dupla razão. Por um lado, só dificilmente entram nos quadros nosográficos; por outro, como todos os adolescentes, discutem o tratamento, fogem de certos lugares carcerários ou aí se suicidam; em suma, ficam desnorteados. É precisamente essa vitalidade que os organicistas deveriam compreender, como o movimento do ser, que só tem como escapatória ao *duplo vínculo* o suicídio ou o delírio, sendo este apenas um curativo às vezes sufocante para a pulsão de morte. Duas questões são, para mim, fundamentais:

1. Como se explica que alguns pacientes em análise particular, devidamente rotulados de psicóticos e "funcionando" como tais de acordo com os dados da psicanálise, evitam uma descompensação psicótica, e até mesmo abandonam temporariamente a via de seu sintoma (mesmo que esta continue sendo uma possibilidade reversível) e, em todo caso, permanecem inseridos na sociedade?
2. O que dizer de uma psicoterapia das psicoses?[46] Estas necessitam, na nossa opinião, de um diagnóstico rigo-

---

45. É o que se ouve no filme *Ludwig*, de Visconti, a respeito de Luís II da Baviera.
46. Segundo os trabalhos de S. Leclaire, F. Perrier e Racamier, entre outros.

roso, pois o analista – *assim como o paciente* –, diferentemente do que acontece com as neuroses, deve *saber* "alguma coisa" disso.

Tentemos ordenar aqui alguns problemas que concernem à assistência ao psicótico em análise.

## Que significa o termo "psicose" para o psiquiatra ou para o psicanalista, e mesmo para psicanalistas de escolas diferentes?

Desde a introdução da forclusão por Lacan e, por exemplo, da noção de *psicose branca* por Green e Donnet, não poderíamos distinguir:
– as *psicoses descompensadas*, produtivas (delírio, alucinações, etc.); são os pacientes de que se diz que "entraram na psicose";
– das *psicoses compensadas*, ou seja, pacientes psicóticos que ou não entraram na psicose (e esse deveria ser o sentido verdadeiro de *borderline*), ou não tem nenhuma manifestação *psiquiátrica* depois de um episódio agudo resolutivo (como o verdadeiro acesso delirante polimorfo[47]) nem durante o tratamento psicanalítico?

Sabe-se que as psicoses compensadas se vêem com freqüência retirar o qualificativo de psicótico, mesmo quando uma análise de seu discurso (e mesmo o teste de Rorschach) mostra sinais idênticos aos encontrados nas psicoses descompensadas.

## Qual é a incidência do diagnóstico sobre a evolução?

Como todos sabem, a semiologia da esquizofrenia evoluiu consideravelmente desde que se lançou um novo olhar sobre esses distúrbios (em particular a forma catatônica prati-

---

47. Cf. o caso de Jean em "Reflexões sobre o desencadeamento das psicoses na adolescência", p. 78.

camente desapareceu). Isso quer dizer que a atitude terapêutica pode fazer evoluir a sintomatologia (e até mesmo, como se disse, histerizar a psicose), como já se sabia no caso da histeria. Mas, para alguns, fazer um diagnóstico de psicose remete a um prognóstico tal que *a posteriori* eles qualificam apenas os fracassos de seus tratamentos. Outros, ao contrário, justificam seu ativismo terapêutico ou suas dificuldades empregando erradamente palavras como *autismo* a respeito de neuroses, nisso imitam os psicanalistas anglo-saxões.

É colocar o problema da contratransferência na terapia das psicoses, assim como na atitude diagnóstica (tanto que uma das características da psicose é desencorajar o terapeuta; o que é verdade tanto para os esquizofrênicos quanto para os autistas). Ora, acredito que é possível fazer um diagnóstico no sentido médico do termo[48], diagnóstico cuja utilidade terapêutica já citamos acima, e ao mesmo tempo propor uma assistência "psicológica" que não pretenda substituir a causa do desejo ou o objeto perdido pelo psicanalista – como na neurose de transferência –, o que só pode fazer com que o psicótico delire. A contratransferência de que tratamos aqui é inconsciente e concerne à etiologia da psicose. A esse respeito, existe uma maneira de prescrever ou de não prescrever os medicamentos que corresponde muito exatamente ao erro que denuncio aqui: é a maneira de dar um neuroléptico que *marca, mas sem dizer*, a posição ideológica do psiquiatra; é a maneira de recusar toda discussão sobre os medicamentos que coloca o psicanalista numa posição de onipotência que o psicótico assimila à de sua mãe.

### Diferenças entre diagnóstico psiquiátrico e psicanalítico

Se o diagnóstico psiquiátrico se pretende *objetivo*, remetendo a *características típicas* baseadas no comportamento no sentido amplo (pois inclui as declarações do paciente), e per-

---

48. Que não é, evidentemente, o apanágio do médico!

manecendo *relativo* no que concerne à etiologia (com esta podendo ser orgânica, social ou psicológica, e com os fatores podendo ser adicionados), o diagnóstico psicanalítico, por sua vez, é intersubjetivo (pois faz intervir a relação do paciente com o "objeto"-psicanalista) e nesse sentido desempenha o papel do terceiro, *particular*, remetendo a um modo de ser *pessoal*, fundando-se sobre o *discurso*, mesmo que esse discurso englobe o comportamento, e enfim é *exclusivo* de uma etiologia que não é psicogenética, como bem disse Freud em sua introdução a "Luto e melancolia"[49], na qual ele parece descartar as melancolias endógenas e orgânicas. Com efeito, seria contrário à psicanálise fazer o paciente acreditar que não pode compreender o sentido do que se tornou, mesmo e sobretudo quando esse sentido tem o aspecto do Destino e do inexplicável. Preencher esse lugar inominável com o metabolismo das catecolaminas só pode ter o sentido de uma interdição de pensar.

Enfim, se o diagnóstico *psiquiátrico* é um diagnóstico pontual, de urgência, que requisita o ato como em medicina, o diagnóstico analítico se faz *durante o tratamento* e às vezes só é possível no *a posteriori*. Mas essas noções são ainda verdadeiramente válidas apenas para o neurótico. Em psicanálise, são as entrevistas preliminares que estabelecem não um *diagnóstico* mas uma *indicação* de análise, quando se estabelece ou vai se estabelecer a nova categoria nosológica chamada de *neurose de transferência*. É nesse momento que deve se situar para o psicótico e seu futuro analista, em relação à transferência precisamente, e na espera de uma neurose de resto discutida, alguma coisa da ordem de uma *suspensão*, que é o contrário de uma *atuação* e que deve durar todo o tempo do tratamento, suspensão esta que situa a psicanálise *ao lado* de outras assistências como a referência teórica de um possível tratamento da psicose em posição terceira entre o paciente e seu terapeuta.

...........
49. S. Freud (1917), "Deuil et mélancolie", *in Métapsychologie*, Paris, Gallimard, 1968.

## REFLEXÕES SOBRE O DESENCADEAMENTO DAS PSICOSES NA ADOLESCÊNCIA

Jean é o terceiro menino entre quatro irmãos. O pai morreu há cinco anos em condições dramáticas: entrou em coma depois de uma intervenção cirúrgica e desconfia-se de erro médico. Desde então, Jean sobrevive: tinha 14 anos quando o pai morreu e seus irmãos reagiram bem melhor do que ele. É preciso dizer que os pais haviam se separado quando Jean ainda era criança e que ele nunca os viu juntos. Portanto, viveu com a mãe e os irmãos, e o irmão mais velho desempenhou o papel de arrimo de família. Os pais tinham no entanto um bom relacionamento, a tal ponto que, para a mãe, nunca houve uma separação de verdade. Três anos depois da morte do pai, a mãe decidiu mudar, deixando a casa familiar, que pertencia aos avós paternos. Naquele verão, Jean começou a delirar: ao partir para uma turnê de teatro amador numa cidade do sul, ele julgava ser Cristo, não dormia mais, acreditava estar sendo perseguido e precisou ser hospitalizado com urgência em psiquiatria. Seus amigos ficaram transtornados; uma garota apaixonada por ele o escutou chamá-la de Maria Madalena e teve de se consultar, enquanto seu melhor amigo seguiu passo a passo a progressão do delírio sem suspeitar da gravidade do estado de Jean, tanto que até participou de algumas cenas.

Um tratamento psiquiátrico conclui bem rapidamente esse episódio: Jean critica seu delírio, que ele chama de depressão. Mas uma recaída centrada em temas erótico-místicos sobrevém alguns meses depois e, ela também, é curada ao fim de algumas semanas. O serviço em que Jean se encontra ocupa-se principalmente de crianças e adolescentes. Jean é questionado com tato. Sua personalidade é escrutada por testes que ele aceita sem objeção. O tratamento medicamentoso é adaptado e permanece mínimo. Evidentemente, os exames somáticos são todos negativos. Procura-se compreender as circunstâncias do desencadeamento desse primeiro e depois segundo acesso delirante. Desde a morte do pai, Jean não se sente bem, vai mal na escola. Propuseram-lhe então uma psicoterapia que foi rapidamente abandonada, por falta do que dizer. Nada explica para os psiquiatras essa descompensação quando tudo estava um pouco melhor para Jean. Eles temem com razão uma entrada na esquizofrenia. Diante dessa doença, a faculdade fica desarmada e portanto dividida: os organicistas ignoram a angústia adaptando da melhor maneira os novos neurolépticos, os psicoterapeutas familiares buscam explicações, quando não uma solução, no transgeracional, os psicanalistas são sobrecarregados de manifestações que, certamente, escapam do quadro tradicional, mesmo quando o delírio cessou.

## Voltar a uma fenomenologia

O que aconteceu verdadeiramente a Jean, e isso no sentido de uma clínica que procura evitar qualquer preconceito que seja, preconceitos que são divididos igualmente entre organicistas e psicanalistas? Talvez fosse necessário voltar à fenomenologia sobre a qual Jacques Lacan não deixava de se apoiar em sua grande fase. Na verdade, a busca clínica das causas psicológicas eventuais de uma psicose aguda me parece ser uma obrigação de que nenhum terapeuta deveria se esquivar, visto que a implicação disso é vital para a adolescência. Ora, a explicação que formularei é tão freqüente, o caso de Jean é nesse ponto exemplar, que me surpreende não encontrar isso mais vezes nas histórias de caso.

Certamente, desde a morte do pai, Jean se viu confrontado com uma configuração edipiana bamba: a mãe se une ao irmão mais velho para lamentar sua passividade, sua capacidade de tornar os outros responsáveis por suas dificuldades, sua facilidade para se queixar. Além disso, esses defeitos são exacerbados depois das hospitalizações psiquiátricas, a família tem a impressão de que Jean se deixa levar, que ele cobiça um status de assistido e busca desculpas. Mas, na verdade, se Jean admite tudo isso, é também para sustentar um outro discurso. Esse discurso é o seguinte: desde a mudança, ou seja, alguns meses antes da irrupção do delírio, Jean disse que já não vivia. Era como se estivesse num sonho. Tinha perdido todas as suas referências. Deixava-se levar completamente. Por que não pôde dizer isso antes ou mais explicitamente? Simplesmente porque tinha esquecido.

## A urgência

Todos os clínicos que se ocupam de adolescentes são confrontados com esta realidade clínica: a urgência. São intimados a responder diante de pais angustiados por prazos que julgam cruciais. Ora, eles se chocam, mesmo quando o adolescente coopera, com essa realidade de um recalque maciço: esquecimento involuntário dos acontecimentos traumáticos, distanciação quase inconsciente dos afetos patogênicos, quando não é a clivagem perfeita que torna raso todo interrogatório. Por todas essas razões emprego há anos o dispositivo do psicodrama individual para fins diagnósticos[50]: o analista propõe ao paciente cenas que o marcaram no passado diante de um grupo de co-terapeutas analistas. É o paciente que designa em seguida os atores da encenação entre os co-terapeutas que tiveram tempo de preparar sua interpretação: a virtude da improvisação e as leis lógicas do diálogo fazem o trabalho de vários meses de terapia, tanto que o analista diretor da encenação o interrompe assim que alguma coisa aparece por meio da encenação.

## Quais referências?

Foi dessa maneira que Jean nos revelou o estado em que se encontrava depois da famosa mudança. E foi depois da interrupção de uma primeira cena que nós o questionamos: sem essa

---
50. Cf. P. Delaroche, *Le psychodrame psychanalytique individuel*, Payot, "Bibliothèque scientifique", 1996.

cena e sem essa interrupção, provavelmente ele não teria encontrado a trama dos acontecimentos e das relações na origem de sua descompensação. Os fatos são simples e aparentemente banais, mas as relações afogadas na amizade adolescente são tão intensas que se prestam facilmente ao esquecimento, ou seja, ao recalque. Jean declara assim que a mudança de casa o fez perder todas as suas referências. Quais referências? Os amigos. Mas quem na realidade? Um amigo, Peter. Na verdade, Jean convivia pouco com esse amigo, mas este era para ele "quase um pai", em todo caso "um modelo". Ora, esse amigo tão distante e tão importante desapareceu mais ou menos com a mudança: ele veio vê-lo uma vez, mas não imaginava que era objeto de um investimento, tanto que esse desconhecimento era partilhado pelo próprio Jean! Esse tipo de investimento foi qualificado por Freud como narcísico. Para Freud, com efeito, trata-se de um vínculo particularmente poderoso e frágil ao mesmo tempo. Como o diz em "Luto e melancolia": "Deve existir, por um lado, uma forte fixação ao objeto do amor, mas, por outro, e de maneira contraditória, uma fraca resistência do investimento de objeto."[51] Para Freud, a fixação é tão forte que prepara a chegada do recalque, e, para Lacan, será remetida ao registro do imaginário; o investimento, ao contrário, já em Freud está ligado à linguagem, cadinho do simbólico para Lacan.

Voltemos a Jean. Há também – como sempre – uma garota na história. Jean gosta muito dela, mas não se sente à altura. Peter é muito melhor que ele. Não se deve ver nessa asserção nenhuma negação invejosa. Jean ama tanto um como o outro que ama também a idéia de vê-los juntos, o que aliás acontece. Contrariamente ao que aconteceria se estivesse neurótico, não é esse fato que o faz delirar, mas, muito pelo contrário, o fato de estar separado do casal pela distância geográfica.

...........
51. S. Freud (1917), "Deuil et mélancolie", in *Métapsychologie, op. cit.*, p. 158. Ver acima, p. 40, "A relação de objeto narcísico", capítulo "O amor adolescente é narcísico?".

Pode-se compreender que, nas relações de amizade, Jean conseguiu recriar um Édipo perfeito e ideal. Ele tem uma necessidade manifesta dessa triangulação, para apoiar sua vida e dobrar o cabo da adolescência. Infelizmente, tudo se rompe, e à sua revelia. Ora, é essa ruptura inconsciente que desencadeia num número considerável de casos uma ruptura psicótica (acesso delirante, melancolia aguda) do processo de adolescência. Decerto, não se trata necessariamente de entrada na psicose[52], pois esta pode permanecer latente. Mas podemos nos perguntar racionalmente se a ausência de uma escuta analítica não poderia favorecer a propensão de alguns psicóticos a se tornarem esquizofrênicos. Ou seja, a utilidade de reconhecer a transferência que os adolescentes, chamados muitas vezes de *borderline*, podem fazer, de sustentar a análise pela relação terapêutica, e até mesmo aceitar ser o objeto dela. Infelizmente, o diagnóstico de *borderline* é aplicado hoje a todo instante e principalmente no âmbito das estruturas neuróticas. É o que vamos examinar agora.

## O Sujeito em estado-limite
## ou os limites da estrutura

É pelos impasses do tratamento de alguns neuróticos que J.-J. Rassial[53] justifica o termo "estado-limite", a saber:
1. A reação terapêutica negativa[54], resistência do Supereu que leva o analista a negligenciar a interpretação, muito intrusiva, e a tomar uma atitude maternal de amparo.
2. A paradoxal psicose de transferência induzida por uma interpretação numa língua que o paciente esqueceu

...................

52. Assim como foi tratada por M. Czermak, "Du déclenchement des psychoses", *Ornicar?*, nº 9; ou por J.-L. Maleval, *L'information Psychiatrique*, nº 59, 7, 1983.
53. J.-J. Rassial, *Le sujet en état-limite*, Paris, Denoël, 1999.
54. O homem dos lobos, diz Freud, "toda vez que um sintoma havia sido radicalmente resolvido, tentava negar seu efeito por um momento pelo aparecimento do sintoma".

(exemplo de uma paciente aparentemente histérica, de língua árabe, para quem o analista revela por trás de uma fala em francês uma palavra que ele conhece dessa língua, desencadeando nela um delírio erotomaníaco).
3. As *panes* da análise. Os analisandos que renunciam à rememoração para contar o presente.

Ora, Rassial fustiga com razão as preocupações diagnósticas que visam, de fato, *evitar o diagnóstico de estrutura* por trás das noções heterogêneas de neuroses narcísicas, ou outras psicoses histéricas, para reconhecer três semiologias responsáveis pelo diagnóstico de estado-limite:
1. as depressões atípicas;
2. condutas perversas sem estrutura perversa;
3. "torções" da imagem do corpo, ou seja, do narcisismo.

Admite, entretanto, que reconhecer a existência de estado-limite *abate* a clínica psicanalítica da clínica psiquiátrica e critica a metapsicologia freudiana. Nova ordem da clínica, "o sujeito em estado-limite" questiona então a psicanálise. Com efeito, estrutura inacabada, ele sofre com essa adolescência prolongada contra sua vontade, que o público em geral chama de síndrome de Peter Pan, apega-se a sintomas emprestados de estruturas que não vive, e, embora exija muito da psicanálise, ou antes, dos psicanalistas, acrescentarei por minha vez que ele não lhe (ou lhes) dá muita coisa para remoer, por causa de sua própria dificuldade em associar, o que é, entretanto, o mínimo necessário para ocupar um divã.

Além disso, se algumas estruturas se adaptam particularmente à época, época que evidentemente não as cria mas as favorece, o estado-limite seria para J.-J. Rassial característico do sujeito pós-moderno. É claro que esse estado-limite no singular – é o caso de o dizer para um sujeito –, definido por Rassial como uma estrutura inacabada, tem a pretensão de reunir o que alguns psicanalistas-psiquiatras descreveram como caso-limite, *borderline* e outras estruturas chamadas, para mim indevidamente, estruturas narcísicas. Essa pretensão legítima, para todo clínico que pretende justificar teoricamente sua prática, é amplamente satisfeita por essa obra clara, bem escrita e... quase completamente convincente.

Ao recusar, de fato, uma posição estritamente estruturalista (que ele atribui a certo lacanismo), Rassial faz desse estado, muito real em clínica, um intermediário entre neurose e psicose, e não uma forma monoestrutural de psicose compensada. Observemos de passagem que não se fala de neurose descompensada, quando existe em algumas psicoses um abismo entre o estado chamado de intercrítico, praticamente normal para o mais comum dos mortais, e a descompensação mórbida delirante, alucinada e/ou confusa. Ora, esses estados intercríticos, assintomáticos, foram pouco descritos, como se mascarassem uma estrutura vergonhosa e como se isso pudesse se justificar apenas na linguagem da neurose: são os *grandes* fóbicos, os *grandes* histéricos, os *grandes* obsessivos que de repente se tornam psicóticos. A própria dificuldade em classificar o homem dos lobos faz disso o paradigma dos estados-limite. Lacan parece, ele mesmo, como diz Rassial, constrangido pela famosa alucinação do dedo cortado, fenômeno psicótico numa estrutura obsessiva. Lacan diz entretanto (p. 32) que o sujeito poderá ser psicótico mais tarde... nesse momento... nada permite classificá-lo como uma esquizofrenia, mas *trata-se de fato de um fenômeno de psicose.*

Rassial analisa habilmente que "o que é visto, porque não reconhecido pelo homem dos lobos na cena primitiva, é o coito parental na medida em que está na origem da existência do sujeito, sujeito então concebido como produto de uma não-relação sexual já que pré-fálica (uma "merda"). Ele reconhece, apoiando-se nas teorias de F. Dolto sobre as castrações, que aqui existe *submissão da castração fálica à castração anal*. O que torna sua argumentação convincente é justamente a coexistência, ouso dizer, em Serguei Pankejev de uma estrutura psicótica com defesas obsessivas que exigem do analista uma mobilidade *ao mesmo tempo do âmbito do tratamento* e do ato entre *interpretação e construção em todos esses sujeitos*. Ele mostra com razão os limites do conceito de *forclusão* com o qual

Lacan explica o conceito de psicose. Retomando a exposição da *Verneinung* por Hyppolite no seminário de Lacan, distingue dois aspectos da forclusão em Freud:
1. a abolição da operação perceptiva-representativa primária;
2. o fato de que essa abolição possa se voltar para qualquer significante primário – o que lhe permite distinguir uma *forclusão da castração* no homem dos lobos de uma *forclusão do Nome-do-Pai* em Schreber.

Rassial interpreta em seguida a função paterna (distinta evidentemente da presença do pai) como uma *função simboligênica* (Dolto), o que *o leva naturalmente a utilizar essa função para a validação* (ou a invalidação) do Nome-do-Pai na operação adolescente, o que conduz ou não à descompensação psicótica na adolescência. Isso coloca, evidentemente, além de questões de estrutura, a de saber se o adolescente *confirma* a estrutura infantil ou permite a esta um último *recurso*. Essa questão é, na minha opinião, capital nas implicações teóricas que o adolescente apresenta aos psicanalistas.

A clínica dos estados-limite para Rassial, que se surpreenderia com isso, favorece muito a adolescência. A mistura de "ansio-depressão", as condutas paraperversas, os distúrbios narcísicos da imagem do corpo e do pensamento, mas sobretudo a definição do estado-limite como adolescência prolongada, por exemplo na conservação de uma *certa bissexualidade*, ou ainda, na passagem ao ato, vão mais longe do que este parentesco: *a adolescência, para ele, é um estado-limite*. E eu o acompanho completamente quando ele faz do processo adolescente um *terceiro tempo narcísico* (depois do espelho e do Édipo), que reestrutura os dois primeiros. Nessa perspectiva, o estado-limite seria – mas a diferença é *dificilmente apreciável*, daí o interesse que os psicanalistas devem mostrar pela adolescência –, o estado-limite, eu dizia, seria ou uma *estrutura psicótica* não descompensada, ou a *suspensão adolescente* de toda estrutura. No primeiro caso, não há nenhuma dúvida sobre a estrutura; no segundo *há uma*. Mas vejamos o que vem a seguir.

Rassial se empenha em teorizar esse estado que qualifica como não psicótico não neurótico, com a ajuda de um nó que ele inventa, como se quisesse definir sua estrutura. Ora, ele se baseia ao mesmo tempo na clínica do homem dos lobos e no fato de que Lacan mostrou a partir de Joyce como um sujeito poderia evitar a descompensação psicótica através de uma construção que ele chama de *sinthome*. O *sinthome*, diferentemente do sintoma, não é um compromisso, mas equivale à operação do Nome-do-Pai no nó borremeano (em que, lembremos, o corte de um único círculo, o do Real, do Simbólico ou do Imaginário, destrói toda a estrutura, feita desses três círculos entrelaçados). Ele define pois o estado-limite com dois círculos, sendo que um sofre uma torção que lhe permite descrever dois espaços; nó frágil, que corre o risco de, a qualquer momento – por desdobramento, deslizamento ou supressão da torção –, desfazer-se e produzir um estado de confusão. Daí a necessidade de um terceiro fio, o do *sinthome* precisamente, para que os dois primeiros círculos se mantenham, e evitar a descompensação. Esse *sinthome* poderá apresentar diversos valores suficientes para que o sujeito "se mantenha", e o que o fará mudar será chamado de "ato", "real social" (como a guerra), ou ainda, "o encontro". Ele nos sugere, portanto, colocar em paralelo Joyce e o homem dos lobos, já que foi por causa dos nós, como ele nos diz, que Lacan renunciou a acreditar no primado do simbólico (e na suficiência terapêutica de um ato na língua[55]) e a fazer uma nova concepção do *real*, não mais simplesmente resto de uma simbolização dominante, mas ordenando o conjunto RSI. De fato, o nó do estado-limite "lúpico" é mantido graças a um *sinthome* joyciano. Essa formalização, ao exceder seu modelo, não equivale a fazer do estado-limite uma psicose ou a psicotizar a adolescência? Veremos, no capítulo seguinte, neuróticos que podem passar por psicóticos[56]. Portanto, em vez de ser neurótico ou psicótico, o estado-

---
55. Que o leva até mesmo a perturbar seus pacientes (*sic*).
56. Loucuras neuróticas.

limite teorizado por Rassial parece bastante com uma psicose compensada.

De maneira que, quando J.-J. Rassial pretende distinguir estados-limite no sentido *fraco* de fracasso da neurose ou da psicose e reparação *sinthomal de* estados-limite *fortes* de nó específico possivelmente instáveis, nós nos perguntamos como saber se não é verdadeiramente possível que uma descompensação psicótica ou neurótica possa se fazer de modo respectivamente paraneurótico e parapsicótico, sem que se possa ler a estrutura subjacente.

Decerto existe um problema do ponto de vista estruturalista, a saber, a passagem adolescente de uma "estrutura infantil" à estrutura adulta, ou mais exatamente o estabelecimento na adolescência da estrutura definitiva. Concordo, portanto, com Rassial quando ele define o estado-limite como passagem de uma estrutura primeira a uma estrutura secundária, mas não quando ele define a primeira, seja neurótica, seja psicótica, seja *outra*, ou então é preciso consagrar o estado-limite como nova estrutura. Para ele, os lacanianos reduzem o estado-limite a uma única estrutura de fato, mas não é ele lacaniano? Essa pequena desavença me permite dizer mais uma vez a que ponto o estimo quando ele descreve a construção do *sinthome* (mas não se trata da estrutura?).

1. *Castração umbilical*: operação que produz o sujeito, inscreve o falo no inconsciente, seja no modo neurótico do recalque originário, seja no modo psicótico da forclusão.
2. *O Édipo* que coloca em ação o significante fálico e não o falo, sendo que o Nome-do-Pai distribui os lugares na família.
3. A *operação pubertária* que valida ou não as duas primeiras. A incerteza dessa validação, sob a forma de uma adolescência interminável, que marca melhor o estado-limite[57].

Se, como eu disse, o processo analítico emprega os mesmos meios que o processo de adolescência, imagina-se o peri-

---

57. Ou adolescência "suspensa" ou estrutura psicótica (cf. mais acima).

go da psicanálise para esses estados. Se, de fato, esse estado é instável, é no sentido do narcisismo e dessa famosa relação de objeto *"narcísico"* que caracteriza, para mim, o sujeito de estrutura psicótica[58]. Daí a necessidade de uma mudança da prática da análise, em vez de "intervenções sociais ou políticas" (p. 178). Rassial vê essa mudança num prolongamento de entrevistas preliminares que ele considera uma verdadeira educação na psicanálise, pois o pré-consciente não representa, nos estados-limite, a função de mediador, e estamos de acordo quanto a isso.

## LOUCURAS NEURÓTICAS

*Alex* se diz vítima de um complô. Seus pais se juntaram a mim para colocá-lo num hospital-dia. Ele tem a impressão de ser um robô manipulado e tem medo de ficar louco. *Fabrice*, por sua vez, passa o tempo no cinema em vez de estudar para os exames. Ama loucamente o cinema fantástico: é nas salas escuras que vive realmente dia e noite. Ele me olha com um jeito estranho, como se eu viesse de outro planeta. *Éric* vasculha seu quarto na casa dos pais à procura de microfones ou câmeras; mais tarde, no alojamento de estudantes, quando ouve um vizinho martelando, ele tem certeza de que é para introduzir esses instrumentos em sua casa. *Julien* tem certeza de que é seguido na rua: isso o impede de sair. Uma voz fala com ele constantemente, e ele não consegue dissipá-la: tem medo de ser esquizofrênico. *Marine* tem períodos de depressão extremos, seguidos de fases de excitação: ela acaba de se apaixonar loucamente por uma colega da república e esse amor é dramático. *Julie*, enfim, está confusa, tem pesadelos, manipula os símbolos o tempo todo. Por exemplo, quando tem uma espécie de torcicolo, diz de repente ao sair de uma sessão de ioga,

...................
58. Daí a ambigüidade do termo narcisismo, que é de fato secundário nessa relação de objeto na perspectiva terapêutica, pois o narcisismo primário faz falta ao sujeito. Cf. *De l'amour de l'autre à l'amour de soi, op. cit.*

"estou desbloqueada", e logo em seguida, que estranho, diz, "meu pescoço está desbloqueado".

Evidentemente, nenhum desses adolescentes é psicótico. Pois ninguém pensaria em estabelecer um diagnóstico a partir de um sintoma, mesmo invasivo, principalmente quando esse sintoma não tem a alteridade tão característica da psicose. Em contrapartida, acho que muitos de meus companheiros pedopsiquiatras, até mesmo de colegas analistas, colocariam esses adolescentes no quadro em moda dos "estados-limite".

Não seria necessário procurar muito, com efeito, para encontrar neles os sintomas-chave dessa nova categoria: angústia considerável, sintomas neuróticos múltiplos e proteiformes, sexualidade pouco satisfatória, sintomatologia depressiva, passagens ao ato, dependência de drogas e de álcool, etc.[59] Seria mesmo possível discutir, como vimos, a própria adolescência como estado-limite[60], se a discussão permanecesse teórica: infelizmente, essa "moda" leva muitos psiquiatras a medicar esses adolescentes com neurolépticos, o que traz conseqüências nas quais insistirei brevemente. Todo adolescente tem tendência a projetar nos outros, na sociedade, no seu corpo, os problemas que o afligem. Embora alguns já vivam o discurso psicanalítico e encontrem no analista o interlocutor que vai permitir que superem essa fase, a maioria está fora disso. E, a menos que encontrem um analista pronto a dialogar com eles sobre o que está acontecendo para encontrar seu determinismo psíquico, estes últimos terão de lidar com psiquiatras ou terapeutas cheios de boas intenções e alarmados com seus sintomas. Por esse motivo, o diagnóstico de *borderline* é com tanta freqüência colocado: *é menos grave que uma psicose, mas é mais grave que uma crise de adolescência*. Esse diagnóstico é pois um compromisso, eu diria mesmo um sintoma de nossa época. Se a palavra, recente, "psiquiatrização" tem um sentido, é o de medicalizar e de psicologizar distúrbios ligados à ado-

---
59. D. Marcelli e A. Braconnier, *Psychopatologie de l'adolescent*, Paris, Masson, 1983.
60. Cf. acima "O sujeito em estado-limite ou os limites da estrutura".

lescência e de traduzi-los como doença psiquiátrica. Isso só pode ter um efeito negativo sobre o desenvolvimento do processo adolescente, mesmo que essa psiquiatrização sofrida possa fazer parte dele e ficar apenas como lembrança no adulto. Não falo aqui, evidentemente, dos episódios psicóticos bastante reais que podem adornar a adolescência e têm como objetivo travar o próprio processo. Não, falo dos casos que não apresentam estrutura psicótica, mas que tomam alguns de seus aspectos enganosos. Evoluirão de todas as maneiras sem recurso posterior à psiquiatria, apesar da neuroleptização intempestiva ou graças à psicanálise, sendo que o resultado, convenhamos, não tem a mesma qualidade. Alguns me dirão – com toda razão – que precisamente na adolescência é difícil decidir; que não se pode dizer – exceto diante de evidências e mesmo assim – que este é esquizofrênico, aquele tem uma neurose de transferência. Dessa maneira, parece-me capital que o psicanalista, consultado como tal, muitas vezes pelos pais mas também pelo adolescente, possa sustentar e conservar a todo preço uma *posição de analista*[61]. E, como se sabe, o psicanalista de adolescentes deve sustentar essa posição apesar da angústia e das solicitações que podem induzi-lo à passagem ao ato, ou seja, a deixar seu lugar de analista. Decerto, não é preciso ser rígido e, em alguns casos, só se pode constatar e verbalizar a impossibilidade que existe para sustentar seu desejo de analista, mesmo quando este é fortemente solicitado.

## *A aposta da estrutura*

Manter seu lugar de analista com um adolescente que sofre e está perturbado, quando não perturbador, me parece solicitar inicialmente a oferta do método analítico numa fase, com freqüência movimentada, que se pode qualificar como psicoterapêutica. Essa oferta tem sua importância, como se verá, no diagnóstico de estrutura que permanece por vezes muito tempo

---

61. Cf. a introdução deste capítulo "Da psiquiatria à psicanálise".

suspenso. É possível, se preferirmos, chamar essa fase de "entrevistas preliminares" e multiplicá-las[62], contrariamente aos conselhos clássicos. Ela exige, em todo caso da parte do analista, uma verdadeira afirmação de sua ética, em particular com relação aos pais, mas também uma exposição – tomada nos diversos sentidos do termo – do que Lacan chamou de *desejo do analista*. Entendo que esse desejo não é forçosamente consciente: às vezes o analista se dá conta disso *a posteriori*, quando algumas palavras lhe escapam. Na verdade, esse desejo responde ao desejo do sujeito, que, nessa circunstância, é com muita freqüência *negado, recalcado, recusado, clivado*, até mesmo forcluído por um Eu ameaçador que parece, sozinho, representá-lo.

Ora, nessa verdadeira dialética, em que todo psicanalista de adolescente se reconhecerá na medida em que tenta em cada caso reinventar a psicanálise, não vejo lugar nenhum para situar o diagnóstico psiquiátrico de *borderline*. A menos que, evidentemente, o consideremos, com Rassial – como já foi dito –, como estado da adolescência. Isso não significa, na minha opinião, que se deve renunciar ao diagnóstico de estrutura: este, muito pelo contrário, deve permanecer uma obsessão do analista, e estou pesando as palavras. Nos casos graves, ou nos que aparecem como tais, quer a gravidade seja devida a uma teatralização do adolescente, quer ela seja inconscientemente mas não menos seguramente aumentada pelos pais[63], o problema do analista, seja ele psiquiatra, psicólogo de formação ou não, é conseguir distinguir a estrutura psicótica ou neurótica, isto é, as *loucuras neuróticas* dos verdadeiros *casos-limite*, que são aqueles que podem descompensar no modo psiquiátrico porque sua estrutura é dessa ordem, e isso porque a técnica do analista será muito diferente de acordo com o caso. Ora, creio que posso dizer que nenhum sinal, nenhum sintoma, mesmo de aspecto psicológico, permite, às vezes durante vá-

---

62. É o que conclui J.-J. Rassial em seu livro, *Le sujet en état-limite*, Paris, Denoël, 1999.

63. Alguns pais parecem sustentar a todo preço que o filho adolescente é um doente mental.

rios meses, que se faça esse diagnóstico de estrutura. Isso implica então que o analista conserve a mesma atitude que adotou no início, e continue nesse diálogo que qualifiquei como dialético[64]. Evidentemente, isso implica o cara-a-cara e não obera de modo algum uma psicanálise posterior. Há em contrapartida – suspeitamos – um elemento, e um único, sobre o qual o analista pode se apoiar: é o vínculo que se estabelece ou não pouco a pouco entre o paciente e ele. Ora, se esse vínculo, em parte consciente, tomar a forma de uma verdadeira transferência, a qualidade dessa transferência será muito diferente na neurose e na psicose. Embora não seja meu propósito, vou esboçar essa diferença brevemente a partir de "Luto e melancolia"[65], texto absolutamente fundamental. Quaisquer que sejam os avatares da transferência na adolescência, quero dizer: que o adolescente interrompa as sessões ou não, o neurótico mantém em sua fantasia a relação que tem com o analista assim como o psicótico corre o risco de a qualquer momento perder realmente essa relação com a melancolização que pode decorrer disso. Por essa razão, a identificação de uma estrutura psicótica deve permitir que o analista continue com o paciente do mesmo modo e na maioria das vezes (para não dizer sempre) cara a cara, até que ele possa deitar o paciente neurótico no divã.

## Exemplos

Nenhum dos pacientes citados no início desta exposição se revelou psicótico. Em compensação, a fase preliminar cara-a-cara durou alguns meses; foi o caso de *Julie*. Além dos pesadelos, da confusão e da manipulação dos símbolos, Julie se queixa de distúrbios somáticos de modo hipocondríaco maior, como se ela viesse ver um médico especialista por causa de uma hipocondria, ou ainda, por problemas visuais. Dito isso,

...................
64. Ou que ele mantenha o paciente em psicodrama individual até que este aceite falar "diante de todo o mundo".
65. S. Freud (1917), "Deuil et mélancolie", in *Oeuvres complètes*, vol. XIII, Paris, PUF, 1988.

ela comete alguns atos falhos, como por exemplo me pagar com cheque dez vezes menos do que o total solicitado! Mas ela volta, enganando-se totalmente nos dias e nos horários. Um dia se convence de que fui eu quem tirou um quadro que estava na sua cozinha, e isso para testar a reação dela. Evidentemente, tem risadas imotivadas, denominação que só pode fazer com que um psicanalista sorria, mas enfim é um sinal clássico. Na casa dela, quero dizer na casa dos pais dela, grita "sou louca", mas ninguém a escuta. Tem, principalmente, a impressão, muito desagradável, como me diz, de estar fora de si: ela precisa fazer um esforço para que isso deixe de acontecer. Também tem, é claro, "alucinações" visuais durante as quais grita por socorro por não saber mais onde está. Enfim, recebe telefonemas estranhos e tem a toda hora experiências excêntricas. E então, no fim de três meses de psicoterapia bizarra – bizarra porque não compreendo nada –, ela fica melhor. Essa melhora coincide com a volta de uma atividade onírica, sonhos que aprende a analisar. Ela se surprende: aqui se cura falando, e se pergunta o que teria acontecido se não tivesse vindo me ver. Mas tarde, acrescentará: "Vir aqui, é uma história de loucos; você toma o lugar de muita gente." Anos de divã depois, ela me confessará que a primeira vez que me viu, "berrou como louca" e teve a impressão de estar no teatro. Eu teria então respondido, disse ela, pois eu não tinha nenhuma lembrança disso: "Sabe, há pessoas que fazem o que você faz muito seriamente." Ela disse, então, "fiquei intrigada pelo que acontecia aqui e voltei".

### Clínica do Imaginário

Está claro que se eu me comportasse como um psiquiatra, teria proposto a Julie medicamentos, e pode-se pensar que isso arriscaria fechar sua trajetória analítica. Mas, depois de tudo, por que mantive essa segurança presunçosa? Será porque eu teria diagnosticado a histeria em alguma articulação significante qualquer? Ou então porque eu teria concluído por uma identificação da mesma ordem (mas com outras referências teóricas), visto que a mãe dela era doente mental? Não, foi simplesmente porque ela vinha me ver como analista que mantive essa posição sem medir esforços. O que é possível no particular não é na instituição, em todo caso não diretamente quando se recebe o paciente pela primeira vez. Mas isso se torna possível quando se trabalha em equipe, já que podemos então mencionar a existência da psicanálise como terceiro e interpretação possível dos distúrbios e eventualmente encaminhar nosso paciente a um colega. Na verdade, não podemos esquecer que essa posição inabalável adquirida pelo analista através de seu próprio tratamento pode ter um efeito milagroso, mesmo na instituição.

A recusa do sujeito de fato, a importância dada ao sintoma têm um efeito iatrogênico evidente. Hoje, praticamente todos os neuróticos graves ou casos-limite que chegam ao ambulatório estão sob o efeito de neurolépticos. Por menos eficazes que sejam, para a angústia por exemplo, tornam-se para o sujeito verdadeiras drogas contrafóbicas que o instalam numa dependência mórbida. Ora, a escuta verdadeira de um sujeito como esse pode, ao contrário, minimizar esses mesmos sintomas, às vezes reduzidos à sua expressão fantasística apenas. Evidentemente, a convicção do analista se baseia no tratamento, mas também num apoio teórico. Mas, no fundo, qualquer que seja o apoio, ele tem apenas o mérito de existir: isso explica o fato de colegas com referências diferentes ou opostas às nossas terem, contudo, tanto êxito quanto nós! Entretanto, o famoso esquema L de Lacan, que articula simbólico e imaginário, é indispensável para que busquemos determinar a patologia em suas relações com a estrutura.

A predominância do eixo imaginário no obsessivo, do eixo simbólico no histérico, por exemplo, permite situar o sintoma mas também delinear seus limites. A mesma coisa no paranóico e no esquizofrênico, exceto que, nesses casos, o outro eixo é propriamente forcluído. Tenderemos assim a situar alguns sintomas-limite entre psicose e neurose em rela-

## Esquema L[66]

```
(Sujeito) S ←----------------------→ a' (outro)
            ⋱  eixo imaginário  ⋰     seus objetos
              ⋱              ⋰
               eixo simbólico
              ⋰              ⋱
(eu) a ←----------------------→ A (grande Outro)
```

ção a esses eixos. Da mesma maneira que, por exemplo, o delírio interpretativo do obsessivo ou a despersonalização do neurótico durante o tratamento por exemplo.

### Como determinar a estrutura?

Determinar a estrutura é, em suma, sinônimo da manutenção da posição (ou do desejo) do analista, e não do estabelecimento imediato de um diagnóstico. Às vezes, é necessário esperar muito tempo para formar uma idéia, passar pelo cara-a-cara, pelo psicodrama individual antes de termos a convicção de que estamos no discurso analítico. Mas em que consiste realmente esse reconhecimento? Antes disso, o que é a estrutura? Decerto, pode-se dizer que é o *modo imutável em que o sujeito se situa em relação a seus objetos*. Na verdade, esse modo, quando pode ser mascarado, inaparente ou inacabado, tem como característica essencial ser, digamos, *irreversível* sem que seja por isso de ordem biológica. A estrutura é, portanto, a *identificação primária*, aquela que precede ou resume o Édipo. O analista espera que o tratamento confirme sua hipótese de saída, pois de fato está sempre em busca da constituição fundamental do sujeito. Se essa constituição não é evidente, é porque o Édipo vai acrescentar à identificação ou ao recalque primário os hábitos das identificações secundárias que parecem às vezes predominar. Ora, é no Édipo, ou seja, na medida em que ele é sempre perdido, que se esconde a origem dos

---

66. In *Écrits, op. cit.*, p. 53.

sintomas neuróticos, que não estão portanto limitados à estrutura de mesmo nome. O que leva a falar de *loucuras neuróticas* é a inflação imaginária edipiana que obscurece a identificação primária, tanto quanto mascara o eixo simbólico.

## E a adolescência

Onde se situa a adolescência, como processo inconsciente evidentemente, nessa busca da estrutura, da identificação primária, em suma na posição do analista? A adolescência, como se sabe, é marcada pelo que chamamos de revivescência do Édipo, ou seja, pela crença, pelo menos *imaginária*, de que o Édipo é possível: isso desencadeia, às vezes, não esqueçamos, verdadeiros estados amorosos que visam ao pai ou à mãe, com todo o sofrimento que isso comporta. Essa inflação é alimentada pela megalomania que a puberdade confere à *infans*. Assim, a realização possível que ela induz é fonte da maior angústia. Mas, sob esse Édipo imaginário construído sobre o Édipo infantil, tanto quanto factício, situa-se um Édipo estrutural, o verdadeiro Édipo, o que se construiu a partir da identificação primária, e não contra ela. Essa distinção entre Édipo imaginário e Édipo estrutural é interessante nos casos precisos em que o sujeito apresenta sintomas histéricos fóbicos ou obsessivos, característicos do que chamei de Édipo perdido, visto que é fundamentalmente regido por um Édipo simbólico marcado pela forclusão: vejamos, em todo caso, um exemplo de verdadeiro caso-limite, pois a estrutura, é claro, é psicótica e pode se manifestar por ocasião de algum acontecimento inesperado, ao passo que nenhum sintoma psicótico é detectado quando tudo vai bem. Portanto, o adolescente vai, a partir dos sintomas do Édipo imaginário, *concluir* o Édipo infantil, ou seja, reduzi-lo a sua componente simbólica[67]. É essa *conclusão*,

---

67. Foi essa distinção entre dois tipos de Édipo que me levou a distinguir entre a identificação primária e as identificações secundárias bissexuais uma "identificação secundária edipiana narcísica", cf. *Adolescence, enjeux cliniques et thérapeutiques, op. cit.,* p. 46.

e não os sintomas, que leva o adolescente a descompensações e é por esse motivo que o analista deve ser particularmente vigilante, não como cuidador mas como analista.

*Alex*, o robô manipulado pelos pais, instalado num hospital-dia, não ficou louco. Em compensação, ele se interpunha regularmente em casos de conflito físico e levava os golpes destinados a outro. Continuou a ter esse comportamento depois que saiu: foi tão insistente que levou pancadas e voltou ao hospital. Seu angelismo é extremo, e ele se deixa atacar por marginais ou ser paquerado por homossexuais. Coloca os cuidadores fora de si. Assim como uma psiquiatra, porque, diz ele, "ela falava de você como de um psiquiatra, ao passo que você é psicanalista". *Fabrice* começa a compreender que, por trás da paixão cinematográfica que o fazia passar dias e noites nas salas escuras, existe um medo do vazio maior que a depressão. *Éric* encontrou uma companheira, isso evita que ele coloque um pano velho diante da tela da tevê antes de se masturbar. *Julien* já não ouve uma voz atrás de si: ele faz uma verdadeira análise quatro vezes por semana. Foi ele quem quis se deitar no divã, etc.

A loucura não é apanágio dos psicóticos. Mas o psicótico não se resume a sua loucura. Uma jovem[68] está pálida, alucinada: o diabo aconselha que ela se mate, um fantasma a acaricia de maneira obscena, sombras por toda parte a ameaçam, sua cura consistirá não em reduzir esses delírios a que se apega mais que tudo, mas a colocá-los em segundo plano, e até mesmo, como em alguns psicóticos em análise, a assimilar essas vozes à voz do inconsciente.

## O CORPO, ESPELHO DO ADOLESCENTE

*Florian*, 18 anos, é levado pela mãe, que está preocupada com suas exigências: ele quer absolutamente fazer uma cirur-

---
68. Ver acima, p. 62, o caso de Laetitia.

gia no rosto. As pessoas à sua volta o aconselharam a consultar um psiquiatra, mas sua decisão está tomada, mesmo que aceite o diálogo. Seu problema é simples: uma de suas encantadoras covinhas, que ficam perto da comissura dos lábios, é mais profunda do que a outra, e ele não suportaria por muito mais tempo essa assimetria. Uma injeção de colágeno poderia resolver o problema, mas disseram para ele me ver antes, então se forçou a vir. Aceita falar e, rapidamente, descubro um divórcio belicoso dos pais que ainda une um ódio feroz e efetivo: essa guerra por meio de advogados interpostos em dois países limítrofes tem implicações tanto econômicas como psicológicas e humanas. Evidentemente, Florian não faz nenhuma ligação entre seu problema estético e seu problema existencial, ao passo que, por minha vez, vejo seus pais como um casal... caricaturalmente assimétrico.

Pareceu-me útil terminar esta parte, "Da psiquiatria à psicanálise", com a questão do corpo no adolescente e o enigma posto pela dismorfofobia, uma vez que esta levanta de saída três questões essenciais: de onde esse adolescente se olha? O que ele vê exatamente no espelho? E, enfim, trata-se de que espelho? Se me permitem, deixemos de lado por enquanto a pergunta propriamente estética sobre a beleza: essa questão aciona em cada um de nós o falo, como sabemos, e este não se vê, mesmo que se oculte.

O esquema óptico de Lacan, assim como foi desenvolvido nos comentários sobre o relatório de Daniel Lagache[69], permite responder em parte a essas três questões. De que ele é feito?

– Uma primeira imagem, real, produzida por um espelho esférico a partir de um vaso invertido e oculto que representa o corpo, cinge um buquê real que representa os objetos parciais;

– um espelho A, colocado na frente, no cone em que essa imagem se produz, vai fazer com que ela se torne virtual para um observador colocado na frente.

---

69. Cf. *Adolescence, enjeux cliniques et thérapeutiques, op. cit.*, p. 22.

Embora Lacan tenha aversão ao genetismo, ele determina que a primeira imagem real tem uma anterioridade *a priori*. *A priori*, de fato, a imagem virtual, aquela produzida pela fase do espelho numa idade em que a criança não terminou sua maturação neurológica, tem um efeito morfogênico, estruturante, pois precede até mesmo o advento do esquema corporal e em todo caso põe termo ao vivido fragmentado do corpo. Portanto é lógico chamar a primeira imagem i (a) de *imagem do corpo*, e a segunda i' (a) de *imagem especular*.

Ele nos diz que, a partir dessas imagens e *por analogia*, Lacan vai representar os ideais da pessoa: eu ideal representado pelo pequeno outro lado imagem do corpo, ideal do eu para além do grande Outro (que é o espelho) lado imagem especular. Na medida em que é dividido, o sujeito vê idealmente uma forma que contém potencialmente sua onipotência, mas isso permanece da ordem do ideal, imaginário decerto mas submetido, e como, ao julgamento e à apreciação do Outro.

Não é o que acontece com Florian, com o qual vamos retomar nossas três questões. Se ele se vê de fato, é a partir da posição ideal de que não foi expulso pelo espelho plano: é como se esse espelho não existisse, ou antes, estivesse no chão, horizontal, inútil – eu ia dizer impotente. Essa posição não está fora da linguagem, sem dúvida, porque se situa no interior do famoso cone de onde se pode ver a imagem real. Ou então, se nosso espelho permanece vertical, Florian se vê, se é possível dizer, por detrás dele, mas atrás de um espelho sem estanho, *confundido com sua pele*. Pois, enfim, o que ele vê é essa pele cujo mistério tenta desvendar, e encontra aí o que busca – o objeto do desejo[70] – e o encontra. Infelizmente, um dermatologista atenderá a seu pedido e, alguns dias depois, Florian, delirando, será hospitalizado numa clínica psiquiátrica.

---

70. Que não é o objeto *a* não especularizável, pois este, na medida em que a castração primária (a do espelho), depois edipiana, interditou a satisfação incestuosa, depois edipiana, é o desejo sublimado (e tornado como tal *causa do desejo*) daquele de que estou falando aqui.

A teoria psicanalítica permite uma primeira decifração da clínica. É o desdobramento da clínica que leva a teoria a ser revisada em seguida. E assim por diante. Por essa razão, em nosso campo, clínica e teoria são inseparáveis. No que diz respeito à fase do espelho, depois ao esquema óptico, verdadeira máquina de pensar, a teoria lacaniana foi beneficiada por um único interlocutor privilegiado: Françoise Dolto. Esse diálogo entre aspas, entre dois autores que falam a mesma língua sem que estejam na mesma sintonia, nos proporciona refletir – convém dizer – sobre perspectivas bem situadas por G. Guillerault em seu último livro[71].

Ele nos diz que, para Lacan, a imagem do corpo é essencialmente "escópica no sentido óptico, visual". Apoiando-se, como se sabe, na etologia, Lacan faz do espelho uma função morfogênica, estruturante, como eu disse mais acima. Esse esquema bastante conhecido ilustra a formação definitivamente alienante do eu a partir da imagem do outro e explica o descentramento essencial entre o eu e o sujeito. Para Guillerault, ao privilegiar a imagem especular, Lacan deixa escapar uma imagem do corpo que, diz ele, "possa ser de um teor diferente do neurológico, porque ele desconhece que ela possa ser outra que não visual"[72].

Para Dolto, ao contrário, de acordo com nosso autor, a imagem do corpo não é apenas visual, ela representa a sexualidade infantil no sentido freudiano. É relacional, feita das imagens olfativas, respiratórias, sensoriais, motoras que vão ligar a criança à mãe e, como tal, é "submissa à e portadora da dimensão significante da linguagem"[73]. É a matriz corporal da subjetividade. Com isso, privilegia a palavra com relação à imagem. A imagem especular, ao contrário, não corresponde a nada do "que é sentido internamente pela criança", e Dolto pôde até qualificar o espelho como destruidor. Mas a comparação da dinâmica das imagens entre Dolto e Lacan é particularmente interessante. De

...................

71. G. Guillerault, *Le miroir et la psyché. Dolto, Lacan et le stade du miroir*, Paris, Gallimard, 2003.
72. G. Guillerault, *Le miroir et la psyché, op. cit.*, p. 189.
73. *Ibid.*, p. 44.

fato, naquilo em que o espelho é para Lacan, e segundo Guillerault, um ponto de partida, é para Dolto um ponto de chegada. A imagem do corpo, para ela, existe antes do espelho. No momento da famosa fase, a criança vai sofrer uma verdadeira *castração primária: "O que era a face oculta de seu ser no mundo se torna a dimensão da aparência sexuada."* A imagem do corpo é pois literalmente *recalcada* pela imagem especular e torna-se verdadeiramente inconsciente. A partir de então, não terei mais acesso a essa imagem interna senão pela abordagem de uma imagem externa. Entenderemos na passagem que, se a imagem interna não é sexuada, a imagem externa o é. Mas, nessa operação, há um resto, pois a imagem escópica já não corresponde à imagem inconsciente. É esse resto que Lacan retomará por conta própria, se posso dizer, no Seminário sobre a *Angústia*, chamando-o -φ, falo não especularizável análogo ao objeto *a*.

Não sei se, como sugere Guillerault, Lacan e Dolto inflectiram direta ou indiretamente suas posições recíprocas. O certo é que, em todo caso, primeiro Lacan ampliou consideravelmente sua doutrina entre a *fase do espelho* e o *esquema óptico*; em segundo lugar, Dolto apresentou, com a idéia do recalque de uma imagem pela outra, uma noção indispensável; e, em terceiro, a teorização de uma se adapta de maneira notável ao esquema do outro. Como não ver em i (a) a imagem do corpo doltoniana, tão difícil de definir que Dolto apresenta representações aparentemente contraditórias dela? O status da imagem do corpo não é imediatamente representativo por exemplo, e ao mesmo tempo essa imagem *privilegia a palavra*. Por que, entre parênteses, não chamá-la de *representação de coisas*, como Freud? Decerto, a definição dada por Lacan para esse mesmo i (a) não é muito mais explícita e, se ele recusa a noção vaga de *cenestesia*, é para falar de "vias de autocondução que a reflexão representa no espelho esférico *imagem* – insistamos contudo nesse termo – de uma função global do córtex"[74].

---

74. J. Lacan, "Remarques sur le rapport de Daniel Lagache", *Écrits, op. cit.*, p. 676.

Mas ele insiste também no vaso que o origina, como forma de se representar um corpo tão pouco acessível que se pode imaginá-lo como uma luva virada do avesso.

A ausência de acesso à realidade, ou, se preferirem, a ausência de acesso ao interior do corpo, não impede de imaginar, muito pelo contrário. Pode-se mesmo imaginar – outros, e não dos menores, o fizeram – o que pode acontecer com um bebê ou entre o bebê e a mãe, antes do espelho, quando ele torna seu o seio, pois não faz diferença entre o de fora e o de dentro. Melaine Klein fez dessas interpenetrações a matriz, ouso dizer, da constituição subjetiva: com a vontade tornando-se por sua própria intensidade uma ameaça para o eu. E Dolto tem razão: os cheiros, os barulhos, os carinhos, etc., não estão recolhidos a um recinto corporal. Essas trocas formam mesmo a trama da onipotência, dado que nenhuma lei parece presidi-las. No adulto, elas alimentam até fantasias de violação de todo tipo pouco confessáveis, mas também a representação de um corpo que possa ser o apêndice do corpo do Outro. Essa onipotência – i (a), como vimos, dá forma ao eu ideal –, da qual teremos entendido o caráter mortífero que será *recalcado* pela imagem especular, lhe fornece exatamente seus limites, mas também vai dar à aparência exterior todo o mistério de sua atração.

Numa intervenção recente, Bernard Toboul nos lembrava do vínculo que o belo mantinha com o falo. Na fascinação (pelo belo), existe "falo", o *fascinum* latino, disse Quignard. Mas – cito Toboul –, se "a falicidade do corpo narcísico é o segredo de seu efeito", o "falo é externo ao imaginário, ele está fora do corpo". O falo tampouco está na imagem dos *kouroi* da estatuária grega, embora, determina Bernard Toboul, "a estrutura fálica, constituinte do narcisismo, seja o que permite a um eu muito simplesmente ser". Então, o que faz a beleza? Os adolescentes nos dão respostas que precisamos decifrar, pois parecem paradoxais à primeira vista. Se alguns passam horas se embelezando, enquanto outros encontram um prazer maligno em se enfear com a ajuda de tinturas, *piercings*, tatuagens e outros disfarces, é porque a beleza não rima com objetividade, mas antes com o ideal grego *kalós kagathós*, em que belo e bom duelam. Encontra-se de fato nessa questão do belo o jogo do anel fálico entre o interior e o exterior, o dentro e o fora, o ser e a aparência: a pele que comparei com um espelho é o que separa os dois. Ora, como disse tão bem Françoise Dolto, com o "complexo da lagosta", a pele dos adolescentes muda, torna-se transparente e, então, já não serve como recalque da imagem do corpo. "Pode-se" ver através deles, como nos indica a fantasia bastante conhecida mas antiquada das olheiras devido à masturbação.

Abdel me foi apresentado para um parecer diagnóstico. É um belo rapaz que se atormenta ao longo do dia para saber se é ou não "feioso". Estudante de medicina, é muito estimado por todos, prestativo, trabalhador, e não é arrogante. Faz sucesso entre as garotas. Evidentemente, ele passa horas na frente do espelho e avalia os espelhos: há aqueles que o deixam com uma imagem boa, e outros não. De fato, tudo depende da iluminação: com o néon é melhor, ao passo que a luz baixa não é favorável. Como se percebe, essa diferença é completamente paradoxal. Mas tem mais: para diminuir, acredita, suas dúvidas, ele carrega sempre um espelho de bolso em busca de uma boa luz... Essa escravidão o deprime e ele sai cada vez menos. Foram necessárias três semanas para que ele se recuperasse de um corte de cabelo, para aceitar seu novo rosto; por isso, decidiu cortar o próprio cabelo. Além das dúvidas sobre sua beleza, Abdel tem certezas: seus caninos são um pouco longos, aliás era chamado de Drácula na escola, e como ele sorri o tempo todo é possível percebê-los. Mas ele fala sobre isso de forma muito diferente: espera que eles sejam limados e tudo ficará em ordem.

Exploro então com ele a idéia que faz de si mesmo, e se, na falta de beleza exterior, ele sente em si uma beleza interna. É claro que sim, responde, ele acha que é uma pessoa de bem. Aliás, teve um sonho que o mostra. Nesse sonho, a irmã lhe anuncia a morte de um de seus inimigos, alguém que lhe fez muito mal. Um pouco mais tarde, ele vê que essa pessoa está viva e, no sonho, ele está só um pouco decepcionado: na verdade, tratava-se do pai de seu inimigo... Somente no fim da entrevista é que obterei a chave da história: Abdel é incapaz de se impor, incapaz de dizer não, daí sua gentileza permanente, sua sensibilidade, para não dizer seu servilismo. De fato, tudo começou na puberdade. Ele era muito próximo do primo, numa relação muito forte. Um dia, uma menina se apaixona por ele e o primo lhe diz: "Não sei o que ela viu em você!" Enquanto outras pessoas teriam visto nisso, sem dúvida alguma, um ciúme evidente, Abdel, ao contrário, sente-se abandonado e traído: reage às palavras do primo, para quem faz certamente uma transferência narcísica, através de uma identificação melancólica. A partir de então, ele se julga com os olhos desse primo: não tem entretanto, conscientemente, nenhum desejo homossexual, isto talvez explicando aquilo.

Ao contrário de Florian, Abdel busca o falo onde acha que pode tê-lo, ou antes, vê-lo, ou seja, numa *aparência* que lhe daria a segurança que lhe falta. O que não sabe é que o $-\varphi$ é estritamente igual a um objeto *a*, irremediavelmente perdido, pois sem dúvida faltou a guinada, do ser ao ter, que o Édipo impõe ao menino.

Para terminar, examinarei a função do analista nas patologias narcísicas colocadas atualmente no mesmo saco dos *borderline* ou de outros casos-limite. E, já que falamos muito sobre espelho, voltemos ao analista espelho de que Freud falou. Não há nada pior, com efeito, nessas situações do que deixar o sujeito refletir por si próprio – é o caso de dizer – solitário e sem eco: o analista desempenha, então, simplesmente o papel de um espelho em que o paciente encontra as provas de sua nulidade orgulhosa. Foi assim que Julien, antigo anoréxico, deitado num divã três vezes por semana, cortou os pulsos na véspera de um concurso importante e voltou para o hospital psiquiátrico[75]. Quando ele me fala sobre seu corpo, é para

---

75. Ver acima pp. 59, 88, etc.

dizer que "não o habita", que se finge de morto ou ainda que seu corpo é uma clausura ou uma embalagem em volta de seu vazio interior: digamos que esse corpo é o que ele sente, em outras palavras, sua vivência interna. O corpo que ele "vê" é diferente: é "uma *grande cabeça* de feto dessecada", ou ainda, uma "barriga" cortada do resto do corpo, que lhe parece redonda demais e que forma o barômetro que justifica seu emagrecimento. Compreenderemos que essas duas imagens, uma vazia, a outra cheia, estão num transitivismo que Lacan conferiu à categoria do imaginário. Além disso, ele se lembra que, ao vomitar, tinha a fantasia de "se vomitar como uma meia virada do avesso". O Outro, com um "o" maiúsculo, também oscila entre duas posições: a do perseguidor ou a do ideal. O perseguidor são os olhares que o seguem na rua, como uma câmera que teria nas costas: ele é então uma infeliz marionete. Durante esse período, está à beira da passagem ao ato, pronto para provocar marginais e, assim, ser espancado. O ideal, ao contrário, é ser musculoso, imberbe, não magro como "um bebê visto pelos pais", diz ele.

A história de Julien, ou antes, sua primeira lembrança, remonta precisamente aos 2 anos de idade: um armário com espelho caiu sobre ele e o espelho cortou sua testa, que teve de ser suturada com urgência! Adivinha-se, em todo caso, por trás dessas imagens o peso do investimento fálico da criança por uma mãe com a qual dividia a cama, depois de ter expulsado o pai por causa de suas insônias. O progresso da análise transforma o masoquismo em fantasia: ele deixa que quebrem sua cara para mostrar depois aos amigos quanto sangra e apresenta-se tal qual Cristo com seus ferimentos, em suma para mostrar que foi enfim castrado. É nesse momento que ele vai lamentar não ter sido espancado pelo pai e provocará o analista, consciente de lhe pedir o mesmo.

Todo esse material não teria seguramente sido obtido sem minha intervenção, até o momento em que o próprio Julien decide deitar no divã e associar livremente. Se o analista é um espelho, ele deve ser um espelho sem estanho (ou um espelho falante). Pois nosso sujeito se defende ao projetar uma imagem do corpo que, em vez de *virtualizar* o falo, se me permitem a expressão, o *positiva* de forma particularmente hedionda. Somente depois da tradução feita pelo analista é que as representações de coisa podem ser enfim *recaldadas* sem volta e permitir uma idealização que representa sua marca. Isso autorizará, em todo caso, Julien a perder a virgindade, pois evidentemente é a imagem especular que condiciona a possibilidade de uma escolha de objeto.

Mas é necessário que a imagem especular possa ter todas essas virtudes. Ora, as funções das imagens não são homogêneas, nos lembra Joël Dor ao citar Lacan: uma imagem real não é a mesma coisa que uma imagem virtual[76]. E é precisamente quando o espelho plano não permitiu recalcar a imagem real do corpo, produzindo a imagem virtual narcísica ideal, que o sujeito vai sofrer um sintoma muito particular, ou seja, o *sinal do espelho*. Esse sinal que se encontra em todas as estruturas, mas particularmente na adolescência, prova de fato que o paciente busca na aparência certamente, mas além, o que lhe faltou para se tornar sujeito. Às vezes, e no melhor dos casos, essas faltas são chamadas paradoxalmente de: castração.

---

76. J. Dor, *Introduction à la lecture de Lacan*, Paris, Denoël, tomo II, p. 48.

# Capítulo III
# Como a transferência pode se tornar terapêutica?

## O ADOLESCENTE E A PSICANÁLISE

Já vai longe o tempo em que os adolescentes, confundindo psiquiatria com psicanálise, recusavam tanto uma como a outra da mesma maneira. Em nossos dias, mesmo um adolescente de periferia percebe a diferença e sabe o que o espera quando encontra um psicanalista. Certamente isso não chega – graças a Deus – a abolir os preconceitos; mas pode-se pelo menos discutir e iniciar – como quem não quer nada – um diálogo que se parece muito com aquele que os primeiros analistas sabiam instaurar.

O diálogo socrático, que chamamos de "entrevistas preliminares" quando se trata de adultos, é um modo de examinar tranqüilamente com o adolescente seus problemas e a maneira de resolvê-los. Às vezes "seus" problemas são aqueles que ele provoca, com freqüência sem se dar conta, em seu meio: pais, professores ou mesmo colegas. Acontece assim que o adolescente chega de boa-fé sem sofrer coisa alguma: pode-se então propor ajudá-lo a ver – através do psicodrama individual, por exemplo – se ele tem problemas, e quais problemas. Esse modo de agir motiva sempre sua adesão, mas necessita, é verdade, de um certo hábito. Isso não significa que o psicanalista deva se especializar na adolescência: muito pelo contrário, uma tal posição é antinômica com nossa proposta. É, ao contrário, na *relativização* da adolescência entre as dificuldades da idade adulta e os sofrimentos da infância que reside o segredo de uma assistência a boa distância, nem perto demais nem longe demais – distância sem a qual nosso pássaro foge. Por essa razão, eu gostaria de introduzir a questão das relações do adolescente com a psicanálise em torno de três pólos.

## A transferência

A questão do apego, às vezes passional e com freqüência inanalisável, que o analisando dedica a seu analista não deixa de preocupar nosso adolescente, que desconfia disso (com toda razão) como de uma peste. É verdade que a adolescência é precisamente o momento dessas paixões, que parecem muito com a transferência e que Anna Freud remetia com muita precisão a um deslocamento do amor pelos pais que se supunha racionalmente terminado nessa idade e isso para ambas as partes. A verdade é que, se existe transferência adolescente, ela é feita para as figuras "deslocadas", ou seja, o ídolo, o primeiro amor ou o professor. O analista está paradoxalmente excluído disso, e, se não estivesse, isso seria vivido como uma catástrofe. É que essa transferência adolescente[1] é de rara intensidade: ele a extrai de um desconhecimento furioso de sua origem edipiana, origem que se deve absolutamente recalcar, de tanto que parece evidente aos olhares estranhos.

Ora, ao lado da transferência positiva ou negativa para o psicanalista, admite-se reconhecer uma ou mais transferências *laterais* para algum personagem próximo do analista ou próximo do paciente. Essa transferência lateral é freqüentemente sinônimo de resistência à análise. O paciente se apóia no que conhece do analista para destituí-lo de um saber onipotente, ou então se apóia em alguma relação para contestar as interpretações do psicanalista. O resultado é o mesmo: o paciente recusa

---

1. Ver abaixo.

o poder que o analista tem sobre ele. Ora, esse poder é de fato conferido pelo paciente: o *poder em demasia* é, portanto, um temor sentido pelo paciente em razão de um investimento muito forte. Esse é o receio do adolescente que concedeu muitas vezes tal poder a uma das figuras mencionadas[2]. Por isso acontece com freqüência de o psicanalista, *em vez de ser o objeto de uma transferência adolescente maciça, ser o objeto dessa transferência dita lateral*, que o permite todavia – e é o essencial – se fazer compreender sem que seja por isso o único objeto eleito.

## O processo de adolescência

O objeto eleito, ou o encontro do objeto na adolescência, como diz tão bem Freud nos *Três ensaios sobre a sexualidade*, é de fato o eixo da adolescência: é o encontro do Outro que marca a passagem da fase da infância à do adulto. Além disso, os pais são os primeiros a observar no filho adolescente um ou outro sinal de apego novo e a prever assim o futuro. E isso com alguma preocupação, com receio de que o processo não se realize, pois eles fazem com toda razão a ligação entre esse encontro e o que se deve chamar de dinâmica da adolescência. Se esse encontro é malsucedido (na opinião dos pais ou do adolescente) ou, pior, quando não acontece, recorre-se então ao psicanalista. Ora, o psicanalista tem muita dificuldade em ser neutro, quero dizer em ficar indiferente ao processo que, a partir do abandono do amor dos pais, leva à descoberta do Outro. Pois ele sabe que esse processo pode ocasionar toda espécie de desvios, e até descompensações às vezes graves: alguns adolescentes desenvolvem quando do primeiro amor[3] uma depressão ou um delírio que faz temer a entrada na psicose[4]. Compreende-se portanto que o psicanalista, sobretudo

---
2. Cf. abaixo a análise da obra de Hermann Hesse que relata a história de uma "transferência" desse tipo, cujo efeito se revela felizmente terapêutico.
3. Cf. P. Delaroche, "Le premier amour ou la psychopathologie de l'adolescence", in *De l'amour de l'autre à l'amour de soi, op. cit.*
4. Cf. acima "Reflexão sobre o desencadeamento das psicoses na adolescência".

se é digno de sua função, possa querer tentar impedir esse tipo de descompensação. Evidentemente, se ele se beneficia dessa famosa transferência adolescente, acreditará que pode influir no próprio processo e evitar a psicose. *A experiência prova que não acontece nada disso.* Uma transferência maciça, ao contrário, favorece a descompensação e rebaixa o analista a uma posição banal. Por isso mesmo, ele deve permanecer haja o que houver no papel reservado à *transferência dita lateral* e se manter diante de seu paciente numa posição de testemunha, que está longe de ser uma posição neutra.

## O sexo do analista

Na maior parte do tempo, quando um psiquiatra, um psicanalista ou um colega encaminha o adolescente a um psicanalista, escolhe um homem para o menino e uma mulher para a menina. Pode-se perguntar o porquê disso. Para evitar uma transferência que aconteceria no modo da escolha de objeto heterossexual? Talvez, pois, como estamos vendo, a transferência amorosa, ou seja, a transferência adolescente, é particularmente temida na adolescência. Ela faz parte das relações de objeto narcísicas particularmente mortíferas, e sua intensidade pode fazer com que se receie passagem ao ato, delírio, tentativa de suicídio, sem falar no desinteresse escolar. Acrescente-se a isso evidentemente a dimensão transgressiva de dois aspectos: o da ética – profissional ou mesmo legal – e o da diferença de idade (cf. Gabrielle Russier). Em suma, deve-se absolutamente evitar isso.

A escolha de um interlocutor homossexuado seria então um mal menor diante desses horrores? A transferência homossexual seria menos perigosa no espírito dos prescritores que a transferência heterossexual? Muito pelo contrário, pois, se essa transferência ocasionasse os mesmos riscos com a condição de ser tão passional quanto a transferência heterossexual, se juntaria às transgressões já mencionadas o opróbrio social. Portanto, o encaminhamento a um terapeuta do mesmo sexo está longe de pretender que se favoreça a homossexualidade em relação à heterossexualidade, a menos que à maneira do desejo das genitoras de homossexuais o "risco" homossexual mostre-se menor que o "risco" heterossexual. De fato, e muito pelo contrário, tanto no plano histórico como no psicanalítico, a homossexualidade aparece na adolescência, para pais e educadores, como o risco dos riscos. Muito superior ao risco de psicose e às vezes até mesmo, como reconhecem algumas mães, ao de suicídio.

Por essa razão, o fato de encaminhar um adolescente a um psicanalista homossexuado corresponde à idéia simples mas forte de que o adolescente poderá (enfim) *identificar-se* com este ou aquele. A partir de então, os perigos enunciados são todos conjurados, a transferência será positiva no sentido econômico do termo, o processo de adolescência encontrará um interlocutor à sua medida, a identificação com o analista reforçará a identidade sexual. Tudo isso permitirá remeter para mais tarde o encontro com o Outro do outro sexo e a impossibilidade da relação deles. De fato, não se deveria subestimar essas vantagens, contanto que se conhecesse a sua força. São elas que alimentam a *transferência lateral*, cuja neutralidade, benevolência, boa distância são os ingredientes de uma verdadeira escuta psicanalítica. Antes de ilustrar essa escuta por meio de um caso de fôlego (a transferência adolescente), abordaremos a transferência adolescente tal como é realizada na vida através de *Narciso e Goldmund*, de Hermann Hesse. Terminaremos com uma evocação do psicodrama individual, técnica que leva alguns adolescentes com dificuldades a associar e a poder encarar a análise.

### NARCISO E GOLDMUND: A REVOLUÇÃO ADOLESCENTE

Romance de aprendizagem, romance de iniciação, *Narciso e Goldmund*[5] situa-se numa Idade Média imaginária, em que o

---

5. *Narcisse et Goldmund* (1930), tradução francesa, Calmann-Levy, 1948, republicado no Livre de Poche.

tempo é mítico e as paisagens verdadeiros quadros. É o tipo de livro que se lê na adolescência e que se esquece em seguida. O que nos interessa é que o romance descreve de fato os temores imaginários de uma relação "psicanalítica" em que o amor, o ódio, a paranóia, a depressão agitam "o analista" Narciso (!) e "o analisando" Goldmund (*bouche d'or* [boca de ouro] em francês). Além disso, a história situa-se na adolescência, que adota o processo que chamo aqui de revolução. Sua conclusão é a de uma autêntica psicanálise: o *a posteriori* permite compreender que tudo já estava presente na infância.

Não é por acaso que Hermann Hesse sabe descrever com tal acuidade os sentimentos e os afetos de uma relação como essa. A obra foi escrita em 1930, logo depois de ele ter feito análise com um discípulo de Jung. Suas próprias dificuldades na adolescência oferecem uma comparação evidentemente fácil com nosso tema: com 15 anos fugiu do instituto onde deveria continuar seus estudos, rompeu com o meio protestante rigoroso dos pais e foi contratado como vendedor numa livraria. É aí que ele se forma lendo Heine, Tolstoi e Dostoievski, e decide ser escritor. Depois de seus primeiros sucessos, faz uma peregrinação na Índia, lugar em que seus pais e avós tinham sido missionários. Não me prolongarei nos elementos biográficos, pois sabemos a quais erros podem levar. Tentarei, em contrapartida, apreender a força que se libera desse diálogo transferencial.

Goldmund é levado ao colégio de Mariabronn pelo pai, que o destina à condição monástica para expiar sabe-se lá que erros da mãe. De saída, encontra o jovem noviço Narciso, ao mesmo tempo seu *alter ego* e sua antítese. Narciso é perfeito, não tem amigos e sabe grego. Ao charme desse "belo jovem de grego elegante, com modos cavalheirescos" acrescenta-se uma capacidade inata de "penetrar nos homens e em seu destino". Goldmund é um "gentil rapaz de modos afetuosos" que logo agrada aos eclesiásticos. É nesse ambiente propriamente pederástico – Narciso é de fato um pouco mais velho que Goldmund – que começa a narrativa, mas Hesse jogará constantemente com a ambigüidade. Ele determina muito rápido que Narciso repugna a homossexualidade e que Goldmund inaugura sua estada com uma briga que o introduz no mundo dos rapazes. Mas ao mesmo tempo um representa um perigo para o outro. Um ano depois de sua chegada, Goldmund é iniciado por um camarada na principal transgressão do lugar: *sair* para "ir à aldeia". Ora, essa transgressão o excita, pois "correr perigo poderia fazer parte do quadro de honra [...], para ele era uma distinção ser convidado para um passeio aventuroso". Conduta tipicamente adolescente. Ele sai, descobre o amor (platônico) que para ele equivale ao pecado. Ao voltar, está tão mal que Narciso se interessa por ele e o leva à enfermaria. Diante de tanta solicitude Goldmund desaba em soluços, coberto de vergonha. Esse sentimento de inferioridade o domina: nunca mais se perdoaria por isso, e Narciso por sua vez pensa que talvez um dia ele precise de Goldmund; a relação terapêutica é pois colocada sob o signo da reciprocidade. Mas ao mesmo tempo essa amizade desagrada a ambos: Narciso não pode se entregar a ela, uma vez que é o "condutor do jogo" e deve revelar Goldmund a si mesmo; de seu lado, Goldmund "pode amar sem pecado", doar-se, entregar seu coração a um amigo mais velho, desde que aceite sua inferioridade. "Um vê, o outro é cego", resume Hermann Hesse.

Nesse momento Narciso empreende sua primeira intrusão interpretativa. Ela é bastante inábil, uma vez que ele se coloca em posição de *alter ego*[6], o que não é suportado por Goldmund, que o estabelece como grande Outro. Goldmund precisa confessar-se. Narciso o lembra da crise que o levou à enfermaria e reconhece que estava desamparado.

"– Goldmund: Não, talvez fosse eu! (eu resumo)
– Narciso: Compreendo, chorar diante de um professor não combina com seu temperamento de rapaz tão forte e corajoso [ele o renarcisa]. Até Aristóteles em seu lugar [...]. E de-

---
6. Ou de pequeno outro, para Lacan.

pois [interpretação] *'você tinha vergonha porque era movido por outra coisa'*.
– Goldmund [petrificado]: Suponha que você é meu confessor! E conta para ele a narrativa da famosa noite.
– Narciso [como bom terapeuta] tenta desculpabilizá-lo.
– Goldmund [irritando-se]: Você não entendeu nada [subentendido no supereu]."
Para se defender, Narciso cita santo Agostinho, Goldmund replica sobre o pecado, os votos, a vida monacal. Narciso insiste em vão: "Deus não está apenas nos mandamentos", ao situar-se na perspectiva do ideal do eu, nada é feito aí. Por isso, ele muda o estilo de suas interpretações e lança para Goldmund: "Para você, o único pecado é o sexo, mas
1. você não é religioso;
2. é o desejo de seu pai;
3. você não prestou juramento: se sucumbisse, não o teria portanto rompido."
A essa interpretação inevitável Goldmund reage com acusações às quais Narciso responde: "Não, não há semelhança entre mim e você, o único sentido de nossa amizade é mostrar-lhe como você é absolutamente diferente de mim."
Em suma, a uma assimilação de ordem transferencial, contrapõe a assimetria dessa relação e questiona-se secretamente sobre o ódio da sexualidade num jovem "tão belo e tão saudável". Como bom clínico, ele anota: "Quando ele fala do pai, não se vê nada, é um ídolo sem realidade." Quanto à mãe, ela continua na lenda. Agora conta apenas, precisamente, o vínculo entre os dois: é a única coisa que permanece quando tudo foi recalcado! Ora, como bom neurótico, Goldmund procura somente desaparecer nesse vínculo: é o que Narciso recusa. "Não temos de nos aproximar uns dos outros mais que o sol da lua ou o mar da terra", ele lhe responde. Goldmund exclama:
"–Você não leva a sério minhas idéias.
– Narciso: É você que levo a sério.
– Goldmund: Você me toma por criança.

– Narciso: Eu o levo a sério quando você é Goldmund, embora não o seja sempre [...] Você é para mim muito pouco você mesmo."

Não se pode encontrar melhor invocação do sujeito. É nesse momento que se situa a segunda intervenção de Narciso como analista. Dessa vez ela não é intrusiva como fora da primeira (num propósito sedutor de "instauração da transferência"). Como a primeira surte efeito, é o próprio Goldmund que solicita a segunda: ele deseja continuar a entrevista. Isso permite que Narciso introduza: "Você esqueceu sua infância", depois "você dorme no coração de uma mãe". E em seguida, em seu impulso, acrescenta esta confissão: "Garotas são freqüentes em seus sonhos, nos meus são meus alunos." Surpreendido por essas palavras, e sem que se saiba quais o tocaram mais, Goldmund recusa novas lágrimas e desaparece.

Estamos num convento, ou seja, numa instituição. Como em toda instituição, o segredo é ao mesmo tempo a coisa mais preservada e a mais partilhada. Resumindo, a circulação das informações é submetida a leis complexas que regulam ao mesmo tempo as trocas inter-humanas e a tópica inconsciente. Narciso fala de Goldmund ao padre superior, que se lembra então, de repente, daquilo que o pai de Goldmund disse a ele ao lhe confiar o filho: existe aí como que uma supressão de recalque por pessoa interposta, supressão de recalque permitida pelo processo de discurso que implica toda a comunidade. A mãe de Goldmund teria coberto seu pai de vergonha por sua conduta. Esse pai teria se esforçado para sufocar no filho pequeno a lembrança da mãe e os vícios que teria herdado dela: havia conseguido e a criança estava disposta a oferecer a vida a Deus em expiação pelos erros maternos.

O efeito da interpretação de Narciso (Goldmund estava petrificado quando ele lhe disse que tinha esquecido sua juventude e sua mãe) é surpreendente: Goldmund sonha pela primeira vez com a mãe e lembra-se que ela era assunto tabu. Ele não tinha direito de falar dela: era dançarina e, embora fosse de alta origem, teria retomado as antigas práticas depois do casamento. Ele toma consciência de que a tinha considerado até então uma bruxa, quando em seus sonhos ela é ao mesmo tempo madona e amante. Quanto ao pai, ele acreditava amá-lo e ser semelhante a ele quando confundia seus desejos com os dele: de repente sua figura se torna "mesquinha, aborrecida e quase antipática". Com isso, poderíamos dizer que Goldmund está melhor e pronto para voltar ao mundo. Mas dois fatos completam e autenticam essa história visivelmente analítica[7]. Primeiro, do lado do analisando. Este não está quite, sua própria dívida faz nascer em si um amor de transferência excessivo que não tem como desestabilizar o amigo. Em seguida, do lado do analista, Narciso assume seu ato. Tem até uma frase, admirável pela coragem de defender o "desejo do analista" contra a instituição: "Mesmo que amanhã você ponha fogo em nosso belo monastério e parta pelo mundo anunciando alguma louca heresia, não lamentarei um instante sequer tê-lo ajudado a encontrar seu caminho."[8] Melhor ainda, o analisando vê nascer em si o desejo de ser analista: "De onde vem seu conhecimento sobre os homens? Posso também adquiri-lo?", pergunta ele. Quanto ao analista, ele se agarra a seu desejo: "No centro de sua vida, havia o serviço do espírito, o serviço da palavra", contra seu gozo: "Não tenho direito de amar."

Portanto, contra sua vontade, e apesar de suas inclinações, como insiste excessivamente Hermann Hesse, Narciso o analista desperta em seu aluno um desejo heterossexual, culpabilizado, oculto sob uma homossexualidade transferencial ligada a seu Édipo invertido. A seqüência é literalmente nostálgica. Goldmund freqüenta muitas mulheres, pergunta-se por que elas voltam ao marido para apanhar, e toma consciência de que sua infância chegou ao fim!

Assim, concluirei com o processo de adolescência, a "revolução" desprezada por Lacan. Goldmund torna-se escultor,

..................

7. Muito mais que o fato de Narciso e Goldmund, como se disse, serem os dois aspectos do autor.

8. "Ao me libertar, insinua Goldmund, você fez com que o claustro perdesse um noviço!"

essa sublimação permite que ele crie uma obra-prima: uma estátua de são João que tem os traços de Narciso. A lembrança de seu analista (teria até dado dois ducados de ouro para falar com ele) é erigida como obra de arte. Como não ver nela uma forma do ideal do eu? O processo analítico confunde-se aqui com o processo da adolescência. O fim de sua adolescência (ou de sua análise) caracteriza-se por este emblema, a estátua, símbolo paterno que ele cria para atenuar a falta e a ausência. Nesse sentido, embora isso tome no romance a forma de uma espécie de totem, pode-se falar de *introjeção* do ideal do eu. Assim a adolescência termina, depois do desencadeamento do imaginário, por esse luto eminentemente construtivo.

## A TRANSFERÊNCIA ADOLESCENTE

### Nascimento da transferência

Freud descobre a transferência a partir da prática do método catártico, investigação sobre a lembrança patogênica que provoca a ab-reação por sua tradução verbal. Os pacientes que entram no jogo, ou seja, se submetem ao médico e confiam nele, reconhecem, diz ele, uma *"importância capital"*[9] na relação que travam com ele. Parece, acrescenta Freud, que "essa influência exercida pelo médico é a própria condição da solução do problema"[10].

Um pouco mais tarde, quando abandona a hipnose, Freud chega ao mesmo resultado, mas ele precisa insistir, o que lhe custa muitos esforços. O abandono da hipnose revela a amplitude da resistência. Essa resistência é semelhante à defesa que fabricou o sintoma, e ela continua no tratamento a recusar-lhe sua resolução pela associação verbal: "É aqui que surge a trans-

---

9. S. Freud, "Psychothérapie de l'hystérie", *in Études sur l'hystérie*, Paris, PUF, 1956, p. 214; PUF, 1970, p. 55.
10. *Ibid.*

ferência", dirá Freud cerca de dezessete anos mais tarde[11], precisamente porque "a idéia da transferência é obtida, de preferência a todas as outras associações possíveis, ao se precipitar até o consciente, *justamente porque ela satisfaz a resistência*"[12]. A transferência é, portanto, ao mesmo tempo o que abre o inconsciente e o que o fecha[13]. E essa dicotomia lhe é consubstancial: é o que Lacan formalizará muitas vezes, inicialmente separando uma transferência imaginária de uma transferência simbólica. A primeira caracteriza-se por uma relação de igual para igual, de eu para eu, na qual o analista é um pequeno outro amável ou detestável; a segunda é o efeito de uma fala plena dirigida a quem pode ouvi-la. Portanto, a primeira está do lado da resistência; a segunda do lado do progresso. Freud já tinha formulado isso quando distinguiu a famosa transferência amigável e terna que favorece as associações de uma transferência erótica positiva ou negativa que inibe a perlaboração[14]. Em seu esquema L[15], Lacan representou o cruzamento desses dois eixos simbólico e imaginário na relação do sujeito com seu inconsciente, chamado grande Outro e encarnado pelo analista. O primeiro eixo (simbólico) "liga" o sujeito ao grande Outro, mas esse eixo é pontilhado para mostrar que a ligação é precária e aleatória. O segundo (imaginário), perpendicular ao primeiro, liga o eu do analista ao eu do paciente e forma como que um filtro imaginário do eixo simbólico. O trajeto do sujeito até o Outro, dado que se apóia num discurso efetivamente articulado, o que Lacan chama de discurso intermediário, é inscrito em negrito e traça um ziguezague que passa pelos eu. "É, portanto, na medida em que o analista faz calar em si o discurso intermediário para se abrir à cadeia das

...................

11. "La dynamique du transfert", in *La technique psychanalytique*, Paris, PUF, 1970, p. 55.
12. *Ibid.*, p. 55.
13. Segundo a expressão de M. Safouan, in *Le transfert et le désir de l'analyste*, Paris, Seuil, 1988.
14. "La dynamique du transfert", *op. cit.*
15. Cf. esquema L, p. 95.

falas verdadeiras que pode colocar sua interpretação revelante."[16] A dicotomia da transferência tomará em seguida em Lacan duas outras formas: a do sujeito suposto saber e a do objeto pequeno *a*. Formas opostas por excelência, uma vez que a primeira faz com que o analisando acredite que o analista conhece seu desejo, ao passo que a outra encarna esse próprio desejo. No primeiro caso, o analisando pode pensar que tem direito de se calar, no outro é o objeto analista que o faz falar. O primeiro incita à passividade narcísica e à demanda de amor, o segundo ativa o desejo.

## A transferência entre amor e desejo

A análise feita por Lacan do *Banquete* de Platão ilustra primorosamente a tensão entre amor e desejo, resistência e progresso, transferência imaginária e transferência simbólica. Alcibíades, embriagado, irrompe na casa de Agathon para coroar aquele a quem chama de "o mais sábio e o mais belo", ou seja, *kalós kagathós*, que é o *ideal grego* por excelência. Senta-se ao lado de seu eromenos (o amado) sem se dar conta de que Sócrates está ao lado dele. A partir de então, seu interesse se volta para Sócrates, a quem vai declarar uma paixão transferencial tão ambígua quanto pode ser em psicanálise, isto é, em seu duplo aspecto imaginário e simbólico. Inicialmente, trata Sócrates como um *rival* e um perseguidor no qual projeta seu próprio ciúme (portanto um pequeno outro), depois pretende vingar-se dele dizendo a verdade, a que Sócrates o encoraja vivamente, enfim ele faz seu elogio. Tudo acontece como se o desejo que ele tinha por Agathon já não tivesse interesse (retira a coroa deste para colocá-la na cabeça de Sócrates) e somente Sócrates pudesse então lhe apresentar alguma coisa. Essa transferência de objeto se efetua caricaturalmente. Alcibíades procura seduzir Sócrates da forma mais grosseira possível. Fala dos encantos dele e fantasia que uma aproximação

---

16. J. Lacan, *Écrits*, Paris, Seuil, 1966, p. 353. Citado por M. Safouan, *op. cit.*

com o mestre permitirá que obtenha seu saber. Contudo seu elogio é perfeitamente articulado: Sócrates é feio, mas possui belezas ocultas – os agalma –, que, assim como as representações dos silenos, velhos sátiros, encerram estátuas de deuses. Por menos bonito ou desejável que seja, Sócrates possui no entanto o *segredo* do belo e do desejável. Projeção de Alcibíades? Sem dúvida, mas projeção, ou antes, crença fecunda: Sócrates tem o segredo daquilo que lhe falta para atingir seu desejo[17]. De momento, Alcibíades se deprime. Diante dessa imagem da fusão narcísica do sujeito com o objeto, ele se sente uma alma de escravo, acha sua vida insuportável, tem vergonha e enrubesce. Sócrates é para ele um ideal inacessível, o sujeito suposto *saber*, daí a demanda sexual que lhe dirige. Sócrates, evidentemente, recusa, o que Alcibíades, envolto na problemática do eu ideal, interpreta de maneira megalomaníaca: "Você está hesitando em declarar-se", diz a ele. Mas Sócrates o põe literalmente em seu lugar: não sou eu que você deseja, mas Agathon. O amor louco de Alcibíades por Sócrates é interpretado por este último como defesa contra seu desejo. Esse amor é, portanto, uma transferência que ele *atua* como um disfarce: se fazer o objeto ou o Agathon de Sócrates para mascarar seu desejo de sujeito por Agathon.

O *sujeito suposto saber*, Sócrates, é também o ideal, ideal do eu que detém o segredo do desejo, ou seja, o objeto pequeno *a*. Mas como explicar esse desvio de Alcibíades – ou o que nossos pacientes fazem – senão pelo fato de que o objeto de seu desejo precisa permanecer oculto, não se descobrir cedo demais, como se esse objeto participasse da sua construção de sujeito, como se ele fosse o produto de uma articulação significante ainda recalcada? É nesse sentido que se pôde dizer que a transferência, a aptidão para a transferência característica dos neuróticos, preexistia à psicanálise, que apenas a reconheceu. A análise participaria, portanto, da construção do sujeito,

---

17. Definição do amor para Freud: "O que se ama é aquilo que falta ao eu para atingir o ideal" ("Para introduzir o narcisismo").

e é nisso que não se pode qualificar a transferência unicamente como *repetição*: como diz Lacan, "há sempre na transferência alguma outra coisa além da simples repetição, um amor presente no real"[18].

## A transferência adolescente

A leitura lacaniana da transferência dá um sentido, ou antes, uma significação, ao comportamento de Alcibíades. Ela denomina transferência o que os antigos chamavam simplesmente de amor. Mas, devido a isso, a distingue do *desejo*, e essa distinção nos parece hoje evidente: "O desejo não concerne ao objeto amado, somente o amor permite ao gozo condescender com o desejo, e o amor é a sublimação do desejo", pode dizer Lacan[19]. Essa leitura, proveniente do tratamento analítico, permite qualificar analiticamente comportamentos até então triviais. Ora, na gama dos comportamentos triviais do adolescente, o amor transferencial é corrente, se não interpretável: acabamos de lê-lo em Hermann Hesse com a história de *Narciso e Goldmund*. Anna Freud, desamparada diante dos adolescentes, havia contudo compreendido bem em que esses comportamentos eram uma *transferência* do amor pelos pais – tornado insuportável – para outro objeto a que se atribui qualidades até então atribuídas aos pais adorados. Mas como, ou antes, *por o que* reconhecer esse amor, designado como transferência pela psicanálise?

• Seu objeto é contingente como deve ser. Pouco importa o sexo (ele é de fato *bissexual*) e a idade. O que conta é que ele possa oferecer uma superfície de projeção plausível, ou seja, misteriosa e atraente. Mediante isso ele mobiliza todo o investimento do sujeito. É o que Freud chamou de *fixação*, termo que os adolescentes endossaram sem saber. Evidentemente, essa fixação freudiana

---

18. J. Lacan, *Séminaire sur l'Angoisse*, Seuil, 2004.
19. J. Lacan, *Séminaire sur l'Angoisse*, op. cit.

não deixa de lembrar o recalque primário e as forças de vida e de morte que estão associadas a ele. Isso não impede que, uma vez passada a fase da adolescência, esse objeto possa ser descartado como um velho andaime que deixou de ser útil, mas subsiste um resto.
- Custe o que custar, *a distância* deve ser mantida com o objeto. Por isso, raramente há realização sexual. Essa ausência de realização não implica, contudo, que não se trate de uma conduta atuada. Mas a distância é necessária ao mesmo tempo para evitar encontrar o Outro e para poder se identificar com ele com toda liberdade. Portanto, estamos imersos aparentemente em pleno narcisismo. Mas esse narcisismo não é sinônimo de *imaginário*. Ele fornece, como se disse, um verdadeiro apoio, apoio maciço e frágil ao mesmo tempo, indispensável à eclosão do sujeito. Em que esse apoio não é puramente imaginário?
- O *véu*. Porque esse objeto enigmático e distante é também um objeto oco que contém o mistério do desejo, um mistério *velado*[20]. Como não reconhecer nesse véu o *recalque*, ou seja, a instância edipiana recalcadora por excelência que é o ideal do eu, verdadeiro véu, escreve Lacan, que se "forma com o recalque do desejo do sujeito pela adoção *inconsciente da imagem do Outro*, que, desse desejo, tem o gozo com o direito e os meios"[21]? E como não ler nessa imagem do Outro a forma ou a presença da instância paterna, instância cuja função é selada pelo processo adolescente?

Essa transferência adolescente narcísica, fora do tratamento e atuada, é uma proteção contra o amor genital, que, por sua vez, é objetal. E isso na medida em que o amor objetal não o é verdadeiramente quando se trata, por exemplo, do estado amoroso, e até mesmo do amor louco, mais freqüentes

............
20. O que representa bem a alegoria do santo Graal, taça coberta com um véu, em busca da qual saem os cavaleiros da Távola Redonda.
21. J. Lacan, *Écrits, op. cit.*, p. 752.

nessa idade. O amor louco com efeito abole as fronteiras ou as barreiras do eu e do Outro; o sujeito se faz objeto e o objeto – aqui a Coisa – sujeito num transitivismo angustiante e despersonalizante. Por isso, é vital proteger-se deixando a Coisa a salvo do ideal do eu encarnado pelo objeto da transferência.

## A transferência adolescente em análise

Todo o problema está em saber se a análise, mais precisamente o dispositivo analítico, mas sobretudo o analista, está à altura dessa transferência adolescente no entanto prototípica da transferência analítica. Duas observações de Freud nos convidam a essa reflexão. A primeira: "Acontece de não termos tempo de passar as rédeas da transferência para os instintos selvagens."[22] A segunda: "O próprio analisado não pode alojar todos os seus conflitos na transferência."[23]

O exemplo clínico que vou apresentar ilustrará a dificuldade da análise da transferência adolescente na medida em que ela participa, mais do que em qualquer outro momento da vida, da construção do sujeito através do processo de adolescência. *Fabrice* tinha 18 anos quando uma crise de angústia cataclísmica fez com que ele empreendesse uma análise que durou mais de doze anos. Insistirei aqui somente na problemática transferencial extremamente presente desde o início, e isso praticamente a cada sessão. Dividi essa longa análise em seis fases importantes.

### Uma transferência hipnótica

Logo no primeiro ano se instala uma transferência maciça que poderíamos qualificar de materna: "Gostaria que você me pegasse", e que marca a neurose de transferência. Todos os

---
22. S. Freud, "Répétition, remémoration, élaboration", *in La technique psychanalytique*, Paris, PUF, 1970, p. 113.
23. S. Freud, "L'analyse avec fin et l'analyse sans fin", *in Résultats, idées, problèmes*, Paris, PUF, 1985, p. 248.

seus sintomas desaparecem de fato e ele diz: "Agora, o problema é você."

Essa transferência é ciumenta e exclusiva, mas na projeção. Fabrice tem muita dificuldade em imaginar uma relação com uma garota: pensa mesmo que seria para evitar "ficar apaixonado por [seu] analista"! "Quando digo que estou apaixonado por uma garota ou por você, isso perde a força: você ou ela, vocês são suportes que estão aqui porque é necessário, mas que não têm nada de real. O que sinto por você, por ela, é o *mesmo amor*, mas o que sinto pela garota eu não recuso. O amor por alguém é uma busca de si, é puramente egoísta. Agora eu gostaria de um absoluto, um fim."

Esse amor de transferência desaba nele por causa da regra analítica: "Aqui as coisas falam por si sós, é como se eu estivesse sob hipnose", e essa regra comanda, para ele, uma fusão que ele espera: "Gostaria de estar com você em minha cabeça." Não é preciso esclarecer que a configuração edipiana é um tanto incestuosa: a mãe o pegava em sua cama e acariciava seu bumbum até uma idade relativamente avançada.

Mas a decepção sobrevém fatalmente: "Eu vinha buscar amor. Você não faz o que eu queria", seguida de uma espécie de perseguição: "Você está brincando, tem o olhar crítico", e de agressividade: "Você me aborrece. Quando você interrompe a sessão, tenho vontade de mandá-lo à merda." Ele tem então uma primeira relação sexual com uma garota, o que é bastante trabalhoso, mas sobretudo o medo *"de ver seu sexo de frente sem que isso lhe cause alguma coisa"* o faz se refugiar novamente na transferência inicial.

*Como fazer o menino desaparecer?*

A fase seguinte parece fazer com que ele renuncie a sua virilidade nascente e hesitante. A exclusividade da transferência se confirma, a solidão também. E essa exclusividade pode questionar todos os analistas, uma vez que é resultado de uma estrita aplicação da regra, ou melhor, de uma inteligência analítica de que deixo a vocês o julgamento: "Meu colega Julien imagina a análise para resolver seus problemas. É limitado, mas deixo que ele fale. Em análise, a importância é o vínculo entre você e mim, *aliás não sei o que você quer de mim?* Eu não poderia ser analista porque ficaria apaixonado por meus pacientes. De fato, você não existe como pessoa e assim pode-se ir em todos os sentidos: não consigo estabelecer contato com você, isso é coisa minha, mas eu precisaria sentir algo de sua parte e nunca fico satisfeito com você. *Você me compreende ou está fingindo?* Como eu poderia saber?"

O horror da castração faz com que Fabrice regrida a uma posição feminina: tem vergonha de ser viril, sonha que seu sexo é escamoteável, diz amar seu lado feminino, em suma não sabe o que fazer para se livrar de um sexo importuno. Mas ele não assume essa posição, um novo sintoma o prova: trata-se de uma necessidade imperiosa de urinar que será transitória. Em contrapartida, aparece uma fobia dos transportes que vai persistir de modo mais ou menos intenso.

A emergência de sua heterossexualidade se afirma seguramente mas timidamente: "Não consigo me sentir homem. Quando faço amor com uma garota, sinto algo esquisito. Digo para mim mesmo: não sou eu que estou fazendo isso, não posso fazer uma coisa dessas. Quando ejaculo, penso: não está certo, é brutal. Eu me pergunto o que a garota está pensando. Tenho a impressão de que ela não está com vontade, que isso a incomoda." Paralelamente, é claro, a transferência (materna) torna-se persecutória: "Digo para mim mesmo que você acha que é errado, você me dá medo. Minha mãe não sabe criar meninos. Quando ela vinha a meu quarto, me deixava nervoso."

*A adequação do discurso com os atos*

O período que segue mostra um apaziguamento espantoso dos conflitos que agitavam Fabrice. A transferência lhe parece uma coisa natural: "Se confiar-se provoca sentimentos, diz ele, é preciso administrá-los." Essa aceitação vai de par com um reconhecimento real de sua bissexualidade. Aliás, ele conclui: "Estar bem com você não é estar bem comigo?" E a análise é para ele o único lugar em que, de algum modo, "tem direito de ter relações com um homem", realizando no sentido pleno do termo a sublimação que o espaço analítico permite.

De repente, a análise lhe parece algo formidável: "Acho que estou vivendo algo único e, no entanto, passo o tempo todo me queixando." Isso lhe permite algumas perguntas construtivas, como por exemplo: "Como é que minha mãe pode amar meu pai, se ela não ama os homens?"

A transferência positiva continua extremamente investida. "É para [mim] um apego que recuso porque não vai dar em nada, ele confessa. Devo encontrar uma contrapartida ao que dou." E ele tem a forte impressão de que sente agora alguma coisa bastante real, o que só posso aprovar.

*A recusa da demanda*

A fase seguinte mostra que Fabrice compreende, enfim, que é justamente a recusa de sua demanda que lhe permite existir, o que ele resume assim a seu modo: "E se, em vez de vir aqui, eu fosse ver outra pessoa que me desse carinho, prazer?... Se você me amasse, seria o fim: eu ficaria deprimido." Não foi fácil para ele confessar isto: lembra-se de ter desejado estar *em mim*, numa fusão total, e de se queixar de não receber o que queria. Mas essa demanda é agora ambivalente: "Quero ficar e quero ir embora." Como, de acordo com ele, eu previ tudo, sou um ogro, ou mais exatamente um objeto pequeno *a* causa de seu desejo: "É para você que digo as coisas, é você que ganha nessa história." Então, ele se vê como *escravo*, e eu sou seu tirano: "Você é meu carrasco, eu lhe estou mesmo assim ligado." (*sic*) E sonha que eu lhe "inflijo serviços sexuais".

Ele descobre que o pai é um mentiroso: "Não falava, queria esconder o que era. Finge ser mulherengo, faz bronzeado artificial, gaba-se de suas aventuras femininas quando bebe um pouco." Sonha que ele violenta a mãe ou que a irmã o masturba, mas o incesto até então reivindicado se torna "uma tara que merece prisão".

Fabrice ainda continua no discurso analítico: "Outro dia falei para não dizer nada. Prefiro falar para me lembrar e descobrir coisas, e não para descobrir a realidade. Sempre acho que as palavras são coisas. Uma palavra é uma palavra quando se consegue destacá-la da coisa. Quando somos pequenos, não sabemos fazer isso."

*O amor transferencial como defesa contra o amor*

Fabrice começa a considerar o fim da análise: diz que já não tem vontade de falar *comigo*. Fala no passado da exclusividade que me atribuía. Mais que isso, dá-se conta de que foi a *transferência* que fez aparecer a mãe de sua infância: "Eu a considerava morta e foi você que a ressuscitou. Com ela", reconhece, "não percebi nada. Foi com você que revivi tudo. Você ocupou o lugar que eu quis dar a você, mas estou muito contente que tenha ocupado esse lugar. Você substituía minha mãe, e por isso ela tinha desaparecido. Você me disse: Mesmo uma mãe não sabe tudo sobre o filho. Isso ressaltou o que eu queria, mas eu não o tive."

Mas Fabrice percebe, sobretudo, uma diferença essencial entre transferência e amor. Descobre: "Eu me impedi de amar você", o que é espantoso quando nos lembramos da transferência materna maciça do início. E acrescenta: "Se eu tivesse dito que amava você, eu teria dito mais coisas. Eu me defendo de você: você me dá medo, isso me mata. Eu disse que estava apaixonado por você; isso já não representa nada para mim, é como se eu *precisasse dizê-lo*. De fato, é esse sentimento que me impede de analisar. Ele é destrutivo, me impede de falar."

Ao mesmo tempo, Fabrice elabora sua desilusão: "Tenho cada vez mais impressão de falar com *você* para *você*. Não gosto de lhe contar algumas coisas, porque tenho a impressão de que isso lhe agrada. O que você é para mim? Eu venho por sua causa. Deixar você me parece insuperável. Na minha relação com você, sou apenas uma *larva*. Como me desvencilhar de você? Matá-lo?"

## Serei sempre apenas eu

No entanto, a conclusão da análise vai acontecer a partir do luto de uma relação com a mãe que nunca pudera ser pensada e que foi revivida na transferência: "Minha mãe me pedia alguma coisa que eu não lhe podia dar e ao mesmo tempo ela me rejeitava, pois chamava os homens de tipos desprezíveis." Seu ser afirma-se cada vez mais a partir de uma constatação anterior que mostra quanto ele segue a regra analítica: "*Quando associo, já não sou eu.*" E constata: "Serei sempre apenas eu", mas isso para estabelecer cada vez mais sua posição de sujeito: "Só existe você, e *eu* não quero isso. *Eu* já não tenho vontade de me ouvir falar. A solidão, eu a impus a mim. Estive sozinho, depois com você, depois de novo sozinho. A exclusividade que *eu* devia para você: de fato *eu* não fiz senão agir. Enfim, gostaria de *dizer outra coisa*. Estou em *minhas* mãos, preciso escapar disso."

De repente se coloca a questão do imaginário: "Houve momentos extraordinários aqui. Fui eu que os deixei assim? Explique-me o que aconteceu com essa garota: no fundo, *você não sabe*."

Mas ele reconhece sua dívida: "Roubaram minha vida, é por isso que estou aqui. No dia-a-dia, praticamente suprimi a angústia. Você desempenha seu papel e eu quase me queixaria disso."

## Transferência adolescente fora do tratamento e no tratamento

Aí termina essa análise longa mas necessária. Não podemos dizer, em oposição ao que foi formulado por Freud, que *a transferência adolescente* habitou inteiramente a transferência analítica e que esta continha realmente toda a problemática do sujeito? A transferência maciça pôde parecer, por causa disso, essencialmente *materna*. Acredito que ela era antes paterna no sentido de uma paixão pelo pai que nunca poderia ser vivida e menos ainda exprimida. É o que mostra esta associação de Fabrice: "Meu pai nunca falou comigo. A energia deve ser conseguida em algum lugar. Eu a consegui aqui há algum tempo."

Mas falei de transferência adolescente fora do tratamento. Antes de me encontrar, Fabrice fez uma transferência para um ídolo, o vocalista do grupo The Cure, Robert Smith, uma perfeita figura bissexuada. Ora, essa transferência continuou a evoluir paralelamente com o tratamento (convém dizer) da seguinte maneira:
• Ele não falou sobre isso durante a primeira fase.
• Ele reconhece na segunda o que o interessa, é o aspecto andrógino do vocalista, mas acredita que existem outras razões ocultas, do contrário, diz ele, não precisaria de antolhos. Além disso, continua encantado por ele. Gostaria de parecer com ele, passar batom como ele. Diz que Robert Smith é "ao mesmo tempo um pai e uma mãe" e nota que eu divido o lugar com ele. Infelizmente, no fim dessa segunda fase, fica consternado por já não amá-lo como antes, pois ele não representa mais nada. Enfim, já não aceita sonhar com ele.
• A terceira fase faz com que ele coloque de novo a questão de seu ídolo. Mas dessa vez para reconhecer que ela dissimulava o problema da homossexualidade. Então, sente vergonha disso e se acha muito velho para essa paixão adolescente.
• Somente na quinta fase, depois de ter se perguntado sobre o que eu representava para ele, confessa ter voltado a escutar o disco de *seu ídolo*. Essa será sua última evocação de tal paixão.

Para concluir, direi que essa análise se ajustou ao processo adolescente. O ídolo desaparece progressivamente em troca da transferência, ou antes, a transferência adolescente para o ídolo desaparece em benefício da transferência analítica. O ideal do eu se constrói a partir do eu ideal e na projeção, ele não pode ser introjetado como tal antes de sua construção estar terminada. Por essa razão, pude dizer que a transferência analítica substituía a transferência adolescente[24]. Em seguida, e,

..........
24. A análise permite que ele permaneça o tempo que for necessário... para compreender.

como em toda análise, o analista declina, vai abaixo literalmente. Esse declínio acompanha o declínio do eu ideal: "Serei sempre apenas eu." É o que marca a introjeção do ideal do eu, o fim da análise... e o fim da adolescência.

Mas nem todo adolescente é capaz de associar suas idéias no divã, como Fabrice consegue fazer. A maioria fica até mesmo bloqueada diante do psicanalista, a ponto de reclamar quando é questionada. No entanto, esses adolescentes sofrem e precisam e têm (muita) vontade de falar. Nesse caso, o jogo de papéis a dois (terapeuta e paciente), ou ainda o psicodrama individual podem ajudá-los consideravelmente, e até levá-los a encarar um tratamento.

## COMO O PSICODRAMA INDIVIDUAL ANALISA A DESCONFIANÇA DOS ADOLESCENTES PARA COM A PSICANÁLISE?

Vejamos um diálogo entre um jovem que decidiu fazer análise e um velho caminhoneiro que o está prevenindo. Reproduzo essa troca quase palavra a palavra. É o velho que começa:

"– E você sabe bem o que vai fazer agora, ou isso te escapa?
– A respeito de quê?
– Quero dizer que você vai confiar o cuidado de sua alma a um psicanalista. Mas o que é um psicanalista? Eu ficaria surpreso se você o soubesse. Ora, como você o ignora, também não sabe para quem está entregando a alma, se é para o seu bem ou para o seu mal.
– Acho que eu sei.
– Então diga. O que é um psicanalista para você?
– Alguém que sabe.
– Mas existem outros que sabem!
– Mas ele conseguirá fazer com que eu diga o que não sei.
– Você sabe então a que perigo vai – para isso – submeter sua alma? Se você precisasse confiar seu corpo a alguém com o risco de fortalecer ou de prejudicar a saúde, você pensaria

duas vezes antes de se submeter ou não aos seus cuidados, consultaria os amigos e os pais e refletiria sobre isso mais de um dia. E, para uma coisa que você coloca muito acima de seu corpo, para sua alma de que depende todo o seu destino, você não consultou nem seu pai, nem seu irmão, nem nenhum de nós, seus amigos, para decidir se deveria ou não confiá-la a esse estranho que acabou de chegar."

Eu disse que reproduzi essa conversa *quase* palavra a palavra. Troquei apenas uma: *psicanalista*, que coloquei no lugar de *sofista*. De fato, esse diálogo data do século de Péricles, o século V a.C.; o jovem se chama Protágoras e o velho Sócrates! Como se percebe, a desconfiança para com o outro, aquele para quem nos confiamos, ao mestre para quem nos remetemos, não data da psicanálise, mesmo que esta tenha herdado os temores ancestrais que a idéia da influência de um homem sobre outro pode suscitar.

Essa idéia, é verdade, tem algo de terrificante quando se concretiza naquilo que Freud magistralmente analisou nos fenômenos das multidões: ele diz que cada indivíduo pôs seu ideal do eu num condutor único a quem obedece como à sua consciência, ao passo que se identifica com os outros como a outros ele mesmo. Pode-se falar de transferência num caso como esse? Certamente, mas isso não resolve nada, uma vez que sua análise é impossível, e todo o dispositivo, ao contrário, está presente para mantê-la. Chamar isso de transferência, ou seja, considerar o fenômeno preocupante da dominação psíquica, cientificamente, tem algo de tranqüilizador. Contudo, mesmo em análise, onde esse fenômeno concerne a duas pessoas apenas, o meio do analisado fica muitas vezes estupefato pela importância consciente e inconsciente que o analista assume na vida, nas escolhas, nos pensamentos e nos sonhos de seu paciente. O próprio analista sabe alguma coisa sobre isso? Não se pode afirmar. Corriam rumores, no tempo de Lacan, de que ele e seus alunos não analisavam a transferência. Talvez. Estes, em todo caso, podiam responder que toda análise é uma análise da transferência e que conseqüentemente cabia ao analisando fazê-la associando: acabamos de ler todas as suas facetas no capítulo precedente com o relato da análise de Fabrice.

## Desconfiança de transferência ou desconfiança da palavra livre?

Percebi que, sem querer, falar de desconfiança para com a análise me levou – por intermédio dos sofistas, é verdade – a pensar que essa desconfiança estava ligada à transferência, ou seja, ao apego tão necessário quanto obrigado que liga o paciente a seu analista e que inquieta o profano, adolescente ou não, por seu aspecto automático, misterioso e inconsciente. Mas, se seguíssemos esse fio, a desconfiança para com a análise seria então uma desconfiança da transferência... e quem diz desconfiança interpreta dúvida... medo, defesa, e não é preciso ser *expert* para associar logo com: desejo, necessidade alucinada, avidez culpada. Mas todos esses sentimentos, pensamentos ou afetos preexistem, como estamos vendo, a toda passagem pelo divã. A psicanálise seria somente o revelador disso e seu dever consistiria precisamente em analisá-los para *dissolvê-los*, se o sentido etimológico é retomado, dado que é próprio da ética da análise libertar o paciente de suas dependências. Admitamos que a desconfiança para com a psicanálise seja devida a um temor da transferência, temor acentuado pelo caráter teoricamente obrigatório do sentimento, mesmo que, diga-se de passagem, esse sentimento não seja forçosamente consciente nem forçosamente positivo! Ora, justamente a transferência não é *um*, não se instala de forma imediata, e adquire aspectos inesperados. Se, como diz François Perrier, ela vem preencher o que faltou na história do sujeito, Deus sabe a que santos essa falta pode remeter. Sabe-se que Freud distinguia três transferências: duas transferências *positivas*, de que somente uma é capaz de tornar-se consciente, é a famosa "transferência amigável e terna"; a outra transferência positiva junta-se à transferência negativa, uma vez que ambas têm fundamentos eróticos e prolongamentos inconscientes[25]. Ora, todo o problema da análise da transferência, vocação permanente da análise, é saber se o dispositivo analítico – isto é, o espaço, mas também a técnica – permite a análise dessas "transferências cujos prolongamentos se encontram no inconsciente", ou seja, de todos os pacientes que, ao contrário de Fabrice, desconfiam com toda razão da psicanálise, pois receiam a associação livre que permite uma transferência "amigável e terna". Como sabemos agora, esses pacientes não são incapazes de transferência. Muito pelo contrário, a força da transferência impede sua tradução verbal e proíbe o jogo dos pensamentos contrários, tudo o que fica normalmente como terceiro no espaço analítico. Ou a análise se torna então o campo impossível da paixão amorosa: para a paciente, vir ver seu analista se torna um sofrimento intolerável. Ou, ao contrário, o espaço analítico protege de todo sentimento. "Estou bem aqui, me diz um paciente anoréxico, que antes tinha me assegurado que melhorar para ele seria não ter mais desejo, aqui pelo menos tenho certeza de que *não acontecerá nada*"! Entre o nada e o demais, ambos podendo ser qualificados literalmente de *pulsionais*, coloca-se a questão da fala em psicanálise. Ou, de fato, a pulsão é *representada* pela linguagem: ela a ocupa, a alimenta, a anima, e a linguagem se torna portanto pulsional. Ou, ao contrário, ela a ignora, ou a deserta, vira-lhe as costas, e a partir de então linguagem e pulsão são duas. Neste momento, falar não quer dizer nada e a pulsão se traduz pelo ato chamado de *acting*, quando se compreendeu de que sentido ele tomou o lugar. Nos casos de transferência erótica, positiva ou negativa, é evidentemente a pulsão que prevalece sobre a linguagem, o que coloca para o analista um sério problema de técnica. Ou, de fato, ele permanece neutro, impávido e silencioso, o que é uma atitude defensável mas aleatória. Ou, ao contrário, ele intervém, questiona, fala e isso é bem mais

...................
25. "La dynamique du transfert", *in La technique psychanalytique*, Paris, PUF, 3ª. ed., 1970, p. 57.

fácil quando ele tem experiência e não se preocupa constantemente em saber se faz análise pura ou psicoterapia. Foi o que aconteceu com Sandor Ferenczi, que, nos casos difíceis, aceitava representar com seus pacientes. Era assim também, de um certo modo, que Jacques Lacan praticava, encenando literalmente a sessão de análise. No primeiro caso, o analista representa, custe o que custar – convém dizer –, seu papel de grande Outro, e isso é válido na medida em que é dele que o paciente espera a "palavra que cura", do contrário o grande Outro é apenas um instrumento do destino, supereu terrível, indutor de passagens ao ato: é difícil explicar as coisas e decidir-se pelo silêncio é não somente arriscado como também inútil. No segundo caso, o analista pratica uma espécie de sucedâneo de psicodrama; endossa um pouco o hábito do *alter ego*, do pequeno outro, sem por isso abandonar sua função. Mas essa ginástica tem aspectos sedutores e excitantes que podem induzir a derrapagens. Aqui também são evidentes os limites da técnica. Nos dois casos, de qualquer modo, coloca-se a questão do *discurso* do paciente: silêncio ou verborréia como supus, os efeitos de uma transferência intensa demais, discurso, se é possível denominá-la assim, que não tem as características da *associação livre*. Se, com seu talento habitual, Freud detecta no silêncio uma atitude homossexual passiva inconsciente, a verborréia, por sua vez, agride diretamente o psicanalista. "Mas vejamos", diz o paciente a quem se aponta isso, "digo entretanto tudo o que me passa pela cabeça!", quando vai de um assunto a outro cuja característica é a ligação *metonímica* dos significantes da cadeia. A verborréia com efeito é um discurso superficial, às vezes difícil de reconhecer como tal, pois o analista espera sempre o aparecimento de uma idéia inconsciente, reconhecível no entanto nas relações obrigatórias de *contigüidade* entre os significantes. Toda passagem de uma idéia a outra é explicável à demanda: trata-se ou de homofonia, ou de causalidade mais ou menos racional, ou de aproximação consciente de lembranças concomitantes. A experiência me provou não somente que não há nada para esperar de um discurso como esse, mas também que esse discurso consciente tinha como único objetivo reprimir um outro discurso: por essa razão, quando se solicita ao paciente que interrompa sua verborréia, ele responde sempre que estava de fato pensando em outra coisa. A associação livre ao contrário é feita, como tentei mostrar, de um encadeamento de idéias, ou seja, de *metáforas*. O vínculo entre elas não é portanto superficial, mas incomum, inédito, pois cada idéia é, de fato, a metáfora de um significante inconsciente, e essa metáfora o ajuda a transpor a barreira da censura.

## Como o psicodrama contorna as defesas

Apresento, portanto, a hipótese de que a desconfiança para com a psicanálise, que é, no fim das contas, algo partilhado pelos próprios psicanalistas e muito natural, remete de fato a uma desconfiança inconsciente – eu ia dizer à *desconfiança do inconsciente*. Seja ela devida à transferência ou não – pois, afinal, não se sabe nada disso por definição antes da análise –, essa desconfiança é a causa de uma impossibilidade de psicanalisar. Por que tantos casos desse tipo são encontrados apesar de tudo no analista em psicoterapia (para adolescentes) ou mesmo no divã? Simplesmente, porque sofrem, sabem que a psicanálise pode aliviar seus sofrimentos, têm consciência da origem psíquica de seus problemas. A questão é que são incapazes de outra coisa a não ser fazer uma narrativa ou queixar-se, ou ainda pedir: "Faça-me uma pergunta, doutor, assim será melhor!" Longe de mim a idéia de rejeitar esses pacientes: eu os considero, ao contrário, numa fase pré-analítica que pode ser qualificada de psicoterapêutica; para mim é o essencial da psicoterapia. Longe de mim também a idéia de recusar toda queixa ou toda narrativa de um tratamento analítico; a queixa ou a narrativa podem fazer parte da atuação transferencial. Contudo, não posso deixar de citar uma história que mostra bem como Lacan podia "representar o pequeno outro" para fazer a interpretação inaugural de uma posição analítica. Um jovem psiquiatra veio vê-lo para o que denominamos primeiras entrevistas com vista a um tratamento. Quando da primeira, ele se queixou longamente de suas dificuldades profissionais e conjugais. Lacan o escutou longamente em silêncio. Na segunda, mesmo discurso, o futuro paciente retomou todas as razões que tinha para fazer análise. Lacan continuou a escutá-lo. A terceira vez, mesma conversa. Então, Lacan fixou nele seu olhar inesquecível e com um grande suspiro de que conhecia o segredo soltou: "E eu... se você soubesse de todas as preocupações que tenho!..." Dessa vez, o paciente tinha compreendido o que era a análise e podia começar.

Contudo, há pacientes que não podem começar. Ou melhor, quando a análise seria a melhor terapêutica, mas os problemas exigem uma sedação urgente que não pode esperar o estabelecimento do dispositivo analítico clássico. Sua desconfiança inconsciente é tanto mais forte quanto temem a dependência que sua avidez exige. Com eles, podemos ir mais longe na análise dessa desconfiança inconsciente através do psicodrama individual, que lhes convém particularmente. Volto brevemente ao dispositivo do psicodrama para dizer que os psicanalistas distribuem seus papéis entre o grande Outro, desempenhado pelo diretor da encenação, e os pequenos outros representados pelos co-terapeutas em cenas escandidas pelas produções do inconsciente, induzidas pela encenação. Mas o grande Outro não está sozinho: está rodeado de pequenos outros que, com sua autorização, dizem o que pensam (em seu papel) e, por sua vez, o que dizem não é uma bobagem qualquer, isso se refere sempre ao objetivo psicanalítico de interpretar. O paciente pode representar o que quer, seus problemas tanto quanto possível, e é ele que escolhe os atores. No entanto, não se deveria acreditar que essa proposição atraente é suficiente para se lançar na via régia do inconsciente. Mesmo que os pacientes estejam menos desconfiados, porque o analista não está sozinho e haverá testemunhas, mesmo que conscientemente não tenham nada para esconder e possam dizer tudo diante de todos, a *desconfiança* de alguns permanece intacta: eles não têm idéia de encenação, ou ainda, não querem representar. Em suma, as mesmas razões que indicaram o psicodrama fazem com que ele seja momentaneamente impossível. Mas os psicodramistas estão acostumados com essas *resistências* e sua técnica os ajuda a contorná-las mais do que o tradicional cara-a-cara. Essas resistências adotam aqui a máscara da *inibição*. O que é a inibição freudiana? Como eu disse em outro texto[26], havia duas teorias, ou antes, dois tipos de inibição em Freud. O primeiro, extraído de *A ciência dos sonhos*, consiste num sobre-investimento pré-consciente das palavras para inibir as moções pulsionais inconscientes: trata-se aqui de uma inibição normal, desejável, do ato pelo pensamento; Freud diz que escapam disso, infelizmente, o infantil e o sexual. Notemos que essa inibição necessária é posterior ao aparecimento do recalque, mas necessária em fim de análise, quando se junta ao julgamento capaz de aceitar ou de recusar uma pulsão. O segundo tipo foi extraído de *Inibição, sintoma, angústia*[27]. Trata-se ao contrário da inibição do pré-consciente pelo inconsciente; é a inibição sintomática que nos interessa agora. Ela está associada ao recalque original, que vai atrair para o inconsciente o recalque *a posteriori* retirando seus representantes das pulsões. Esse recalque, ou seja, esse recuo do investimento verbal, é responsável pela paralisia do pré-consciente que impede a associação livre simplesmente por ausência. Daí os sentimentos de vazio, de branco, pelos quais os sujeitos procuram expressar seu bloqueio.

O diretor da encenação contorna essas inibições: "Isso aconteceria onde... com quem?", pergunta sem colocar diretamente a questão de uma cena, questão que evoca infalivelmente o *che vuoi?* (o que você quer?), assim como Lacan formula a inquietante pergunta do Outro, com um O maiúsculo, sobre o desejo do sujeito. Ou ainda, se o paciente não quer representar, diz que não tem importância, pergunta se quer que

---

26. *Le psychodrame psychanalytique individuel*, Paris, Payot, 1996.
27. *Inhibition, symptôme et angoisse*, Paris, PUF, reed. 2005.

se represente diante dele; se sim, ele pode escolher quem; ou mesmo intervir, ou ainda, representar o papel do diretor da encenação:

"Estou apavorado[28], me disse um garoto com TOC na Salpêtrière[29] na última quinta-feira.

– Qual?

– Aquele que temos em cena quando somos vistos... por você por exemplo."

Muito bem, ele vai representar o diretor da encenação que comenta a representação do paciente com um co-terapeuta.

– Não vale nada, ele grita, enquanto seu personagem está brigando com um professor.

– Zero, acrescenta a co-terapeuta, até mesmo menos dez! Olivier exulta. Então, os protagonistas reforçam a encenação deles.

– Mas sim, é isso. Vamos, encoraja Olivier como num jogo de futebol.

O aluno e o professor chegam aos insultos.

– Muito bem, é isso, diz ele, e interrompo a representação.

Olivier, como se percebe, tinha pavor de demonstrar seus tocs, todos os seus pensamentos ou eructações inomináveis que o deixavam literalmente doente. O psicodrama não acrescenta nada, não induz nada como alguns fingem acreditar. Não, ele verbaliza, traduz, restaura o pré-consciente, autoriza o jogo das idéias. Mas só pode fazer isso se os protagonistas têm um papel diferente do atribuído ao psicanalista e a seu paciente. Ora, o psicanalista às vezes está paralisado *por* e *em* seu papel de psicanalista. Pode mesmo se sentir impotente, o que aliás pode ser uma outra razão da desconfiança suscitada pelo método: que fazer? ouve-se. "Tudo isso são palavras", de maneira que se chega a duvidar até de sua identidade profissional. Essa impotência atinge o ápice quando é um... impotente que vem se consultar. *Alain*, jovem adolescente de 17

---

28. O que há mais paralisante?
29. Unidade de psicodrama, serviço do Pr. Mazet.

anos, já fez psicodrama e agora faz terapia. É um excelente jogador de tênis, mas tem uma fraqueza incômoda: no momento em que poderia ganhar a partida, deixa escapar as jogadas e perde, para desespero de seus amigos. Mas, recentemente, vai além: mesmo com as garotas, tem esse comportamento de fracasso e, diz com um sorriso, "tudo volta a cair". É ele que decide retomar algumas sessões de psicodrama, embora a idéia de lhe propor uma cena desse tipo ou até de fazê-lo falar diante de um auditório de co-terapeutas me deixe um pouco constrangido de antemão. Felizmente, Alain é menos bloqueado que eu: declara que fica incomodado quando, por exemplo, o encaram no trem e decide representar isso. Voltemos um instante à situação psicanalítica: acontece de pacientes se queixarem do olhar dos outros, acontece mesmo de esse sentimento persecutório nos fazer então duvidar do diagnóstico de neurose que fez com que nós o deitássemos no divã. Alguns pacientes chegam até a provocar aqueles que supõem que o estejam olhando na busca masoquista de um confronto inconscientemente desejado. Não digo que não seja interpretável, sobretudo quando esses *actings* se associam com a transferência, mas essa interpretação é com freqüência muito difícil e quase impossível. Em outro registro, com o analista repugnando, com toda razão, interpretações comportamentais, acontece de se desejar que nosso paciente encontre fora de seu tratamento pessoas que lhe digam o que manifestamente não pode ser dito a ele, em suma que o paciente tenha um encontro que permita colocar em funcionamento significantes esquecidos, recalcados no limite da forclusão. Além do fato de ser possível colocar esses personagens em cena, o psicodrama é interessante, pois os personagens falam, o que não acontece na realidade[30]. Aqui está nosso Alain sentado numa cabine de trem diante de uma mulher de certa idade que o encara. Bem rápido, Alain dispara:

---

30. Notemos de passagem o efeito extraordinário de poder, por exemplo, fazer com que um pai desaparecido ou morto fale, ou ainda, representar a mãe que abandonou seu filho nos casos de adoção.

– Por que você está me olhando assim?
A mulher co-terapeuta, sem perder a calma, espera alguns instantes:
– Eu acho você bonito!
Alain fica completamente desarmado por essa resposta que, visivelmente, ele não esperava. Ele se vira em sua cadeira, mas permanece no entanto no jogo, que continua no mesmo tom. Outro passageiro, sentado ao lado dessa senhora, supostamente neutro, faz comentários que procuram banalizar as intenções da mulher, do tipo:
– Ela tem todo o direito de olhar para você, etc.
Faço então intervir (é uma das grandes vantagens do psicodrama) um quarto personagem, um homem supostamente homossexual que vai paquerá-lo. Antes mesmo que fale, Alain dispara:
– Agora pronto! Ainda por cima uma maricas.
E o diálogo entre eles continua no mesmo tom. Em determinado momento, Alain se queixa:
– Todo o mundo aqui está me paquerando!
O passageiro neutro protesta:
– Ah, não. Eu não!
Apontando o dedo para ele, Alain grita:
– Então vá embora!
Interrompo evidentemente nesse grito do coração e peço explicações a Alain: "Esse senhor", me diz ele, "não devia se intrometer em *minhas histórias*", mostrando assim que se representava bem seu problema: um desejo de sedução mal assumido, mas de que ainda não tinha tomado consciência. Contudo, fiz com que ele percebesse que poderia ter deixado a cabine em que estava a senhora idosa logo que o homossexual chegou: mas não, ele preferia continuar um diálogo que, aliás, estava ficando cada vez mais esquisito.

Alain não estava deitado num divã, mas pode-se pensar que o cara-a-cara analítico entrava no mesmo jogo de sedução revelado pelo psicodrama, típico de uma relação denominada *dual*. Essa relação não é, como se sabe, o apanágio do cara-a-cara e pode muito bem ser encontrada em análise com o psicanalista participando disso, direi, contra sua vontade. De fato, o supereu analítico não é uma palavra vã. Não se deveria acreditar que ele seja uma nova formação intrapsíquica, pois é substituído por toda a comunidade analítica e, como tal, e somente como tal, poderia se utilizar a expressão junguiana tão criticada, "supereu coletivo". Em todo caso, é certo que o analista não se encontra sozinho com seu paciente. Sandor Ferenczi, ainda ele – mas haveria muito para dizer sobre suas tentativas de fazer com que a análise e os pacientes escapem da *repetição mortífera* –, Ferenczi conheceu alguma coisa disso e seus alunos também. Esse supereu analítico herdado continua a ser transmitido e, com ele, a paralisia do analista que se toma por uma inibição normal. Nos pacientes gravemente inibidos, tanto o ato como a fala estão paralisados, e é somente representando, ou seja, fingindo, que a fala pode enfim *se separar da atuação*. Tudo acontece, com efeito, como se o direito de se mexer fosse também um direito de jogar com os pensamentos, o direito de dizer qualquer coisa. "Diga qualquer coisa", intima o analista a seu paciente, mas ele sabe que se o paciente joga o jogo não será *qualquer coisa*. É por esse motivo que alguns pacientes desconfiam de seu inconsciente, e talvez não estejam errados.

# Capítulo IV
## Adolescência e pai ideal

Como vimos, o processo adolescente reativa as etapas psíquicas essenciais para a construção do sujeito; são elas, na entrada na infância, a fase do espelho e o complexo de Édipo. Ora, o espelho questiona antes de tudo a mãe em seu papel simbólico, e o Édipo – é preciso dizer? – está centrado na "função" paterna. Se o adolescente conclui o Édipo infantil admitindo suas implicações simbólicas[1], temos o direito de nos perguntar que papel o pai real pode desempenhar. Portanto, isso coloca a questão da "função" paterna na adolescência, dado que ela é distinta da pessoa do genitor. Ora, essa "função", que se supõe *separar* a criança da mãe, o que redobra a tarefa da adolescência, está na opinião geral falida em nossas sociedades, e até mesmo totalmente inflamada por um igualitarismo legal[2]. Seria então lógico atribuir a esse desaparecimento as dificuldades que os adolescentes encontram em nossa época. Mas, se a separação para com a mãe concerne não à realidade mas ao simbólico, os distúrbios simbióticos (do tipo psicótico) é que deveriam aumentar perigosamente. Essa talvez seja a opinião dos psiquiatras que diagnosticam síndromes *borderline* em adolescentes difíceis ou que pensam na *psicopatia* como

---
1. Cf. acima p. 52.
2. Especialmente pela instauração da autoridade conjunta em 1970.

sinônimo da psicose, mas isso não parece corresponder à realidade. Não se deve confundir o declínio *social* dessa função com sua eficiência *individual*[3]. *Progridem, em contrapartida, distúrbios do comportamento* diversos e variados, apresentados com toda razão (dado o sofrimento que eles engendram) como patológicos, mas cuja economia psíquica parece estar relacionada com uma carência educativa. Em todo caso, essa carência é revelada pelos pais envolvidos, pelos professores, pelo meio em geral e às vezes até mesmo pelo interessado. Este último se apresenta, na maioria das vezes, no especialista com um sofrimento "indireto": "Todo o mundo me diz que tenho problemas. Deve ser verdade, mas não sei que problemas são esses." Ou ainda uma passagem ao ato teve conseqüências que (enfim) impressionaram o sujeito. Em suma, encontramo-nos diante de uma *clínica do atuado* que pode remeter apenas a uma *ausência de fala* no adolescente, que aliás admite isso bem facilmente[4]. O que é atuado do lado de fora traduz um conflito interno recalcado. Ora, a que assistimos com mais freqüência? A enfrentamentos repetitivos com figuras de autoridade, a provocações mal disfarçadas na busca de uma sanção. Foi isso que pôde fazer com que Charles Melman dissesse que a delinqüência dos jovens funcionava como um apelo à lei do pai, apelo deslocado para o policial: ele dizia que se provoca o cassetete do policial para amenizar o distanciamento paterno. Parece que por trás desse apelo ao cassetete, ouso dizer, delineia-se outro pedido ainda mais complexo: um pedido de amor dirigido ao pai[5]. Evidentemente, esse pedido no sentido psicanalítico[6] esclarece de maneira diferente a violência presumida dos adolescentes: aqueles que vêem aí o efeito direto de uma ca-

...................

3. Embora essa função se sustente, para alguns, ao mesmo tempo de um reconhecimento materno *e* social (J.-P. Lebrun, *Un monde sans limites*, Toulouse, Érès, 1987, pp. 46-7).
4. Cf. Ch. Melman, *L'homme sans gravité*, Paris, Denoël, 2002, p. 85: "A violência aparece a partir do momento em que as palavras já não são eficazes."
5. Cf. S. Freud, "On bat un enfant". Cf. o caso de Ahmed abaixo.
6. É necessário precisá-lo?

rência da autoridade paterna juntam-se aos novos intelectuais que julgam autoridade igual a violência![7] Parece assim, em todo caso, que "o destino que a figura do pai conhece hoje [...], cada vez mais interditada, maltratada, desvalorizada"[8], não ajuda o sujeito a se libertar de uma dependência de seus objetos, dependência que devemos aproximar de um tipo de amor que só se pode qualificar como *materno*. Tal conjunção explica, na minha opinião, um apelo formulado ou atuado para uma figura paterna *ideal*, ao mesmo tempo interditora e permissiva, dotada de todas as qualidades. Essa figura, apta a amenizar as faltas simbólica ou real, não existe evidentemente, mas precisamos acreditar nela. O "ressurgimento de um amor alucinado e violento pela figura paterna", pronto para se fixar na "figura de um mítico patrono ancestral" com a ajuda "de um profissional da religião"[9], não deixa de preocupar.

Num plano mais prosaico, não é essa figura que a mãe convoca criando sozinha os filhos, o delinquente – leremos abaixo – com dificuldade de normalização, o neurótico em análise, e de maneira geral o adolescente que procura de fato um modelo com o qual confrontar uma possibilidade de identificação? O imaginário é o único registro sobre o qual o sujeito pode esperar assentar seu domínio; melhor, o imaginário é o próprio domínio diante da barreira do real e das falhas irreparáveis do simbólico. É um dos aspectos da transferência, e não o menor, que o adolescente pode investir no terapeuta (ver terceiro capítulo). Se a projeção de fato é uma virtude do Imaginário, sendo a introjeção o apanágio do Simbólico, concebe-se que essa figura ideal que o adolescente deve introjetar (ideal do eu) seja primeiro projetada de forma onipotente (eu ideal). Haveria portanto um tempo anterior a essa projeção, o

---

7. Cf. M. Tort, *Fin du dogme paternel*, Paris, Aubier, 2005, p. 403: "Em vez de admitir que a violência é de início simplesmente a posição do pai tradicional e o que permanece disso hoje (*sic*). Aquela que nos preocupa cada vez mais resultaria ao contrário da falta da referência paterna."
8. Ch. Melman, *L'homme sans gravité, op. cit.*, p. 26.
9. Ch. Melman, *ibid.*, p. 26.

de uma onipotência primeira. Ora, é lógico que essa onipotência original ligada à mãe é essencialmente incestuosa, daí a necessária defesa, ou seja, a projeção. A introjeção, em contrapartida, precisa de um indispensável abandono dessa dimensão; daí o aspecto propriamente *depressivo* que pode adquirir e de que testemunha a fenomenologia dos fins da adolescência. Pode-se compreender então a dificuldade dos pais em acompanhar os movimentos psíquicos que despertam neles conflitos antigos, com freqüência mal cicatrizados. Compreende-se também a dificuldade do terapeuta em não se deixar envolver numa relação imaginária que toma a forma de sedução latente.

## A IMPLICAÇÃO INCONSCIENTE DO CONFLITO DO ADOLESCENTE COM A FAMÍLIA

A família não deixa ninguém indiferente... nem mesmo os psicanalistas. Contudo, apesar dos célebres complexos[10]... a família não é um conceito psicanalítico. Os complexos, no entanto, não existiriam sem ela: sobretudo quando a família biológica, à qual estamos reduzidos hoje, corresponde estritamente à família edipiana, criadora de todos os males de nossos pacientes. Portanto, não leiam em meu título que o psicanalista sabe tirar proveito da ambivalência estrutural que o liga a uma estrutura, a estrutura familiar sem dúvida. Evidentemente, quando em sua prática com a criança ou o adolescente, ele é levado a ver as imagos retomarem realidade, não pode se impedir de se identificar com um ou outro de seus interlocutores e imaginar o que faria em seu lugar, em suma, de entrar no jogo e às vezes mesmo de tomar partido.

Ora, parece-me que hoje a adolescência das crianças introduz no grupo familiar um tal desarranjo que o psicanalista deve se questionar sobre seus conceitos e o que os fundou.

...........
10. "Les complexes familiaux dans la formation de l'individu", escrito por Jacques Lacan para a *Encyclopédie française. La vie mentale,* publicado em 1938 e reeditado por Navarin.

Penso evidentemente no complexo de Édipo, antes de tudo, que classicamente é despertado, é revivido na puberdade, para falar como Freud, que faz disso até mesmo o *a posteriori* da tragédia infantil: as promessas do Édipo justificadas pelo período de latência vêem, se não sua conclusão, pelo menos sua *realização deslocada* possível. Foi preciso para isso, para que esse deslocamento fosse operante, que a primeira etapa, a da *puberdade psicológica*, que acontece aos 4 anos e da qual Lacan fala com humor, já tivesse dado lugar à constituição de um sólido ideal do eu. Ora, é preciso constatar – mas talvez só tenhamos uma visão parcial das coisas –, tem-se com freqüência a impressão de que essa primeira etapa marcou tão pouco o psiquismo que a segunda torna-se verdadeira, marcada desta vez pela violência e pelas exigências da possível realização. Observemos de passagem que o fracasso freqüente do Édipo acompanha a amplitude das reações e dos fenômenos ligados ao ciúme, em suma, que os danos da frustração são ainda mais devastadores quando a castração não passa de um conceito vazio de sentido.

Acrescento a isso, para agravá-lo, o fato de que, em nossas sociedades, ninguém tem referência para saber como gerir a adolescência: com que idade a primeira relação sexual? Deve-se deixar que os adolescentes tenham relações sexuais em casa? Etc. (Muitos psicanalistas caíram na armadilha da revista *Elle*: os psicanalistas, com todas as escolas confundidas, teriam respondido a mesma coisa que seus colegas do mesmo sexo!) A ausência de referências explica as verdadeiras dúvidas do público, mas essa ausência oculta talvez uma outra, ouso me expressar assim: o famoso declínio[11] da imagem paterna com o qual o próprio pai colaborou amplamente. Deve-se acreditar aliás que isso assusta algumas mães que vêm pedir conselho a um psicanalista, que infelizmente corre o risco de se considerar Deus pai. Além disso, interpreto seguramente de forma abusiva essa preocupação das mães: mais do que uma opinião, são reforços que algumas vêm buscar.

...................
11. Ainda é preciso falar de *declínio*?

Vejamos uma mãe que toca numa orquestra concorrente à de seu marido e que tem um desentendimento crônico com ele. Ela trouxe o filho mais velho e tive dificuldade para compreender o motivo. O garoto de 15 anos detesta música clássica, queixa-se de um zunido no ouvido e me escuta, quando eu lhe sinalizo a nocividade dos decibéis. Ele detesta o pai, que qualifica como "severo, desagradável e desonesto". Depois, durante a conversa, fico sabendo que veio no lugar do irmão. Foi por causa do mais novo que a mãe queria uma consulta, porque ele estava muito nervoso, mas, como ele se recusou e se entende bem com o irmão, este veio em seu lugar! A propósito, o garoto acrescenta resignado, a mãe os leva de psiquiatra em psiquiatra e, além disso, estão todos fazendo terapia familiar!

Como compreender nosso papel nesse caso e o que nos é pedido? Como compreender o que falta, por exemplo, a essa família, senão fazendo intervir o significante maior, ou seja, o *falo*? Ora, o próprio falo é, se posso dizer, ambíguo. Como no jogo de anel, ele passa da mãe para o pai, investe a criança que tem a maior dificuldade do mundo em se desfazer dessa imagem. Simbólico antes de tudo, mas também imaginário, ele não repugna tornar-se real e até mesmo fazer-se pênis. Tudo isso aliás para o maior bem de nossos ideais: que menino não tem vontade de se identificar com um pai viril, que menina não sonha em casar com um homem tão forte quanto o pai?

## O adolescente, ditador involuntário

*Mas acontece de tudo se inverter e nos encontramos então na patologia, pois isso transgride a ordem estabelecida*

Peter, 12 anos, vai ser admitido na *sixième*\* e faz cursos particulares e gratuitos com a ajuda da conselheira de educação, que se afeiçoou a ele. Os pais são idosos – o pai está se

---

\* Primeiro ano do *collège* na França. Corresponde à 6ª série (ou 7º ano) do ensino fundamental no Brasil. (N. da T.)

aposentando. Foi aliás depois do desemprego do pai que o rendimento escolar de Peter caiu. Peter gosta de esportes, pratica ciclismo com o irmão mais velho, quer ser padeiro, tem vontade de estudar mas é incapaz de articular a menor frase e só responde por monossílabos. No entanto, em casa, tem acessos de violência e insulta os pais de modo grosseiro. Peter obriga a mãe a arrumar sua mochila e a trata como "estúp...". Também faz chantagem dizendo que vai se suicidar "para deixar de sofrer" e quebra tudo na casa do irmão. Os pais, decididamente condescendentes, concluem: "Ele é tão gentil com as pessoas que se vinga em nós." Ele exige até mesmo mimos e afirma ter 2 anos, como uma das crianças cuidadas pela mãe e de quem tem ciúmes. Mas, no carro, ele insulta todo o mundo. O pai limpa a bicicleta dele, e, quando os pais lhe deram uma bicicleta nova esplêndida no Natal, ele não agradeceu. "Ele acha que tudo é uma dívida", diz o pai. Acrescento: "Ele tem tanta consciência de que vocês se sacrificaram que não ousa pensar que é um presente!" Peter emite então um "sim" sonoro.

Esse adolescente sofre, tem até medo de ficar louco e o diz. Mas não podemos ajudá-lo individualmente: isso seria o mesmo que lhe dar mais um presente, e não é de presente que ele precisa, mas de autoridade. Como apreender esse caso senão imaginando o pai e a mãe prosternados diante do filho, a quem rendem um culto arcaico, e flagelados por esse ídolo itifálico? Peter, como pudemos observar, é duplo: às vezes gentil com todo o mundo, às vezes um monstro: ora erigido, ora detumescente.

*Às vezes, o adolescente idolatrado*
*é até mesmo um monstro castrador*

Didier, 14 anos, está na *quatrième**, mas não faz nada. Os pais estão divorciados há dez anos, e ele vê o pai a cada quinze dias. De saída, a mãe abre o jogo: "Ele já não estuda e me

---

\* Terceiro ano do *collège* na França. Corresponde à 8ª série (9º ano) do ensino fundamental no Brasil. (N. da T.)

bate." O pai, que está casado de novo, o colocaria num internato, mas... Além disso, ele não teria lamentado, já no nascimento de Didier, o fato de o menino ter sido tirado dos braços da mãe e colocado em observação durante seis dias por causa de um sopro no coração? Didier não teve problemas de separação no primeiro dia da escola maternal. Fico sabendo, em seguida, que ele dividiu a cama com a mãe... até os 13 anos de idade. Durante os conflitos, fica violento: pega a faca da cozinha, diz a mãe, que acrescenta, como para desculpá-lo: "para me deixar com medo". Quando está sozinho, Didier diz que está tudo bem e que pretende ser desenhista de histórias em quadrinhos. Na semana seguinte, chegam os dois juntos, sempre cúmplices e alegres. A mãe anuncia: "Ele quebrou uma costela minha." A conversa gira em torno dos desgostos amorosos de Didier, desgostos que ele conta detalhadamente a sua mãe.

*Mas as mães não têm o apanágio do amor bandido*

Para *Élisabeth*, 17 anos, o pai não passa de um "aprendiz de proxeneta" (*sic*). Bebia e foi preso por roubar. A mãe se separou dele há mais ou menos dez anos e casou de novo. O padrasto tem muita paciência: "Nossa pequena Élisabeth manifesta impulsos", diz quando ela tem crises violentas. Élisabeth está apta a freqüentar a *première\**, mas já não pode ir à escola. Quando se força, tem dor de barriga e vomita. É o que se chama de fobia escolar, cujo determinismo é difícil de pôr em evidência e que exige com freqüência, além da psicoterapia, uma mudança de meio escolar[12]. Além disso, é bem possível que Élisabeth não possa mais voltar a sua classe porque é rejeitada pelos colegas. Isso acontece, muitas vezes, com as jovens que se atiram ao primeiro garoto que aparece e que não respeitam os códigos elementares em vigor numa classe.

\* Segundo ano do *lycée* na França. Corresponde, mais ou menos, ao 2º. ano do ensino médio no Brasil. (N. da T.)
12. Cf. capítulo 2, p. 64.

Assim, num primeiro momento, elas colocam os garotos uns contra os outros, são detestadas pelas outras garotas. Depois tanto uns como os outros se juntam contra aquela que não sabe se ajustar. Élisabeth, aliás, me confessará francamente: "Eu procurava nos meninos o que meu pai havia sofrido." Reconhece ter uma imagem contrastada desse pai, já que, ao mesmo tempo que o menospreza, ela o idealiza: "É a imagem do canalha, herói das meninas com trejeitos de menino."

Em todos esses casos, tem-se a impressão bizarra e estranhamente preocupante de que os atos do adolescente são o contrapé caricatural do que ele não sofreu quando criança e que parece exigir. E por quê, senão para ele próprio se livrar da *imagem fálica*, da máscara que o sufoca? Ora, os pais preferem *qualquer sofrimento a ser separados* desse deus vivo, e é nisso que o vínculo deles com o adolescente é *narcísico*, ou seja, não se suporta a perda. Ora, sabemos que, se esse investimento pela mãe é necessário num primeiro momento – evita até mesmo a psicose –, o problema todo está em perceber quando deve acabar: não temos para isso nenhuma referência?

A fase do espelho já permitia um certo recuo: o reconhecimento da criança como pessoa, assim como o reconhecimento de seu próprio sexo. Tudo isso contribui para a crise maníaco-depressiva que a criança e a mãe vivem então. O abandono do investimento fálico, primeiramente, e o de certa bissexualidade, depois, provocam a crise jubilatória ou depressiva (Lacan o associa a esses dois tipos de afeto). Mas a criança ainda é uma criança: tudo concorre, até a puberdade em princípio, para que a mãe possa continuar a investi-la, com freqüência secretamente, da maneira anterior. *A puberdade deveria logicamente marcar o fim desse investimento*, mas às vezes a sexualidade da criança foi tão *recalcada* pela mãe (e pelo pai) por razões seguramente poderosas que a puberdade não consegue introduzir a realidade destruindo a imagem anterior.

## O adolescente incestuoso sem saber

*Grégory ou a ausência de limites ao incesto apesar do aparecimento da puberdade*

Os pais de *Grégory* não agüentam mais e vêm dizê-lo a um pedopsiquiatra sem a presença do filho adolescente, que se recusou a vir. Eles o acham nervoso e ansioso e reconhecem facilmente que ele tem a quem puxar, pois a mãe sofre de hipertireoidismo[13], o pai é hiperativo e ambos são nervosos. Grégory, em compensação, dorme muito e vai bem na escola: está na *cinquième**, com 12 anos e meio. Somente mais tarde tomo conhecimento do que preocupa os pais. Grégory não aceita nenhuma imposição, levando os colegas à sua casa quando quer, e não aceita principalmente nenhuma repreensão, quando isso acontece chega mesmo a insultar os pais. Fico sabendo também que a puberdade não parece colocar nenhum problema para Grégory, que se exibe sem nenhum pudor.

É bem no final da consulta, como se isso não tivesse nenhuma importância, ou como se se tratasse de um detalhe qualquer, que a mãe me diz que continua a dar banho em seu grande filho púbere. Nem ela, nem o marido, nem o filho adolescente parecem ver algum inconveniente nisso, e evidentemente ainda menos alguma relação com os distúrbios pelos quais eles estão se consultando. A ausência do adolescente no entanto, como acontece com freqüência, só demonstra que ele não localizava os problemas em seu nível apenas.

Na semana seguinte, aparentemente reticente, *Grégory* chega à consulta com o pai. Eu o vejo sozinho, e ele se pergunta por que está aqui, senão para passar por uma consulta médica que os pais lhe anunciaram visando a colônia de férias.

..................
13. Hipertrofia benigna da glândula tireóide responsável pelo aumento da secreção de hormônios, provocando entre outras coisas tremores e aumento do ritmo cardíaco, controlados em geral pelo tratamento.
  * Segundo ano do *collège* na França. Corresponde à 7ª série (ou 8º ano) do ensino fundamental no Brasil. (N. da T.)

Os pais que têm medo das reações da progenitura mentem com freqüência dessa maneira, e não é necessário se ofender muito com isso: as crianças estão acostumadas e consentem de boa vontade no interrogatório. É o caso de Grégory. Tanto que sofre pelos conflitos com os pais, mas isso é mais forte que ele, e "não consegue se controlar". Quando se irrita, diz ele, "o coração bate muito rápido e, depois, fica deprimido". Tem dificuldade para dormir, principalmente na véspera das aulas, e não se lembra de seus sonhos. Em suma, ele sofre pelos conflitos, mas não sabe por que se opõe aos pais. Evidentemente, não faz nenhuma alusão aos cuidados maternos.

Em seguida, recebo o pai sozinho. Ele me coloca a par de dados importantes. Diz que a esposa acha que tudo isso é psicológico e que não acredita muito na psicologia. A irmã mais velha de Grégory está vivendo um grande amor por um colega e toma pílula. Ela tem apenas 16 anos e Grégory se interessa muito pelo que a irmã está vivendo, já que foi ele quem esmiuçou para ela os classificados. O pai me conta, enfim, que teve de bater em Grégory quando este os insultava e que parecia mesmo desejá-lo, pois fazia de tudo para que isso acontecesse e parecia aliviado em seguida.

## O pai ideal (da mãe) e a configuração narcísica de Kohut

Somos, pois, forçados a evocar o papel do pai: ele é capaz de fazer com que a mãe tome consciência de sua sedução real? Tem os meios para isso? Ele o quer? Muito recentemente, um pai que se queixava de ter sido posto de lado, na educação do filho, por uma esposa logorréica ficou em pânico quando tomei ao pé da letra o que me disse: cancelou prontamente o encontro seguinte depois de ter me lembrado das dificuldades de contato que tinha com seu rebento. Portanto, dizer que o lugar do pai é o que o discurso da mãe lhe atribui não é suficiente. Tudo isso coloca o problema do complexo de Édipo e dos fracassos herdados que evoquei como introdução: existe uma configuração desse complexo particularmente patogênica que eu gostaria de lembrar aqui. É o caso de algumas mães que adoram seu pai, detestam o marido e idolatram os filhos. Essa configuração foi isolada por Kohut[14].

Vejamos o que isso representa em Xavier:

Xavier, 18 anos, na *terminale**, é bastante emotivo. Quase não veio de tão intimidado que estava com nosso encontro. Ele afirma que está em conflito com o pai, tem relações ruins com os outros e suporta uma mãe muito monopolizadora. Digo "afirma" porque as relações com os outros não são tão ruins assim: tem namorada e muitos amigos. Além disso, não tem complexo, sabe que o acham bonito e que o único problema está na escolha das namoradas. O conflito com o pai não parece aberto e tem muita admiração pela mãe. Então, de que sofre Xavier? Ele acaba de descobrir que o pai está longe de representar a imagem ideal que construiu para si: essa imagem está desmoronando completamente. Tudo foi desencadeado pela reflexão de uma menina: "Você se faz de forte, mas na verdade é um fraco", ela lhe disse. Imediatamente Xavier pensou no pai. É verdade que ele é um trabalhador braçal – é pedreiro –, ao passo que a mãe é professora. Mas, sobretudo, deixa-se levar por todo o mundo e, principalmente, pela mulher, a quem não contesta nunca. Xavier começa a chorar: de repente acha tudo isso idiota. Foi com a mãe que edificou a imagem do pai forte e idealizado: "Ela tem a mesma que eu", me diz. Eu pergunto a ele por que e, então, seu rosto se ilumina: "Meu avô materno é formidável, bonito, inteligente e culto." Xavier tem tanta admiração por ele que despreza o pai.

Esse jogo de uma geração a outra é instrutivo. Por que a mãe de Xavier escolheu um marido tão pouco conforme com a imagem que tem de um homem? A questão está toda aí. Tudo acontece como se ela quisesse preservar a imagem que tinha do pai: esse homem sem defeito é perfeito demais para ser

14. Kohut Heinz, *Le Soi* (1971), trad. fr. Paris, PUF, 1974, p. 156.

* Último ano do *lycée* na França. Corresponde, mais ou menos, ao 3º ano do ensino médio no Brasil. (N. da T.)

verdadeiro. Seu amor por ele permaneceu intacto, na mesma medida em que ela o reencontra no filho. Aliás, o ciúme do pai com relação a Xavier provavelmente foi favorecido pela esposa: muitas vezes, o marido desenvolve sentimentos de ciúme infantil porque a mulher prefere o recém-nascido a ele.

Esse exemplo ilustra o salto, se posso dizer, do falo da primeira para a terceira geração: falo idealizado no avô materno que a menina, que se tornou mulher, recupera no filho. A etapa eliminada é a etapa conjugal, em que o falo teria sido detido durante um tempo pelo marido, nem que fosse como *pai*. Aqui, ele é desqualificado como tal. Assim, Xavier tem uma imagem identificatória narcísica, portanto frágil, e um ideal do Eu fraco apesar das aparências. Aliás – é o que diz Kohut –, essas mães só investem no filho (como falo) até a puberdade e desinvestem-no quando ele se torna um "macho independente" (*sic*).

### E a menina?

A menina que transpôs o complexo de Édipo compreendeu rapidamente o que ela tem de fazer: encontrar um falo fora da família. Foi o que Laurence entendeu à própria custa!

*Laurence*, 17 anos, tem um irmão dois anos mais velho. Ela está em plena crise de adolescência, interessa-se pelas grandes questões, teme a decadência da humanidade, luta contra a intolerância sob todas as formas. É muito franca, bastante simpática e bonita. Tudo isso acentua o contraste com o que vem em seguida. Outro dia, ela se jogou contra o irmão, com uma faca, gritando palavras entre as quais todo o mundo ouviu claramente: castração. No final, numa crise de choro, tentou cortar as veias do pulso. Ela mesma fala de crise de loucura com um sorriso encantador. Eis a explicação: Laurence adorava o irmão. Um dia, ele se apaixonou loucamente e levou a eleita em casa. E aí não parava de beijá-la e de encará-la. Evidentemente, dividem o mesmo quarto e a dulcinéia deixa suas coisas espalhadas pelo apartamento, que considera um território conquistado. Para Laurence, o irmão não é mais ele mesmo, está sendo influenciado. Além disso, quando "ela" não está presente, ele já não é o mesmo e volta a ser o amigo que ela conhece desde sempre. Essa situação é intolerável para a menina, que começa a discutir com o irmão e deixa de estudar durante as aulas.

Em contrapartida, *Laure* tem uma determinação indomável. Com 17 anos, apaixonou-se por um rapaz dois anos mais velho. Imediatamente, isso se transformou num amor louco. Ela o acompanhou numa viagem fora do comum, durante a qual foram presos por roubarem um supermercado no norte da França. Voltou para a casa da mãe, aparentemente arrependida, para partir mais uma vez numa fuga muito mais longa. Só duas semanas mais tarde a mãe encontra uma pista dela, dessa vez no sul. Laure naufragou com o companheiro, quando tentavam atravessar o Mediterrâneo num veleiro roubado. A mãe é uma mulher inteligente que vive sozinha com três filhos grandes que fizeram estudos brilhantes. Aliás, Laure acompanha bem as aulas. O pai já não tem profissão nem domicílio, mas vem me ver mesmo assim e me fala que tem certeza da constância da filha em seu apego por esse rapaz que agora está preso.

## A recusa do complexo de Édipo

Algumas vezes, ao contrário, o adolescente faz tudo para paralisar o complexo de Édipo e impedir a circulação fálica que ele implica. É a tríade narcísica de Grunberger[15]: "ser amado pelo pai e pela mãe ao mesmo tempo de modo narcísico, absoluto, fusional e aconflitual".

*É o que Olivier vive, mas no negativo da depressão:*

Olivier está em lágrimas. Isso é triste de ver. Os pais são divorciados e ele vive com a mãe. Passa as férias no interior

---
15. *Le narcissisme*, Paris, Petite Bibliothèque Payot, p. 203.

com o pai, que se casou de novo, e se dá muito bem com a madrasta. A mãe ao contrário não tem amigo homem. De fato, Olivier poderia escolher entre viver com o pai ou com a mãe, mas não suporta essa escolha impossível para ele. Na verdade, tem medo que a mãe fique deprimida se deixá-la e preferiria ir para a casa do pai. O fato de falar disso para um terceiro vai aliviá-lo imensamente.

*E é o que Marie, que não suporta a vida sexual dos pais, que se casaram de novo, sonha viver:*

> Marie, 15 anos, está na *troisième\**. Os pais são divorciados e os dois se casaram de novo. O pai trabalha no exterior. Ela se aborrece com todo o mundo, mas principalmente com a madrasta e o padrasto. Além disso, não suporta de modo algum que a mãe esteja grávida. Conta entre sorrisos e lágrimas que sonhou ter matado a família! Não admite que o pai fique "em função" da nova mulher e que a mãe tenha "deixado seu lugar para a outra". A menina gostaria de morar na casa do pai, mas a presença da madrasta impede isso. Aliás, sonha sair de férias sozinha com o pai!

A reação de Marie mostra como a separação dos pais pode colocar em evidência os vínculos edipianos que sem isso seriam velados[16]. E seriam velados precisamente pela harmonia do casal parental, que o adolescente busca aparentemente.

*Ou ainda o adolescente ataca o vínculo parental para testá-lo:*

> Florence está na *terminale* com 18 anos. Na verdade, ela repetiu porque recusou fazer o *baccalauréat\*\**. É a mais velha de duas meninas e sempre foi muito tímida. Está deprimida

---

\* Último ano do *collège* na França. Corresponde, mais ou menos, à 8ª série (9º ano) do ensino fundamental no Brasil. (N. da T.)

16. Ver P. Delaroche, *Adolescence à problèmes*, Paris, Albin Michel, 1992.

\*\* Na França, exame realizado no fim dos estudos secundários, o *lycée*. O nome desse exame é bastante empregado também na forma abreviada, *bac*. (N. da T.)

desde que entrou num novo liceu, na *première*. O nível era nitidamente mais elevado do que na escola precedente, e Florence não se manteve, como antes, como a primeira da classe. Pratica muitos esportes: handebol, ginástica, e se dá muito bem com os meninos. Aliás, ela sempre se recusou a usar vestido. O pai acha que ela é perfeccionista e, para ele, isso explica tudo: ele é muito amável, mas recusa todo questionamento. Para ele, a filha não tolera o fracasso, tanto nos esportes como nas aulas, e nega que ela possa ter outros problemas. Lembra no entanto, durante a conversa, o fato de que ela deixou de comer em alguns períodos: ela é independente e pouco expansiva, como ele. Contudo, quando se insiste muito, ela explode com cóleras violentas. Aceita encontrar uma psicanalista apesar da oposição inicial. Ele reconhece que a menina já não tem contato com a mãe, ou seja, ela já não fala com ela de jeito nenhum e, além disso, queixou-se com ele de ter sido sufocada pela mãe. O contato com a psicanalista foi ruim: teria preferido ver um homem. A mãe não agüenta mais: "Quando lhe digo alguma coisa, ela me manda às favas." Acusa o marido de fazer todas as vontades da filha. Como a mãe proibiu que ela pegasse a mobilete, a menina foi dormir na garagem. Quando trata a mãe como "débil", o pai não reage. Quando estão só os dois, pai e mãe fazem críticas um ao outro:

– Ela imita seu comportamento, em todo caso, sua agressividade, lança a mãe ao marido, e este retruca:

– Você não deixa que ela se expresse! e continua por aí.

– Você sempre quis um menino: não é me depreciando que ela vai apreciar sua feminilidade!

Tem-se a impressão de que, por meio de Florence, os pais acertam contas antigas entre eles. Isso não parece ajudar Florence, que está se tornando cada vez mais problemática.

– A mãe (ao marido): Quando você a leva à estação, ela bate a porta sem nem mesmo se despedir de mim!

– O pai: Se somos dois contra ela... Ela não tem nenhuma organização em seus estudos.

– A mãe: Fica bloqueada quando está deprimida, não é uma questão de organização.
– O pai: Você quer ter razão sempre.
– A mãe: Quando está bem, ela é capaz de estudar, etc.

Esse recenseamento de situações de confronto entre o adolescente e a família deve incitar o terapeuta à *modestia*. Toda reivindicação, principalmente se é nova, evoca a busca fálica, ou seja, a busca de um objeto que ninguém possui (o falo não é o pênis) e que todo o mundo quer ter. Portanto os pais ficam muito constrangidos quando o adolescente reivindica a posse de um objeto que eles não possuem. Por isso, o terapeuta deve acalmar as coisas entre pais e filhos adolescentes: os adolescentes o compreendem muito bem, mas é preciso para isso que o terapeuta permaneça modesto e faça o luto de sua própria *reivindicação* fálica.

Como se vê nesses exemplos, os problemas educativos parecem em primeiro plano e ocultam muitas vezes os distúrbios propriamente psicopatológicos. Estes últimos, no entanto, só podem ser tratados se os primeiros são esclarecidos: de fato eles se alimentam uns dos outros. Por essa razão, é indispensável que o analista compreenda inicialmente a desorientação educativa dos pais: é o que vamos evocar agora.

## O MUNDO DO AVESSO: A EDUCAÇÃO (TORNADA) IMPOSSÍVEL

### A bela alma

Justin tem 18 anos. É doce, não violento e de uma passividade que desafia toda comparação. No colégio, não apenas não tolera a violência como pretende reduzi-la com seu próprio exemplo. Quando dois camaradas brigam, ele se interpõe, apanha e explica calmamente que existem outras maneiras de resolver os conflitos. No entanto, é menos carismático que são Francisco e sua atitude deixa seus condiscípulos bem furiosos. Que lhe importa: Justin limpa as cusparadas com um eterno sorriso. Como dá lição em seus amigos, estes o abandonam, e

Justin se vê sozinho, depressivo, não podendo ir à escola. Outro dia, quando estava vindo me ver, ele assistiu no metrô a uma interpelação sem nenhuma consideração a um ladrãozinho. Vejamos sua narrativa: ele protesta com sua voz doce, diz aos policiais que fariam melhor se ajudassem o rapaz dando-lhe, por exemplo, o endereço da ANPE* mais próxima. Os policiais o fulminam: eles tinham acabado de prender enfim um delinqüente que os desafiava havia muito tempo e achavam que estavam sendo úteis a cidadãos como Justin, mas esforçaram-se para não pedir a ele os documentos.

Justin não é o único assim. Um de meus amigos, vítima de um ladrão que o surpreendeu à noite em seu apartamento, viu-se criticado por seus colegas porque chamou a polícia: os ladrões são vítimas do sistema, a polícia não resolve nada, deve-se portanto ajudá-los a reinserir-se. Ou ainda: eles têm problemas e convém tratá-los.

Essa mentalidade particular, que transforma o agressor em vítima, seria inofensiva e quase cômica se não fosse o drama de alguns educadores autênticos que acreditam em seu ofício, mas estão praticamente impossibilitados de exercê-lo. Um dia, um deles dá um tapa num adolescente delinqüente que cometeu um ato intolerável. Esse tipo de reflexo faz parte daquilo que as "belas almas", pessoas que não conhecem o terreno e oscilam entre a má-fé e a inação (Hegel), não toleram. Infelizmente, essas belas almas de mãos limpas são muitas vezes as que decidem, julgam, interpretam. Nosso adolescente usava aparelho nos dentes: o tapa fez com que sua gengiva sangrasse. Imediatamente a mãe o arrasta para o médico, obtendo aí um atestado, e consegue um encontro urgente com o juiz de infância. O juiz convoca o educador e intima-o a se desculpar com o adolescente.

Esses exemplos são semelhantes e participam de uma mesma lógica. Há inicialmente uma negação (ou uma recusa)

---

* Agence National pour l'Emploi [Agência nacional para o emprego]. (N. da T.)

da violência primeira, aquela que provoca a violência repressiva. Vocês me dirão que, nos casos citados, a violência primeira não é *física*. Mas, se fosse, sua *repressão* seria (e ela o é nos fatos) condenada. Sabe-se, no entanto, que em alguns casos, precisamente aqueles que passam ao ato, a fala é estritamente ineficaz se não provou antes sua força pelos atos. Pode portanto acontecer de o ato repressivo *parecer* da mesma natureza que aquilo que o motivou: daí os gritos estridentes das belas almas. Na verdade, não é nada disso, a menos que o educador seja um perverso sádico, o que não é tão freqüente, pois, em nossa época, esse tipo de indivíduo adota outros estratagemas. Em seguida, observa-se que mesmo o apelo a um terceiro é rejeitado: chamar a polícia é assimilado a um acerto de contas pessoal. Isso conforta evidentemente o agressor agredido em sua relação dual com o agredido agressor. E é aí que realmente se mostra a posição masoquista que nossas belas almas gostariam de compartilhar conosco, nós que conhecemos o peso de responsabilidade, de desinteresse (que tem hoje o estranho qualificativo ética) que uma posição educativa e/ou terapêutica implica. Tratar-se-ia, no final das contas, de oferecer a outra face para aquele que nos ofendeu ou que ofendeu alguém mais fraco: esse cristianismo tomado ao pé da letra é de fato testemunho de um pavor do conflito. Ora, esse pavor, que quer proibir a violência repressiva, dá razão à violência primeira. Ele leva portanto a justificar a violência primeira e está próximo nisso da *identificação com o agressor* descrita por Anna Freud. O *medo* da violência que a repressão suscita é tanto que acaba-se por justificá-la. Esse mecanismo psíquico é freqüente em quem vive diariamente em bairros onde o terror reina. Muitas vezes sem justificativas, e condenando verbalmente a violência, acusam a sociedade por todos os males, e dão "razão" aos adolescentes que põem o bairro a ferro e fogo[17]. Certamente existe uma violência institucional na origem dessas violências urba-

---

17. Isso se equipara à síndrome de Estocolmo, na qual os reféns defendem seus seqüestradores.

nas, mas nesse caso preciso a reação física à violência dissimulada e oculta é justificada por aqueles mesmos que recusam a repressão física da violência. O jovem delinqüente, por sua vez, não é interceptado de modo algum por aqueles que "procuram compreendê-lo". Sua lógica (inconsciente) os despreza, pois, se essa lógica não existisse, ele não empregaria esse meio. E, se a violência se torna um *poder*, tem-se dificuldade em ver em nome de que seria abandonada. Essa identificação com o agressor é mais evidente ainda nos professores que são importunados: provocam os alunos com verdadeiro masoquismo. Não se sabe, aliás, até onde pode ser desencadeado o sadismo dos jovens quando um adulto em posição de poder se expõe e procura se fazer amado: esses professores muitas vezes patológicos sofrem um verdadeiro martírio. Encontra-se evidentemente esse mecanismo em pais que apanham ou são insultados, o que não é tão raro hoje em dia.

Acabo de empregar mais uma vez o conceito de *masoquismo*. É verdade que essas situações de violência mobilizam pulsões parciais diversas e, como tais, perversas. Essas pulsões se articulam umas às outras da seguinte maneira. A passagem ao ato (delituoso ou não) de um jovem provoca no adulto responsável uma intenção repressiva. Essa intenção repressiva visa interromper o ato (perigoso, por exemplo) ou sancioná-lo. A interrupção ou a sanção mobiliza a *pulsão de dominação*. Na história do psiquismo, a pulsão de dominação, o prazer do domínio, anteriores a toda sexualidade, alia-se em seguida a essa sexualidade para resultar no *sadismo*. Por menos que esse sadismo seja predominante, ele será severamente censurado pelo eu que o reprime por diferentes meios de defesa: negação, recalque, racionalização. O problema é que essas defesas não têm meia medida: suprimem também o desejo de dominação quando ligado ao sadismo. Ora, esse desejo de dominação é vital, é assimilável à necessidade de existir: é ele que permite à criança assegurar o domínio do mundo que a rodeia. Esse domínio é realmente colocado em perigo pela onipotência e pela megalomania despótica se nada aparece para ajustá-los. Por isso, o excesso de pulsão de dominação na criança, e mais ainda no adolescente, exige do adulto essa limitação, que aliás define o domínio. Por menos que o adulto, aterrorizado por seu próprio sadismo, não sustente seu papel, o jovem vai adquirir experiência primeiro timidamente, depois conquistando seu poder. O educador já não tem uma boa reputação, quer se trate dos pais, dos professores ou dos próprios educadores que tentam manter sua posição. Como o denominava uma obra publicada durante o movimento de 68, o *educastrador* está na origem de todos os males. Esse nome mostra bem, aliás, como a aprendizagem e suas regras necessárias são sexualizadas num desconhecimento dos dados elementares da psicanálise. Tudo isso deriva com efeito de um ideal de gozo difícil de revelar.

Ora, como a psicanálise, a educação é feita a dois: o entendimento necessário dos pais os leva a ser apenas um nesse âmbito. Como diz Jean-Pierre Lebrun[18]: "O declínio do lugar do pai no *social* priva o exercício da função paterna de um *apoio* habitualmente necessário." Como eu já disse muitas vezes, os direitos concedidos às crianças pelo Estado são direitos retirados dos pais e isso em nome da família! Tudo acontece como se a relação dual educativa (e talvez em breve a psicanálise?), com os riscos de deslize inerentes a essa dualidade, suscitasse o horror dos convencionalistas, que aliás evitam saber o que encerra esse horror. Trata-se seguramente de uma contra-reação tão perversa quanto os riscos que ela denuncia. Com o risco de o pai ser castrador, o Estado pai ideal vai castrá-lo preventivamente (lei de 1970)*. O educador também é ameaçado "preventivamente" por sanções que o privam de sua autoridade sobre pequenos selvagens[19] que o provocam. Em breve as psicoterapias serão desenvolvidas com a porta aberta em casos

---
18. "Du père à l'expert: d'une certitude à l'autre", *Passages*, n° 93. O destaque é nosso.

* Lei francesa, de 4 de junho de 1970, a respeito da autoridade dos pais sobre os filhos. (N. da T.)

19. Observemos de passagem o clamor suscitado por esse termo um tanto afetuoso empregado por Jean-Pierre Chevènement, então ministro do Interior, para designar verdadeiros arruaceiros!

em que: nem mesmo se compreendeu que o perverso potencial tinha mais de um trunfo na mão. Em suma, a fantasia de perversão ou de maus-tratos leva nossos legisladores a organizar essa perversão virtual.

## Batem no professor

Tomarei como prova do que afirmo um florescimento de circulares que tratam direta ou indiretamente dos problemas colocados pela violência à Éducation nationale\*. A *negação da violência primeira* aparece, por exemplo, na circular que cria as *classes relais*. Essa circular (12/6/1998) começa pela necessidade de uma "qualificação reconhecida" assegurada a "todos os jovens sem exceção", continua com a constatação de que alguns jovens rejeitam a instituição escolar, registra o êxito de algumas experiências para anunciar a criação de novas "*classes relais*". Seu público será composto de jovens "que às vezes são objeto de uma assistência educativa": "perderam as regras básicas que organizam sua presença e sua atividade no colégio". São *agressivos, ausentes,* desrespeitam o regulamento interno ou, ao contrário, são *passivos, depreciam-se, recusam* todo investimento, mas não dependem apesar disso de um ensino especializado. É necessário *reinseri-los, reconstruir uma imagem positiva deles mesmos (sic),* mas sem protegê-los por muito tempo nem deixar que tomem gosto pelo trabalho manual, pois trata-se de reinseri-los o quanto antes numa *classe comum de formação.* Em poucas palavras, não estão doentes mas devem ser tratados (o corpo médico é explicitamente solicitado como tal), não querem aprender mas não devem fugir da norma intelectual, e nada seria dito sobre sua relação com a lei se não fosse *in fine* a respeito da implantação dessas classes: colocá-las no interior de um estabelecimento evitaria "um sentimento de exílio" em seus alunos, mas colocá-las à parte faria com que eles "*tomassem consciência do caráter inaceitável de seu com-*

...................
\* Ministério da Educação na França. (N. da T.)

*portamento"*. Assim, entre considerações sociais, médicas e psicológicas, surge como por inadvertência um aspecto simplesmente... educativo. No entanto, não se trata de modo algum de apresentar a um jovem *"a admissão nessas classes como o resultado de uma sanção de tipo disciplinar que se impõe a um aluno contra a sua vontade..."*. Somos confundidos por tanta inocência na negação. Eu ia esquecendo: um especialista em adolescência acompanhará as equipes dessas classes. O que ele explicará aos adolescentes? Eles acreditarão nele?

## O apelo ao terceiro rejeitado?

É o que já se observa no tratamento casa de adolescentes-problema. As circulares o mostram bem: mesmo quando se recorre a outras estruturas, a Éducation nationale não deve se dispensar de sua missão, dar "cultura geral e qualificação reconhecida para todos os jovens sem exceção". Assim, ao mesmo tempo que reconhece seus limites, ela os nega pretendendo responder a tudo. Essa atitude não está reservada a ela. Encontram-se os mesmos vícios de produção na circular que trata da proteção do meio escolar e da delinqüência dos menores (6/11/1998): negação, onipotência, recusa da realidade... e desconhecimento dos problemas reais. O delinqüente aparece aí como um paciente, já que o termo *assistência* é citado oito vezes em três páginas e meia. Deve-se, portanto, proteger os adolescentes e assistir os delinqüentes. É preciso acolhê-los, acompanhá-los e evitar *qualquer ruptura durante essa assistência*: pensaríamos que se trata de uma psicoterapia! Se são encarcerados, ficam perto de seu meio de origem. Quanto à polícia, suas competências se vêem ampliadas no meio escolar, como se este lhe fugisse até então.

A circular sobre a *proteção do meio escolar* e sobre a *criação de comitês de educação da saúde e da cidadania* (1/7/1998) confirma *essas tendências impostas como lei*. Pois é disso que se trata: essas circulares não são de forma alguma recomendações. Elas têm força de lei. Lei que confisca, anula, perverte a relação educativa, já que nega a inferioridade da criança e do adolescente, inferioridade que ela reivindica, no entanto, para legislar. Essa circular exibe o estranho, reincidente e em suma, suspeito conluio entre saúde e cidadania. Dizem-nos que os alunos, cercados pelo desemprego, pela droga, encontram na escola uma aproximação *positiva* que os *valoriza*. Eles devem "aderir com toda a liberdade (*sic*) a regras de moral coletiva". A seqüência nos deixa atônitos, pois essas regras são tidas como uma reflexão sobre a *imagem de si*, além de "conhecimento do outro e abertura para as diferenças". Vejamos o fim desse prefácio instrutivo: *"Essa aproximação deverá permitir que eles operem escolhas favoráveis a sua saúde, seu bem-estar e seu desenvolvimento*, mas também que construam o vínculo social necessário para a aprendizagem da cidadania." O direito ao gozo é como que negociado pela participação na comunidade...

A última circular (11/10/1998) de que falarei concerne à *violência em meio escolar*. Ela apresenta as mesmas contradições. A educação continua a ser a educação à *cidadania* onipresente. As sanções devem *"conservar uma dimensão educativa"*, como se elas pudessem perdê-la: reconhece-se nessa frase um sadismo recalcado! Trata-se enfim *"de afirmar a responsabilidade do menor na violação da lei*, sem por isso negligenciar a necessária proteção da infância". De que se trata? Se o menor cometeu uma infração (e Deus sabe se ele sabe!), por que *afirmar* sua responsabilidade, como se duvidássemos disso? Por que então "não negligenciar a necessária proteção da infância", se isso não passa de uma maneira de confessar que se teve vontade de lhe dar um pontapé no traseiro? Mas o guia prático anexado na circular vale quanto pesa. Aprende-se que as armas são classificadas detalhadamente em oito categorias. Por exemplo, armas de primeira categoria: as armas de fogo, e as munições concebidas para elas, ou as destinadas à guerra (como as pistolas metralhadoras), etc. A negação da violência de alguns menores volta na realidade desse guia prático. Mas as *sanções aplicáveis* (*em princípio*), sempre nesse mesmo guia, ultrapassam o imaginável. Assim:

– Destruição, degradação, deterioração de um bem que pertence a outrem: dois anos de prisão e 200 mil francos de multa... salvo quando resulta de um dano leve.

– As sanções atingem respectivamente três anos, e 300 mil francos, e cinco anos, e 500 mil francos, quando o bem pertence a uma pessoa pública.

– Roubo: três anos de prisão e 300 mil francos de multa (cinco e 500 mil francos em caso de violência).

– Ameaças: seis meses a três anos.

– Ultraje verbal: 50 mil francos.

– Injúrias racistas: seis meses e 150 mil francos.

Essas sanções inverossímeis e, além disso, nunca aplicadas não são testemunho da impotência logomáquica de nossos legisladores?

## Conclusão

O medo da violência (deve-se distingui-lo da recusa da violência) leva a dar razão ao delinqüente, porque a repressão da violência dele simplesmente faz com que se receie represálias. Essa atitude, típica de uma *identificação com o agressor* (A. Freud), permaneceria isolada e individual se não traduzisse o estado de espírito atual de uma maioria que decide preocupada com a imagem. Essa maioria legisla, portanto, como sugere a *vox populi*: condena o ruim, aquele que impede que se aproveite a vida, que *se desabroche*, se necessário deitando tudo abaixo. Fazendo isso, e as circulares oficiais o provam, castra naturalmente aqueles que têm a humilde vocação de educar e de tratar no verdadeiro sentido do termo. Desconsiderando-os *a priori*, perseguindo-os na justiça *a posteriori*. Em suma, coloca-se como um terceiro onipresente, *voyeurista*, perverso. Assim, o Educador (professor, educador, psicoterapeuta, assistente social) se encontra numa situação impossível: deve obedecer à lei e ao mesmo tempo, em nome dessa mesma lei, aceitar passagens ao ato que, se fossem verdadeiramente sancionadas, ultrapassariam de forma insólita as possibilidades de reparação inscritas entretanto nos textos. Em poucas palavras, ele é colocado numa posição especificamente perversa de gozar, de forma masoquista, da transgressão da lei, e isso em nome da lei! Uma professora de Grenoble conta no *Figaro* como enfrentou essa situação. Crianças da *sixième* brigam por causa de um *walkman*. Ela pede que lhe entreguem o aparelho e promete devolvê-lo. Uma das crianças acusa a professora de querer roubá-lo! Ela quer pegar o aparelho, que cai. O menino grita, ela o leva ao conselheiro de educação e o pega pelo braço. Ele a insulta: "Eu te enr..." Um tapa é lançado. Ele a enche de pancadas. O encadeamento da violência é muito claro: a passagem ao ato da criança é retrucada com uma réplica física da professora. Nem a criança nem a professora estão com a razão, no sentido estrito do termo. Mas, precisamente, o constrangimento consciente (e inconsciente) dos professores é tanto que um encadeamento assim tem uma lógica implacável. Considerando as regras gerais, o regulamento interno, muitos adolescentes transgridem o tempo todo, a ponto de os professores serem incapazes de fazer reinar a ordem. Podem alegar legitimamente que não é função deles. Assim, a menor intervenção desse tipo é vivida pelos "alunos" como um abuso de poder insuportável. A Éducation nationale, no entanto, afirma obstinadamente sua missão: isso coloca uns e outros, alunos e professores, num *duplo vínculo* intolerável. Pois o aluno é colocado, pela atitude *voyerista* do legislador, em posição *sádica*, ao passo que o professor continua dedicado ao *masoquismo*. Eis como o medo da violência, alçado à posição do direito, pode desencadear no jovem uma explosão de violência que os profissionais já não têm direito de deter, e isso em detrimento da educação desses mesmos jovens. Gostaria de mostrar num último ponto em que esse medo da violência no adulto é sinônimo da perda de autoridade do pai em nossa sociedade.

## DEMISSÃO DO PAI: UMA VIOLÊNCIA FONTE DE VIOLÊNCIA

Acho que ninguém contestará que a violência esteja intimamente ligada ao Imaginário: ela é o produto de um imaginário puro, ouso dizer, por menos ligado que esteja ao simbólico. Portanto, é difícil para nós, humanos, apreender sua pregnância sem as palavras e devemos recorrer à etologia[20] para tentar defini-la. Ora a etologia nos ensina que nada, além do acaso dos encontros, se interpõe entre o *Umwelt* e o *Innenwelt*, o meio ambiente e o mundo interno; melhor, que um responde ao outro em perfeita harmonia: o detonador detonando, em algumas condições geneticamente programadas, o mecanismo inato da detonação. Além disso, esse disparo pode ser feito tanto em função das características configuracionais da morfologia como em função de atitudes e de movimentos típicos: portanto o aspecto iguala o comportamento. Evidentemente, é tentador ampliar esses dados a alguns comportamentos humanos, em particular aos que estão ligados à violência. O vínculo obrigatório do *Umwelt* com o *Innenwelt* remete, sem dúvida, à relação dual, relação em espelho por excelência, cujo Terceiro está excluído. Qualquer pessoa que viveu essa relação dirá que só *imaginava*, só podia *pensar* no que seu interlocutor esperava e reciprocamente, e isso com a sensação de uma obrigação vital refratária a todo raciocínio. *Os mecanismos de detonação* desafiam todas essas provocações ao ato, que dão a impressão de que um sujeito tenta todos os sinais possíveis para atingir seu objetivo, por exemplo, apanhar, e o fato é que ele atinge esse objetivo. Enfim *a equivalência aspecto = comportamento* parece uma evidência em todos os conflitos que quase dispensam a linguagem. Aliás, as experiências nas quais a linguagem é voluntariamente limitada podem, por sua pregnância, detonar no sujeito humano respostas verbais cujo conteúdo também é muito uniforme.

---

20. Ciência dos comportamentos das espécies animais em seu meio natural (*Le Robert*).

Poderia-se, portanto, atribuir aos comportamentos humanos violentos o valor de um mecanismo inato de detonação e, conseqüentemente, tratar os fenômenos de violência através de medidas arquiteturais, sociais ou comportamentais, por exemplo. A questão é que, no homem, o automatismo da imagem, que parece de modo estranho com esses mecanismos inatos, é justamente apenas o fruto, deliberado ou inconsciente mas sempre dramático, de uma *ausência de fala* que pode ser entendida em seus diversos sentidos: falta de elaboração da parte do sujeito, descumprimento das promessas feitas pelos adultos, ausência de verbalização elementar quando da construção do indivíduo. Em que essa *ausência de fala* é uma violência dissimulada feita à criança, e depois ao adolescente, que provoca por sua vez uma violência atuada? É o que vou esboçar. Já se sabe que algumas crianças muito pequenas, irrequietas e violentas antes da aquisição da linguagem, se acalmam repentinamente com o aparecimento dela. Essa constatação banal demonstra, em minha opinião, que a *infans* é submetida a uma violência ainda maior quando mantida fora do mundo dos adultos, ou seja, do simbólico que a linguagem veicula, daí uma agitação sem controle que busca os limites no confronto físico. O que a criança procura então dominar, ainda que seu apelo ao Outro possa parecer masoquismo? Em *As teorias sexuais infantis*[21], Freud explica que a dúvida da criança sobre o papel e a função do pênis – dúvida à qual não consegue responder – é acompanhada de uma *excitação*. "A essa excitação, diz ele, estão ligados impulsos que a criança não sabe interpretar, impulsos obscuros a uma ação *violenta*: penetrar, quebrar, fazer buracos por toda parte." Ora sua pulsão de saber composta, de um lado, de dominação sublimada e da "energia do prazer escópico"[22] tem como condição necessária a linguagem, mesmo que essa condição não seja suficiente. A pulsão

---

21. S. Freud, *La vie sexuelle*, Paris, PUF, 1969, p. 21, citado por J. Sédat no colóquio do Espaço Analítico de Caen sobre o "Narcisismo".
22. S. Freud, *Trois essais sur la théorie sexuelle, op. cit.*, p. 123.

de dominação para Freud, escreve J. Sédat, é "quebrar o que não se pode elaborar". Ora elaborar – eu iria escrever perlaborar – é ligar a pulsão à linguagem sobre-investindo seu representante, nos diz Freud. E a ausência de representação de palavra significa o *recalque*, seja ele primário ou secundário. Nesse caso, elaborar é também substituir a operação custosa do recalque por uma inibição seletiva da representação, ou seja, um verdadeiro *julgamento*. De fato, essa operação é difícil na adolescência. Por quê? Porque a obrigação de uma realização sexual leva a uma supressão da amnésia infantil, amnésia infantil cuidadosamente recalcada pelas atenções do complexo de Édipo. Decerto, se o pré-genital está de acordo com o genital, se a amnésia infantil oculta a mesma coisa que o Édipo, nem tudo vai muito mal. Em contrapartida, se o Édipo na infância – ou seja, a introdução de um pai – teve dificuldade para mascarar a violência de uma simbiose primária com a mãe, se não foi suficiente para conter a pulsão incestuosa, o sujeito vai ser obrigado na adolescência a recorrer a uma atuação que qualifiquei de masoquista e que poderia ser resumida nesta frase: "Detenham-me ou estrago tudo." Infelizmente, posso dizer, poucas pessoas o escutam, ou antes, elas se dirigem a personagens – polícia, educadores, psicanalistas – que não têm nada a ver com isso: são, de fato, *pais ideais* a quem se pede para desempenhar o papel de *pais reais*.

O processo adolescente é, para mim, a projeção da onipotência infantil libertada, aliada à introjeção depressiva de uma lei que se deve tomar para si, em suma uma nova distribuição do eu ideal e do ideal do eu. Que fazer se o pai real, aquele cujo papel é conciliar lei e desejo[23], vir a faltar dramaticamente, tanto na cultura circundante[24] como na família? Que fazer senão *provocar*: o apelo mal-entendido de que eu falava há pouco se dirige de fato a uma figura, ela também magistralmente identificada, a partir dos trabalhos de J. Lacan, por M. Safouan, a do *pai ideal*, figura que se transmite no discurso universal.

...........

23. M. Safouan, *Études sur Oedipe*, Paris, Seuil, 1974, p. 138.
24. J.-P. Lebrun.

Ahmed, 13 anos, colocou fogo em seu colégio. A mãe, uma mulher muito jovem e perplexa, o trata como louco, o que o deixa louco. Ela é a segunda de nove filhos que moram, quase todos, com os avós maternos. Ahmed não tem pai. Ainda assim, sabe que o pai é egípcio e que se casou com outra mulher. Ele poderia portanto encontrar pais substitutivos, como se diz, entre seus numerosos tios maternos, mas, um é muito ruim, o outro gentil, e nenhum tem influência aos seus olhos, ou seja, aos olhos da mãe. Aliás, ela foi para a Argélia quando Ahmed tinha um ano, deixou-o com os pais e só voltou o ano passado. Ele aceita um psicodrama individual, única técnica que pode permitir que ele se exprima. Nas cenas de escola, ele representa um aluno perfeitamente bajulador, sempre pronto a denunciar os outros, verdadeiramente servil. Faço então com que uma mãe que vem buscar o filho, que é muito mau aluno, intervenha: a mãe não tem meia medida, insulta o filho e acusa a professora. O filho é um preguiçoso agitado que Ahmed denunciou um pouco antes, mas depois da intervenção dessa mãe alia-se a ele para colocá-la para fora! Faço com que ele represente em seguida o papel do tio Ali, que o proíbe de sair. Nesse papel, Ali-Ahmed é muito severo, age como se a mãe não estivesse presente, e não apenas o proíbe de sair como também o acusa de ter queimado lixeiras na véspera: ele o viu fazendo isso pela janela. Ahmed, representado por um co-terapeuta, replica:

Ahmed-co-terapeuta: Você não é meu pai!
Ali-Ahmed: *Seu pai não está aqui!*
Ahmed-co-terapeuta: Venha mamãe, vamos embora!
Ali-Ahmed: *Você não está bem da cabeça, faz besteira e quer sair: vou trancar a porta.*

Nesse momento, faço intervir o vigia do imóvel. Completamente identificado com o agressor, Ali-Ahmed balança o sobrinho, conta que o viu queimando lixeiras. Mas, quando este pede a Ahmed o endereço do pai, Ali-Ahmed acha que está exagerando, intrometendo-se no que não lhe diz respeito, e o põe para fora! Pouco a pouco, Ahmed consegue me confessar:

"Se eu tivesse um pai, tudo seria melhor; ele seria severo quando eu fizesse uma besteira e me puniria!" Mas o caráter puramente ideal desse pai vai ser revelado rapidamente. De início, proponho que ele represente um namorado da mãe que parece afrontá-lo depois de uma bobagem. O namorado se mostra severo, manda-o para o quarto, mas assim que Ahmed lhe faz promessas decide levá-lo ao cinema. Depois da representação, ele proclama com insistência sua necessidade de que o pai volte, e, como fazemos com que perceba que talvez esse seja o objetivo não confessado de suas besteiras, ele solta um grito do coração: "Mas faço tantas besteiras e ele não volta!" Decidimos então – já que ele nos disse que o pai foi chamado para ir à casa da mãe, sem sucesso – representar um encontro com esse pai ausente. Ahmed representa seu próprio papel. De saída, acusa o pai de não reconhecê-lo, leva-o em seguida ao McDonald's e o submete a um verdadeiro interrogatório que logo se torna um requisitório: o que você vai fazer? Como o co-terapeuta está um pouco atordoado, Ahmed pede que ele viva com eles, negando totalmente o desentendimento dos pais, identificando-se com a mãe quando o "pai" recusa: "Então o quê, você não me quer mais!" Ele o repreende por ter partido sem nem mesmo ter se divorciado, por ter recusado rever sua mãe, pela convivência com outras mulheres. Pergunta até como ele "vai acertar seu problema de culpa" (*sic*) e o que espera fazer para ser perdoado. Então representamos o encontro impossível entre a mãe e o pai, Ahmed representa seu papel e o pai vai tentar ser o pai severo conscientemente desejado por Ahmed. Esse pai questiona, preocupa-se com as besteiras que Ahmed justifica pela ausência paterna. A nova mulher do pai intervém então na cena e, logo, Ahmed a denuncia à mãe: "Foi com ela que ele a enganou!" E, quando o pai quer levar o filho para sua nova casa, este pede ajuda para... Ali (o tio sádico da primeira cena): "Ali, venha!" Esse caso um tanto patético ilustra perfeitamente, me parece, a observação de M. Safouan, para quem são as figuras ferozes e obscenas (Lacan) do Supereu que "vêm atenuar a degradação da fantasia do pai ideal"[25].

Se Ahmed toma consciência de que "a mãe não é suficiente", como ele diz, é porque ele começa a adolescência e, se foi privado de um pai quando era pequeno, ele precisa muito disso agora para escapar de uma relação incestuosa de que não tem consciência. E, no fundo, mesmo que a partida do pai tenha satisfeito seu complexo de Édipo, esse êxito só fez com que ele se aproximasse de uma mãe com a qual forma um casal.

Assim ele se conforma com essa imagem de pai ideal, que seria respeitado sem nenhuma idéia de imposição, porque tudo seria feito por *amor*: um amor homossexuado que zomba da rivalidade edipiana mas protege, no Édipo invertido, da mãe fálica. Em suma, esse pai ideal não tem muita coisa a ver com o pai real, cuja função se dirige menos à criança do que à mãe, a quem importa ditar a lei. Infelizmente, esse pai real tem dificuldade para sobreviver numa sociedade que literalmente o persegue. Ele se refugia, portanto, num papel homossexuado como uma segunda mãe que viria suprir as faltas da verdadeira mãe. Essa atitude do pai considerado real encoraja e fortalece a violência dos adolescentes, ou seja, a resposta a uma violência simbólica, pois ela é a única defesa contra a loucura ambiente.

O senhor e a senhora X tiveram muita dificuldade em conceber Alexandre: como o pai me confessará, "fizemos de tudo durante sete ou oito anos para tê-lo". A tal ponto que se inscreveram na lista de fecundações *in vitro*, mas "aconteceu antes". Assim, Alexandre recebe três nomes: o primeiro foi escolhido pela mãe, o segundo é o do endocrinologista que os "ajudou muito" a ter a criança, o terceiro é o nome de um aluno da mãe, que é professora de francês. O pai reconhece que a mulher nunca concorda com ele e que se sente impotente diante do filho. Este é evidentemente um falo ambulante, perigoso e ameaçador. No entanto, pai e mãe concordam quando reconhecem o talento do menino: não é que com 12

---

25. M. Safouan, *Études sur l'Oedipe*, Seuil, *op. cit.*, p. 49.

anos foi campeão de golfe? Mas é claro que ele não tem nada para fazer com essa superestima (*Überschätzung*) narcísica: "Não pensem que vou retomar o golfe para agradá-los", desfere ele. Evidentemente, não toma banho, grita de raiva de forma extraordinária, evita o pai. Alexandre me declara que a mãe está ali "para chatear", que ele não obedece a nenhuma ordem, que não está "nem mesmo apaixonado" pela namorada e que ficaria o tempo todo em casa se o pai não estivesse presente, confissão um tanto negativa de sua necessidade de um pai. Além disso, ele o censura implicitamente de "nem mesmo falar do haxixe" que Alexandre consome em abundância. O pai parece o pai de Hamlet, que suplica ao filho "para não fazer nada contra sua [mãe]", citado por J.-P. Lebrun, que acrescenta: "Um pai assim, em vez de difamar a mãe, deixa antes a cargo do filho a realização da tarefa que não pôde cumprir."[26] Efetivamente, quando Alexandre recorre a um pai real, este se oculta na função de castrar a mãe, obedecendo a esta última e constatando contra a vontade que com ele, decididamente, tudo vai bem quando os dois estão juntos. Infelizmente, ele é totalmente submisso a essa mulher que deve aterrorizá-lo: ambos estão agarrados ao celular para saber se Alexandre vai suportar o luxuoso estágio de tênis que eles pagaram. Logo no primeiro toque, correm para seu Mercedes para ir buscá-lo. Por que o senhor X não é capaz de sustentar nesse ponto uma posição de pai e continua prostrado com a mulher ao pé do ídolo deles? Uma explicação pode ser encontrada em seu passado: seu pai se casou duas vezes e ele nasceu do segundo casamento. Ora, esse pai era uma espécie de "*grande ídolo*", de "*líder absoluto*". Com seus próprios termos, o senhor X, que é alemão, acrescenta que esse pai era um verdadeiro "*Salonlöwe*", um leão de salão! Uma bela definição do pai ideal com todas as suas ambigüidades. Inútil dizer que ele teve muita dificuldade para se libertar de sua influência, que parece mesmo tê-lo forçado a uma posição feminina pouco inclinada

26. J.-P. Lebrun, *Un monde sans limites*, Toulouse, Erès, 2001, p. 21.

a prepará-lo para um papel paterno. Isso provoca em Alexandre a impossibilidade de se libertar de uma identificação obrigada com a mãe, que faz com que ele a rejeite para logo lembrar-se dela, pois seus sintomas o alcançam e a angústia materna é contagiosa. A violência intrafamiliar (ele está envolvido numa posição fálica insuportável), assim como a violência social (ele pichou a arca-d'água do internato onde os pais o puseram), é a única solução para escapar de uma relação dual. A violência manifesta é, portanto, a resposta a essa violência dissimulada. Haveria talvez respostas diferentes das atuadas e violentas, mas o adolescente deveria então ser capaz de compreender a situação, ter distanciamento, poder traduzir em palavras seus sentimentos, coisas difíceis nessa idade. Além disso, essas reações – no final das contas legítimas – o culpabilizam, e ele vai então provocar o pai, quando tem um, para sofrer o castigo esperado. Infelizmente, nesse caso como em milhares de outros, o pai não compreende estritamente nada do que lhe pedem. No melhor dos casos, como no de Alexandre, ele procura ser amigo do filho, o que não funciona tão mal, mas na maior parte do tempo exigem que ele seja um bicho-papão. A mãe, que de fato estabeleceu desde o nascimento uma relação cúmplice com o filho, relação em que o pai simbólico é verdadeiramente apenas simbólico, encontra-se muitas vezes extenuada na adolescência e recorre enfim ao pai da realidade. Infelizmente, há muito tempo desqualificado, este representa um intruso ou um estrangeiro malévolo para o menino. De repente, o filho tem diante de si uma aliança nova e insólita de pais que entram enfim em acordo contra ele: é a fantasia kleiniana realizada dos *pais combinados*, temível aliança que embaralha completamente o debate. Pois o que não fez, ou fez pouco, as vezes de pai simbólico durante a infância não pode ser reanimado artificialmente na adolescência.

    Acontece, no entanto, de a criança ter sido beneficiada por uma referência da mãe a um pai simbólico, ter imaginado um pai edipiano, sem por isso poder se confrontar com o pai real. Considerei essa configuração particular para terminar com Livio, um futuro adolescente de 3 anos que precisou do empurrãozinho que pode mudar um destino. Livio é completamente insuportável. Entra e sai do gabinete batendo a porta sem que os pais intervenham. Estes se queixam de uma agitação contínua, de uma encopresia reforçada pela enurese. De fato, à noite Livio pede a fralda... para fazer cocô nela. O pai se identifica com ele, ou antes, *o* identifica a ele: "Ele é malcriado como eu era na sua idade. Felizmente tem personalidade." A mãe acha que o marido é muito laxista e descreve o filho como insolente. Evidentemente, tudo está centrado na criança: se ele não quer ir ao banheiro, é porque tem medo, é uma fobia que precisa ser tratada. O pai está fascinado pelo pequeno inflexível, que "não desiste", ao passo que ele chegava a ceder. Pai e mãe estão passivos e maravilhados diante dessa força da natureza. Há aí, como em Alexandre, um início de inversão de papéis – o que os terapeutas familiares chamam de parentificação – e, em todo caso, uma patologia que cria condições favoráveis para os excessos da adolescência. As entrevistas preliminares com os pais tomarão algum tempo, mas eles cooperam muito por estarem verdadeiramente *esgotados*. Fico sabendo que o pai teve um pai extremamente severo: "Nem pensar", me diz ele, "em se opor a ele. Aliás, sempre o respeitei, mas nunca pude falar com ele. Quando vejo Livio me contrariando, não tenho vontade de anular sua personalidade. Aliás, fico admirado diante dele. Eu nunca teria sido capaz de me opor dessa maneira a meu pai. E depois, quando ele fica firme e me encara dizendo 'não', tenho a impressão de ver meu pai e não posso dizer mais nada." Compreende-se que a transferência para Livio de um pai imaginário onipotente não é útil para esse pedaço de gente que nada na onipotência limitada por sua fobia a banheiros. Ao mesmo tempo, tem-se a impressão de que, pela interposição de Livio, o pai acerta suas contas com o próprio pai. Sua não-resposta a Livio, sua ausência de oposição aos desejos do filho, é a vingança pontual que dirige ao pai de sua infância. Essa vingança muda é reflexo da violência que sofreu passivamente sem poder se opor. Mas ela se engana quanto ao interlocutor e, finalmente, a *passividade* é pior que uma violência física. Alguns adolescentes delinqüentes podem verbalizar essa violência negativa. Omar (22 anos): "Meu pai, quando eu fazia alguma besteira, não dizia nada. Isso me deixava mal, significava que ele não tinha nenhum interesse por mim. Eu preferiria que ele me batesse."[27] Esse apelo ao pai real acaso não é o apelo generalizado da adolescência atual, apelo no deserto?

---

27. "Jeunes en prison" (documentário transmitido pelo Canal +), *Le Figaro*, 12 de setembro de 1998.

# Capítulo V
# O adolescente e a instituição

O termo "instituição" é polissêmico, pois designa tanto o conjunto das formas e estruturas sociais estabelecidas pelas leis (o casamento, por exemplo) quanto o fato de instruir e, enfim, por extensão, os estabelecimentos de educação ou de cuidado. Essa polissemia é apenas relativa, na medida em que a instituição, quer se trate de leis ou de um estabelecimento, estabelece entre o sujeito e a sociedade, a pessoa cuidada e o cuidador, o educador e quem é educado um mediador ou, mais exatamente, um terceiro que rege essa relação dual. Os adolescentes que são confrontados com a sociedade com um S maiúsculo não se enganam quando contestam tanto a ordem social como as organizações que são levadas a administrá-la. Por isso, quando falarmos da relação do adolescente com a Éducation nationale, a Justiça, a Saúde, será necessário considerar não somente suas relações com as instituições adequadas, mas também a idéia que ele tem de justiça, a representação que faz da medicina, ou ainda, seu vínculo com freqüência passional com o saber e seus representantes.

De fato, o que o adolescente imagina dessas entidades (medicina, justiça, educação) tem conseqüências nessas mesmas entidades. Pois, na verdade, a relação nova que cada geração estabelece com elas pode colocá-las em questão, o que as leva a renovar-se com mais ou menos maleabilidade. Por isso, é ainda muito difícil levar em conta o *normal* e o *patológico* nesses questionamentos que são hoje mais aceitos que estigmatizados. Isso é verdade tanto para o adolescente que infringe a lei como para o diabético que recusa tratamento, tanto para o adolescente que recusa a hospitalização psiquiátrica como para o aluno que responsabiliza o professor por seu fracasso. Em suma, a contestação parece atualmente mais um sinal de boa saúde, e isso constrange os adultos responsáveis a mais transparência e especialmente a não se identificar com sua função.

Por todas essas razões, não faremos diferença aqui entre as categorias de adolescentes que precisam das instituições: todos, de fato, podem ser confrontados com elas por uma razão ou outra. A adolescência tem o poder de abolir as diferenças, e isso em virtude do poder conferido à idade. Assim, todo adolescente – e não somente aqueles que são tidos como *psicopatas* – pode ter de se haver com a justiça; pode ter um incidente psiquiátrico sem conseqüências; um adolescente diabético pode falsificar os resultados de um exame seu sem ser perverso ou psicótico, etc.

Esse espírito da adolescência impele alguns a querer suprimir as diferenças e tentar edulcorar a especificidade de cada instituição. Dessa maneira, busca-se *desmedicalizar, despsiquiatrizar* os lugares para adolescentes. Ora, na minha opinião, se há um sentido para extrair desses questionamentos institucionais feitos pelos adolescentes, é o de não misturar os gêneros, não desnaturalizar os lugares, mas ao contrário torná-los mais aptos a sua função própria, seja qual for o adolescente que precise deles. Assim um adolescente deficiente poderá ser beneficiado por uma estrutura de inserção completamente fora do sistema de assistência, assim como um adolescente *normal* poderá tirar proveito de uma ajuda psiquiátrica pontual.

## Balanço da situação

*As instituições não especializadas*[1]

Abertas a todos os jovens, essas instituições, administradas em geral por associações (lei de 1901)* sob a égide ou não dos ministros (Juventude e Esporte, Educação, Serviços Sociais, Justiça), e até mesmo administradas diretamente por eles, podem ser divididas em três grupos.

• *Os serviços de escuta telefônica.* Podem dizer respeito tanto às relações pais-filhos (Croix Rouge Écoute [Cruz vermelha escuta]), às questões ligadas à toxicomania (Drogue Info Service [Droga Info Serviço], Centre national d'information sur les drogues [Centro nacional de informação sobre as drogas]), às ligadas às seitas, à anorexia e à bulimia ou ao suicídio. A maior parte desses serviços de escuta é gerida por *associations 1901* com a ajuda, na grande maioria, de voluntários. Certamente, esses ouvintes são selecionados, supervisionados e reunidos em grupos de fala promovidos por psicólogos. Sua ação é limitada, visando sobretudo informar o mais objetivamente possível.

• *O Centre d'information et de documentation Jeunesse* [Centro de informação e de documentação jovem] (CIDJ, 101 quai Branly, 75015 Paris). Esse centro permite um atendimento personalizado, gratuito e anônimo para todo jovem que deseja se informar sobre os mais diversos temas: formação profissional, cursos universitários, saúde, viagens, "bicos". Dispõe de membros permanentes que se adaptam ao tipo de atendimento (entrevista ou simples autodocumentação) solicitado pelo adolescente, assim como de uma agência de viagem, de uma

..................
1. Trataremos à parte, no capítulo seguinte, a questão das dificuldades escolares na adolescência.
* Lei de 1º de julho de 1901 que autoriza a criação e o funcionamento de uma associação sem fins lucrativos. Essas associações são conhecidas como *"associations 1901"*. (N. da T.)

ANPE (Agence nationale pour l'emploi), de um apoio jurídico, etc. Organiza jornadas temáticas (sobre prevenção, aprendizagem) e edita muitas publicações.

- Os *organismos de orientação escolar e profissional*. O CIO (Centre d'information et d'orientation [Centro de informação e de orientação]) é um serviço público da Éducation nationale. Assegura atendimento e informação ao público escolarizado e desescolarizado (desde menos de um ano). Pode organizar entrevistas com um conselheiro de orientação psicológica e autorizar a prática de testes de orientação. As agências nacionais para o emprego (ANPE) ajudam na escolha de uma orientação ou de uma formação. A *Mission générale d'insertion* [Missão geral de inserção] depende do Ministério da Educação e assegura sessões de informação e de orientação, ciclos de inserção profissional alternados para jovens com mais de 16 anos. As *Permanences d'accueil, d'information et d'orientation* [Serviços de amparo, informação e orientação] (PAIO) participam também do amparo a jovens entre 16 e 25 anos desescolarizados, sem emprego, mas são estruturas menores e mais variáveis (gestão associativa ou municipal) que as missões locais. São encontrados aí conselheiros de inserção, de formação e de status muito variados (psicólogos, sociólogos, educadores).

## O adolescente e a justiça

É impossível tratar aqui de todos os problemas postos pela delinqüência do adolescente, dos trâmites de notificação de abusos sexuais ou maus-tratos, da adaptação dos atos judiciários à personalidade do adolescente e, enfim, das ações com propósito educativo lideradas pela autoridade judiciária (Aide éducative en milieu ouvert [Ajuda educativa em meio aberto] AEMO; residências aprovadas pela justiça).

A *delinqüência do adolescente* levanta o problema de distinguir um ato isolado, sintomático de uma crise, de uma entrada na delinqüência. Por isso os juízes de infância adaptam cada vez mais as sanções à psicologia da adolescência[2] – penas de substituição, acompanhamento educativo – e procuram implicar pais com muita freqüência exauridos. Muitas vezes um acompanhamento psicológico é aconselhado, pois é freqüentemente eficaz.

*Os processos de notificação.* Trate-se de maus-tratos ou de abuso sexual, eles não diferem dos da criança: qualquer pessoa[3] que saiba de um abuso deve notificá-lo urgentemente ao procurador da República (quando os fatos podem acontecer de novo) ou ao juiz de infância. O procurador deve tomar imediatamente medidas de proteção à vítima (prisão do abusador, internamento da criança), a notificação ao juiz tem um efeito muito mais lento. O prazo de prescrição foi recentemente reaberto durante três anos a partir da maioridade da criança vítima[4]. Se o adolescente é culpado por casos assim, a justiça leva isso em consideração e pode tomar medidas de internamento em instituição e de acompanhamento educativo antes do *julgamento*. Este pode ser adaptado à personalidade do adolescente com a ajuda, se necessário, de uma avaliação médico-psicológica.

As *medidas da AEMO*. Podem ser puramente administrativas (e solicitadas pelos pais) ou prescritas pelo juiz de infância. Trata-se de entrevistas obrigatórias confiadas a um educador especializado que podem ser realizadas no domicílio do jovem. Ele controla a freqüência escolar ou profissional do jovem, questiona os pais sobre seu comportamento dentro e fora do meio familiar.

Os *internatos aprovados pela justiça* podem ser um remédio ideal para alguns jovens com dificuldade escolar, não inseridos, influenciáveis e obrigados a se submeter, em alguns bair-

...........

2. Regulamento de 2 de fevereiro de 1945, de onde se depreende que para os jovens a sanção educativa está acima da sanção penal.
3. Com uma restrição relativa quando os fatos são revelados no âmbito de uma psicoterapia, mas por um lado o terapeuta já não é obrigado ao segredo profissional e por outro a ausência de notificação pode lhe ser recriminada.
4. Lei de 10 de julho de 1989.

ros de periferia, à lei do mais forte. O internato salvaguarda então sua independência e permite que eles evoluam graças à orientação de educadores.

## O adolescente e a medicina

Tema vasto que só pode ser esboçado neste espaço. Distinguiremos dois problemas visíveis: primeiro, o vínculo do adolescente com a medicina em geral e, em seguida, os problemas psicológicos ligados às doenças crônicas.

- *Adolescente e medicina.* Mesmo que os problemas estritamente médicos estejam raramente ligados diretamente à adolescência (citemos a acne, as dorsalgias[5], os atrasos de crescimento e de puberdade), o adolescente costuma freqüentar o médico seja por problemas somáticos, seja por problemas psíquicos. Os problemas somáticos são muitas vezes ligados às preocupações corporais (dismorfofobia) ou ainda às somatizações da angústia (sufocação sem razão, taquicardia, dores de barriga, náuseas, etc.). As dificuldades psíquicas são, além da ansiedade, sobretudo os problemas do sono sob todas as suas formas (dificuldade para dormir, acordar à noite, etc.). Devem-se muito freqüentemente a uma vida não saudável e podem ser resolvidas em consultas com especialistas. O problema, para o clínico geral, é saber se o tratamento dessas dificuldades é de sua competência ou se ele deve encaminhar seu paciente a um psicanalista. É verdade que a demanda de adolescentes em psicologia é tão freqüente que é difícil considerar as coisas. Assim, o mais razoável consiste em dar ao adolescente o endereço de um psicanalista que ele irá consultar se for preciso. É ele, definitivamente, que saberá dar o primeiro passo se julgar necessário. Nada é mais nocivo, em todo caso, do que *medicalizar* os problemas psicológicos do

---
5. Epifisite dos adolescentes denominada doença de Scheuermann.

adolescente, não apenas pela prescrição abusiva de medicamentos, mas também pela interpretação em termos médicos de um sofrimento psíquico.

A esse respeito, a hospitalização em clínica geral ou em pediatria de adolescentes que sofrem de anorexia mental é, em geral, uma catástrofe. Se, de fato, a anorexia atinge, e às vezes gravemente, o corpo, seu determinismo é puramente psíquico. O amálgama com uma doença orgânica provocado por uma hospitalização em medicina leva muitas vezes a uma rejeição pelo grupo que cuida de adolescentes que não respeitam as prescrições médicas e recusam cuidados inapropriados. A medicalização concerne às vezes aos serviços ditos de "adolescentes", para os quais a adolescência é medicinal e a entrevista psicológica é um exame complementar prescrito entre outros.

• *Adolescência e doenças crônicas.* Algumas doenças crônicas hereditárias (diabetes, mucoviscidose, hemofilia) levantam problemas de tratamento importantes na adolescência. Esses problemas são puramente psicológicos, pois os adolescentes questionam sua docilidade infantil, recusam os tratamentos, falsificam os exames ou mesmo tomam medicamentos que sabem ser perigosos para atentar contra a própria vida. Todos esses problemas surpreendem os médicos, que são obrigados a se dedicar a problemas psicológicos particularmente difíceis: recusa ou mesmo negação da doença para a diabetes, comportamentos de risco na prática de esportes violentos para o hemofílico. Quanto à mucoviscidose, seu prognóstico continua sombrio, apesar do progresso nos tratamentos, e é muitas vezes fonte de uma depressão grave. Por isso, os serviços hospitalares contam com a contribuição de psicólogos para regular esses problemas difíceis e vitais: não se trata de fato de um sofrimento verbalizado, mas de passagens ao ato que provocam curto-circuito no pensamento.

## As instituições psiquiátricas para adolescentes

Como a psicanálise não é reconhecida como tal, apesar de seu emprego exagerado nas instituições cuidadoras (consultas, hospitais-dia, unidade de urgência dos hospitais), é sob a responsabilidade de psiquiatras que funcionam essas instituições cuidadoras: de fato, os psicanalistas são admitidos nessas instituições apenas como psiquiatras ou psicólogos. Os textos que os regem no entanto (convenções) fazem em linhas gerais alusão a essa técnica.

Ao lado dessas instituições *cuidadoras* existem instituições ditas *médico-sociais*, dirigidas por um educador ou por um psicólogo, nas quais o psiquiatra intervém como auxiliar (externatos e internatos médico-psicológicos, médico-educativos, médico-profissionais).

- *As consultas.* Quer dependam de um intersetor de pedopsiquiatria (serviço público e gratuito) e levem o nome de consulta médico-psicológica (CMP), quer sejam geridas por *associations 1901* de iniciativa municipal, Éducation nationale ou particular, e chamem-se Centro médico-psicopedagógico (CMPP cujos tratamentos são reembolsados pela Seguridade social), essas consultas podem ser eminentemente úteis para todos os adolescentes que são beneficiados por entrevistas mais ou menos próximas, psicoterapias ou psicodramas, mas que não encaram ainda uma psicanálise. Isso exige, da parte dos consultores-terapeutas, uma verdadeira formação psicanalítica e eventualmente uma experiência com os adolescentes. Consultas e tratamentos podem ser feitos até depois da maioridade em CMP (mas as hospitalizações em meio pedopsiquiátrico são limitadas a 16 anos), até os 20 anos em geral em CMPP.
- *Os hospitais-dia.* Os hospitais-dia ou são setorizados, no caso em que recebem crianças e adolescentes, ou são especializados na adolescência e mais freqüentemente não setorizados e geridos por *associations 1901*. Essa especialização que nos interessa aqui implica uma missão

que ultrapassa as necessidades do população de um intersetor de pedopsiquiatria. Existe de toda maneira uma setorização *de facto* ligada às distâncias geográficas e aos meios de transporte públicos, já que esses hospitais-dia são externatos. Particulares ou públicos, fazem parte da estrutura hospitalar e são dirigidos por um médico-diretor. Mas a idade da população tratada, o respeito pela dinâmica adolescente, a freqüência concomitante das dificuldades escolares obrigam essas estruturas a aplicar um ensino secundário e apoios psicopedagógicos variados (pedagogia curativa, por exemplo).

Assim, alguns hospitais dispensam ensino para alguns "alunos" devido ao destacamento de professores da Éducation nationale (assim como o CEREP, boulevard Jourdan, em Paris), ao passo que outros adaptam a escolaridade ao tipo de criança que recebem, outros enfim integram completamente a escolaridade e estruturam o estabelecimento em classes, com os cursos sendo feitos por psicopedagogos (La Grange Batelière em Paris, o Centre du Parc de Saint-Cloud em Ville d'Avray).

A hospitalização-dia, em razão da diversidade (psiquiatras, professores, psicanalistas) e da multiplicidade dos interventores (assistências múltiplas, bi- ou trifocais), permite que adolescentes cujo tratamento ambulatório não é suficiente transponham uma passagem difícil (convalescença de acessos delirantes, por exemplo, mas também cicatrização de uma psicose infantil). A contribuição da psicanálise é importante nos estabelecimentos citados, mesmo que feita de maneira indireta.

• *A hospitalização.* Limitada pela idade, a hospitalização dos adolescentes em meio pedopsiquiátrico é reservada para menores de 16 anos. Ora, os problemas específicos apresentados pelos adolescentes precisam ser reunidos numa mesma faixa etária, já que eles não se sentem à vontade nem misturados com crianças nem com adultos⁶. Alguns serviços criaram centros de crise dentro de um hospital e podem assim atender tentativas de suicídio ou crises psicóticas agudas. Outros, com gestão privada em geral, puderam ampliar os limites a jovens adultos (Institut Montsouris), ao passo que os serviços da AP (Assistence Publique [Assistência pública]) têm os 18 anos como limite (La Salpêtrière), mas isso continua um tanto vago. A hospitalização indicada em caso de extrema necessidade pode se revelar indispensável (alguns serviços se especializaram recentemente na prevenção do suicídio), mas o caráter da assistência pode ser radicalmente diferente segundo as opções ideológicas do chefe de serviço. Enquanto alguns serviços estão abertos a uma abordagem psicoterapêutica apoiando-se na psicanálise, outros ao contrário persuadem ou tentam persuadir os adolescentes de que seus distúrbios são hereditários, seu desencadeamento biológico, e generosamente distribuem a eles psicotrópicos. Todos os hospitais-dia citados também possuem experiência de convalescenças de hospitalização delicadas com adolescentes revoltados ou, ao contrário, prontos a se refugiar na condição de doentes.

## As dificuldades escolares na adolescência

De 168 adolescentes consultados nos últimos anos (em CMPP ou particular), na expectativa de uma assistência psicoterapêutica, apenas 54, ou seja, cerca de 30%, apresentavam como motivo principal as dificuldades escolares, sem que, contudo, esse problema tenha sido subestimado durante a investigação, mesmo a título de uma repercussão secundária a

---

6. Alguns internatos muito pouco numerosos combinam a estrutura de hospital-dia com o ensino e a hospedagem (Les Lycéens em Neufmoutiers en Brie; a clínica para estudantes em Sceaux, ambos adminstrados pela Fondation de France).

um distúrbio de outra ordem. Esse número parece pouco elevado, levando em conta a quantidade de tarefas tanto intelectuais como afetivas que o adolescente deve realizar em sua tomada de consciência de si mesmo.

Para que nosso procedimento seja o mais conforme possível a um estudo psicanalítico, tentaremos classificar essas dificuldades em função de sua maior ou menor congruência com o processo de adolescência. Alguns distúrbios, com efeito, existem há muito tempo, e é raro o adolescente vê-los melhorar, por meio de uma psicanálise por exemplo. Outros, ao contrário, acompanham a crise de adolescência, com a qual aliás contribuem. Os últimos enfim são específicos à adolescência, mas de maneira paradoxal e desconcertante.

Veremos que o inconsciente é amplamente interessado pelo que toca à escolaridade, na maioria das vezes pelo viés dos avatares da pulsão de saber. Mesmo que Freud não considere essa pulsão elementar, conceberemos facilmente que a sublimação da dominação e a energia do prazer escópico, pelo que ele a resume, concernem ao adolescente tanto em seu desejo de dominação como em suas fantasias voyeuristas (cena primitiva). Mas esses avatares estão longe de resumir a convergência inconsciente e ameaçadora do desejo de saber com o saber sobre o desejo. Todos as espécies de entidades complexuais: a identificação e suas defesas, os distúrbios tímicos ligados a uma perda de objeto – narcísico ou não –, a rivalidade edipiana, para citar apenas algumas, influem com freqüência, sob a forma exteriorizada de conflitos com os pais, na relação que o adolescente mantém com a escola.

Enfim, o processo adolescente inconsciente e sua repercussão escolar estão marcados por *defesas* de todo tipo. Inicialmente, as defesas específicas – o ascetismo e a intelectualização descobertos por Anna Freud –, que contribuem às vezes paradoxalmente para um *sobre-investimento* da aprendizagem escolar. Mas também a defesa maior, que é a inibição. A *inibição* é um conceito ambíguo, pois é ao mesmo tempo um sintoma e uma defesa cujos mecanismos, em Freud, estão estritamente opostos. Como sintoma, a inibição traduz a má qualidade das defesas pré-conscientes contra o conteúdo do inconsciente cuja irrupção leva a um recalque maciço e cego, bloqueando assim o conjunto das atividades intelectuais. Como defesa, ao contrário, como mostra Freud (1895), ela visa inibir o conteúdo inconsciente, e essa inibição é muito mais sofisticada que o recalque, pois emprega as representações pré-conscientes, ou seja, a linguagem, e veremos que ela está ligada ao supereu paterno. Acontece que essa linguagem é enfraquecida quando só reflete a imagem das coisas ou a ambigüidade das palavras: é a causa das *inibições* ditas *parciais*, porque permanecem como um sintoma limitado a tal atividade ou a tal disciplina.

Enfim, um sofrimento psíquico como o luto, por exemplo, desencadeia, em razão dos mecanismos que mobiliza, uma inibição secundária às vezes considerável, repercutindo por todos os setores de atividade do sujeito. Como se vê, todas as dificuldades escolares do adolescente podem ser consideradas do ângulo da inibição: os distúrbios antigos como a conseqüência de uma *inibição global sintoma*, a neurose de fracasso e os bloqueios em determinada matéria como o efeito de uma *inibição parcial*, a diminuição do rendimento escolar como resultado de uma *inibição secundária*.

Trataremos, portanto, sucessivamente:

– *da incidência da adolescência sobre as dificuldades escolares antigas*, do fracasso escolar às inibições escolares antigas. Essa incidência leva muitas vezes a reorientações, e até mesmo a uma interrupção total dos estudos;

– *da diminuição recente do rendimento escolar*, devida a uma patologia de gravidade variável;

– *da inibição parcial e da neurose de fracasso*, como uma das conseqüências psicodinâmicas do processo de adolescência.

Em contrapartida, não trataremos aqui da *fobia escolar*, já vista, que contrariamente a sua denominação não tem em geral nada a ver com o conteúdo do ensino, mas diz respeito às relações complexas que o adolescente trava com seus colegas e com seus professores.

## Incidência da adolescência sobre as dificuldades escolares antigas

O grupo de adolescentes que interessa nesse tipo de dificuldade pode ser dividido em dois subgrupos, cada um com um perfil muito específico. O primeiro, de longe o mais importante, está centrado em *distúrbios ditos "instrumentais"* que puderam provocar um fracasso escolar; o segundo em *distúrbios neuróticos* precocemente estruturados.

## Os distúrbios ditos "instrumentais" da criança que se tornou adolescente

São adolescentes que têm uma história muito particular. Essa história começa no nascimento com as dificuldades alimentares, em que a freqüência de regurgitações é espantosa, problemas precoces de sono os acompanham muitas vezes. O desenvolvimento é freqüentemente marcado por acidentes somáticos mais ou menos graves. Em seguida, o primeiro contato com a escola é difícil, e a separação para com o meio familiar é mal suportada. As dificuldades disortográficas seguem-se, com freqüência, a distúrbios da articulação e são tratadas muito cedo pela reeducação, quando esta deveria ter sido precedida de uma psicoterapia ou, em todo caso, de uma investigação psicanalítica no meio familiar, indispensável para evitar uma fixação dos distúrbios. A escolaridade é feita sofrivelmente, recoberta de mudanças de estabelecimentos em geral particulares, de tratamentos mais ou menos adaptados a que a criança se submete passivamente. A adolescência é vivida, em geral, numa passividade tingida de morosidade. A atividade onírica é constantemente recalcada, os interesses são pobres, o sujeito se queixa de não saber o que dizer durante a entrevista com o psicanalista: no entanto, ele tem com muita freqüência um passado carregado de reeducações, até mesmo de psicoterapias longas e múltiplas. Às vezes um investimento importante em outra área favorece uma nova orientação. Não é raro que o adolescente decida interromper seus estudos. O caso de Xavier ilustra esse itinerário.

Xavier, 15 anos, é o terceiro depois de uma menina e de um menino. As crianças se sucedem com um intervalo de dois anos. Ele não foi amamentado e regurgitava quando tomava mamadeira. Um atraso de desenvolvimento foi diagnosticado relativamente cedo, mas sem conseqüência terapêutica. O contato com o maternal foi muito ruim: Xavier enfurecia-se ao sair da escola, ao passo que na classe não se mexia durante várias horas. Os pais parecem atentos e cooperadores. A avó paterna é maníaco-depressiva, e a filha vive com ela depois de ter sido considerada inválida com o mesmo diagnóstico. Xavier é muito passivo. Vem pela insistência dos pais e dos professores, que acham que ele não se exprime. Nunca gostou da escola; em compensação, é apaixonado por judô e tênis. Aliás, quer ser professor de algum esporte. Ele tolera as perguntas, mas fica na defensiva. Além disso, diz que desde o primário teve acompanhamento sem sucesso, primeiro em ortofonia, depois em psicoterapia. Pede apenas uma coisa: que o deixemos em paz, e se o colocamos contra a parede fica agressivo: "Eu disse o que tinha para dizer." Sou informado pelo pai que o crescimento teve início no ano passado, ao mesmo tempo que a puberdade. De acordo com os pais, ele não tem amigos. No entanto, aceita um psicodrama individual com intenção diagnóstica. Ele escolhe representar um bibliotecário que atende jovens. Estes, representados pelos co-terapeutas, vão lhe pedir histórias em quadrinhos e falar sobre sua hostilidade para com o colégio e o saber livresco. De fato, é interessante e paradoxal que Xavier tenha escolhido esse tema, e procuramos mostrar a ele que a oposição à escola pode ser vivida ludicamente e separada do desejo de saber, traduzindo essa oposição por um conflito de geração. Ora, para nosso grande espanto, Xavier sustenta um discurso moralizador e superegóico, mostrando quanto sua recusa escolar está inscrita numa relação sadomasoquista inconsciente. Depois dessa única sessão, ele recusará o acompanhamento, mesmo tendo participado plenamente da encenação.

*Os distúrbios neuróticos instalados desde a infância*

Algumas neuroses, principalmente obsessivas, se instalam desde o período de latência e são acompanhadas de uma inibição global que inclui a esfera cognitiva. Embora a história dessas crianças seja sensivelmente diferente das do grupo precedente, o quadro realizado na adolescência é sensivelmente idêntico. No lugar dos distúrbios ditos instrumentais, posso dizer, encontramos muito cedo, na infância dessas crianças, uma meticulosidade e problemas de dúvida que provocam uma lentidão difícil de suportar e que as coloca "à parte" na classe. Essa lentidão também é encontrada na vida cotidiana e afeta em particular o vestuário e a alimentação. Não é raro que uma disgrafia tenha feito com que se prescrevesse reeducação psicomotora. Todo esse passado faz com que a adolescência não cause nesses sujeitos as agitações que poderiam ser esperadas: aqui também a morosidade reina. A imagem do corpo é em geral perturbada, e o olhar dos outros é vivido como hostil. O pensamento submetido ao recalque sujeita-se igualmente às compartimentações devidas às clivagens múltiplas, que permitem ainda assim, e em algumas áreas, que a inteligência seja exercida. A psicoterapia analítica e, até mesmo, a psicanálise são indispensáveis.

"Não é sempre que tenho vontade", declara de saída *Stéphane*, um adolescente de 16 anos, encaminhado para uma psicoterapia que se revela difícil. Os pais o inscreveram num curso com poucos alunos. Ele assume dolorosamente uma pesada herança: tem o nome do irmão da mãe, morto durante o serviço militar, quando Stéphane tinha um ano, e comenta que a avó o confundia com ele. Tem uma experiência persecutória da escola: "Tenho a impressão de que modificamos nosso caráter nesse lugar: seria mais amplo se não fôssemos à escola" (*sic*). Queixa-se de esquecer as fórmulas matemáticas. A história, para ele, é o "mundo dos espíritos", e declara curiosamente: "Não gosto de história porque todo o mundo conhece." Ele consegue pouco a pouco e com muita dificuldade revelar pensamentos que evidenciam solipsismo, mas manifestam um trabalho subjacente: "Posso dizer os pensamentos?", ele pergunta paradoxalmente. "Enquanto escutava a professora, pensei que todo o mundo via o que ela dizia de maneira diferente." Paralelamente, uma atividade onírica reaparece e, mesmo protestando que não serve para nada falar de seus sonhos, ele constata ter sonhado que estava no Pólo Norte e que tinha colocado a mão num buraco feito no gelo, depois de ter posto a mão no chão enquanto dormia e assim tocado o pé da mesa, que estava muito frio. Enfim, quando seus resultados escolares melhoram para seu próprio espanto, ele se questiona sobre a reação da mãe. Ela, com efeito, não lhe dá a moto prometida, manda-o contra sua vontade para férias no exterior, ao passo que antes ela lhe perguntava o tempo todo aonde ele gostaria de ir. E conclui constatando que todo ano, em sua escola particular e calorosa, os pais tiram os filhos quando sabem que eles passaram enfim para as classes avançadas.

Enquanto em Stéphane domina uma inibição global, a neurose aparece nitidamente em Jérôme, que começou com 14 anos e meio uma psicoterapia analítica que se transformará dois anos mais tarde em análise.

*Jérôme* compreende que é preciso "dizer as coisas para se libertar" e se pergunta o que quer dizer ou não. Reconhece que tem medo de "descobri-las, oficializá-las, apontá-las" e se coloca numa posição de espera passiva. Quando, depois de algumas sessões, "decide falar", constata que "lhe faltam palavras". Sua posição megalomaníaca e transferencial aparece bastante rápido: "Tenho medo de falar coisas interessantes. Confesso que nunca tive amigos de verdade. Nunca encontrei nas pessoas de minha idade alguém que correspondesse a minhas exigências." Essa posição literalmente exclusiva se traduz assim: "Tenho dificuldade em me dar com adolescentes." Colocar essas frases lado a lado dá a impressão ao leitor de que se trata de associações de idéias. Elas são de fato destiladas no meio de sessões quase inteiramente silenciosas. Mas de uma sessão a outra percebe-se que as defesas obsessivas (ritos) recobrem uma vulnerabilidade muito grande ao contato com objetos de investimento possíveis. "Talvez eu não fale porque não me amo." Essa relativa libertação provoca um novo desinvestimento do trabalho escolar, ou mais exatamente diminui as defesas pelo ascetismo que o condenavam a um trabalho compulsivo de fraco rendimento. Em seguida, aparecem a tomada de consciência de um Édipo invertido e o risco concomitante de feminização por uma mãe onipresente. Ele recupera até mesmo uma lembrança da infância: "Eu queria saber de tudo", e essa outra: "Sempre fui atraído por minha mãe." Mais tarde, Jérôme reconhece os benefícios da análise: "Você fez com que eu assumisse o fato... de ser garoto... por inteiro... Em todo caso, tenho a impressão disso. É um grande passo que se traduz pelo fato de que me dou bem com muitos meninos da minha classe... e também, com as meninas, minhas relações são mais *claras*." Mas não há sessão que ele passe sem se queixar de cansaço, de tédio, e até mesmo de algumas angústias à beira da despersonalização: "Um dia depois das férias, tenho a impressão de estar desmembrado." Finalmente, Jérôme abandonará os projetos de estudar cartas de personalidades históricas da França para se voltar a uma profissão musical, pois ele sempre teve aptidão em música e o instrumento que toca, parece, foi poupado por essa verdadeira psicastenia.

Como se vê neste capítulo, os adolescentes desse grupo se parecem. Aqui, não há um fracasso escolar verdadeiro, mas o adolescente vê oportunidades freqüentes de abandonar completamente os estudos. Nicolas, epiléptico, que sempre teve problemas na escola, descobre sua homossexualidade aos 16 anos e não vai mais de maneira nenhuma ao liceu. Mathias, em psicoterapia desde os 6 anos de idade, interrompe aos 23 anos seus estudos numa escola particular de comércio. Mathieu, esquizóide, interrompe brutalmente um BTS* depois de ter decidido viver na casa do pai divorciado.

...........
* Brevet de Technicien Supérieur [Diploma de técnico superior]. (N. da T.)

O perfil dos adolescentes que confirmam seu fracasso escolar não é diferente do perfil dos adolescentes desse grupo: têm uma inteligência normal e sempre tiveram problemas neuróticos ou instrumentais que fizeram com que antipatizassem com a escolaridade, por trás de racionalizações banalizantes. Como nos disse Stéphane: "Não sei por que não gosto da escola. Existe um monte de gente e o professor está longe de nós."

## Diminuição recente do rendimento escolar

Muito diferente é a diminuição brutal do rendimento escolar: o(a) adolescente vê suas notas desabarem sem que se tenha necessariamente observado um sofrimento antes dessa queda. É ela, de fato, que vai revelar um problema do qual ele (ela) não podia falar. Ocorre muito espontaneamente, dado que antes disso o adolescente ia muito bem nos estudos, e era até mesmo brilhante.

*Causas exteriores*

Algumas vezes, a causa desse enfraquecimento escolar parece muito evidente, pois é encontrada numa conflituosidade familiar que pode ser tão dramática que se esquece das conseqüências no adolescente.

*Stéphanie*, 15 anos, tem dificuldade para estudar. Nas últimas férias, a mãe foi embora, pois já não suportava a violência do marido alcoólatra. Evidentemente, ela só fala disso: "Quando os dois estão juntos, tremo. Ela enfiou uma faca na mão dele para se defender. A polícia veio. Ele tomava medicamentos e mesmo assim bebia." No entanto, no momento da consulta, tudo voltou à ordem e o pai a acompanha. Mas Stéphanie continua preocupada com o traumatismo que viveu.

*Claude*, 14 anos, não estuda de maneira nenhuma. Ele é particularmente reservado, embora aceite vir de muito longe. A mãe, enfermeira, investe-se imensamente em seu trabalho. O pai, técnico, é descrito pela mãe como um homem estranho, interessa-se muito pelo filho, anda de bicicleta e faz aeromodelismo com ele. Só muitos meses mais tarde é que saberemos que os pais dormem em quartos separados, já não se falam e decidiram se separar. Antes de chegar a esse ponto, e antes de dizê-lo, toda a família estava centrada nos problemas escolares de Claude.

*Patrick*, 14 anos, terá uma recuperação espetacular depois de uma ou duas consultas. Evidenciou-se que o pai era desvalorizado por uma mãe ansiosa e preocupante: ela fantasia até mesmo que ele vai matá-la. Patrick chega com a lista de queixas que tem contra o pai, no bolso: é muito semelhante ao que diz a mãe. Acrescenta: "É uma família que não se entende." À parte isso, ele não tem problemas, prefere o futebol à psicologia e, rindo, acha que eu falo com ele como seu professor de tecnologia!

A ação dessas causas exteriores sobre o rendimento escolar dos adolescentes parece muito com o que eles chamam de "virar a cabeça". É verdade, como vimos, que isso poderia ter um lado traumático de acontecimentos mais vividos que verbalizados. A tomada de consciência necessita pelo menos de uma consulta com um especialista. Algumas vezes, o adolescente tem consciência de sua participação psíquica no conflito.

*Aurélie* manda todo o mundo passear. Sua madrasta: "Meu pai está a seus pés"; seu padrasto: "É um intelectual, não gosto da família dele." Ela reconhece: "Fico amuada em casa", porque não aceita o divórcio dos pais. Rapidamente, tudo vai entrar em ordem.

*Depressão, morosidade e outros sintomas*

O caso de Aurélie permite que se faça a transição entre as causas exteriores e a causa interiorizada essencial, que é a perda de objeto depressivo na queda dos resultados escolares na adolescência. Quer se trate de depressão característica ou da forma crônica que a morosidade realiza, a idéia fixa do suicídio aparece sempre como pano de fundo nesses distúrbios que requerem a vigilância dos adultos. Evidentemente, esses adultos, os pais em particular, devem apenas se preocupar com resultados como o revelador de um mal-estar, e não como preguiça, "diagnóstico" que satisfaz no entanto muitos adolescentes inibidos.

*Nathalie* repetiu a *terminale* com 18 anos. Já faz dois anos que ela teve depressão e viu uma psicóloga. Acha a mãe muito gentil, o que a culpabiliza. Acha, de fato, que a mãe é triste. Os pais se separaram há dezessete anos, e ela sempre viveu apenas com a mãe. Sonha que "uma colega atira uma bala em sua cabeça", que pede que os pais a levem para o hospital, e que estes respondem: "Não vale a pena, você vai morrer em breve!" Sabemos enfim que, uma semana antes, rompeu com o namorado que conhecia havia três anos.

Embora também estejam separados, os pais de *Judith* a levam juntos, de modo que só descobrimos a separação durante a entrevista com a filha. Ela tem 16 anos e está na *seconde**. A irmã mais velha fez uma tentativa de suicídio e está fazendo terapia. A mãe é depressiva. Judith não se acha verdadeiramente deprimida, mas sofre de distúrbios de humor ciclotímicos. Está pronta para fazer psicoterapia. Aqui também, a diminuição no rendimento escolar está na origem da consulta.

*Bernard* tem 17 anos e está na *seconde*. Tem problemas escolares desde a *troisième*. Foi colocado num internato, mas não suportou. Não tem consciência de que suas dificuldades remontam à separação dos pais, separação recusada pelo pai. O problema de Bernard é nitidamente edipiano; está muito próximo da mãe e repreende o pai por não cuidar dele o suficiente; em suma, porque ele não é um bom pai. Tem humor moroso, não consegue estudar e admite: "Estou sempre de s... cheio." E também: "Não é o suicídio, mas a morte que me interessa." Seus sonhos refletem o conflito edipiano: "Escapa-se por pouco. Minha arma automática trava. Aliás, ela é menor que a de meu adversário." No psicodrama individual, quando representamos esse conflito edipiano de maneira caricatural, ele per-

---

* Primeiro ano do *lycée* na França. Corresponde, mais ou menos, ao primeiro ano do ensino médio no Brasil. (N. da T.)

gunta por que voltamos sempre a suas relações com a mãe. No entanto tem relativa consciência disso: "Nas séries americanas, o pai é legal e a mãe maçante. Para mim, é o contrário." Todos esses problemas escolares serão interrompidos, com freqüência rapidamente, com uma assistência psicoterapêutica.

*Os sintomas revelados pela escola*

A morosidade e a depressão não resumem totalmente as causas da queda do rendimento escolar. Esta parece às vezes o álibi cômodo para revelar um sintoma difícil de ser traduzido em palavras.

Os pesadelos de *Philippe*, por exemplo, acabaram bruscamente desde a primeira consulta. Algumas sessões serão o suficiente para fazer as notas melhorarem sem que ele queira ir mais longe. Percebe que é severo demais consigo mesmo.

*Guillaume*, por sua vez, vive uma verdadeira relação sadomasoquista com a mãe, relação em que o pai está quase totalmente excluído. Ela continua a fazê-lo, aos 14 anos, decorar as lições, e ele não suporta que ela deixe de fazer isso. Logo na primeira entrevista, ele chora, acusa-se de ter um temperamento dos diabos, reconhece que faz falcatruas e que depois tem idéias negras. Mas principalmente, depois de ter falado de suas dificuldades para dormir, grita: "Estou com tesão!" Um pouco embaraçado, compreendo que ele se queixa de suas ereções. Será difícil, como era para o pai, intervir nessa relação mãe-filho. Além disso, ele nos confessa: "Depois da consulta, assim que meu pai entrou, minha mãe começou a chorar."

Nesse caso também, um problema de orientação escolar tinha sido o pretexto para a consulta.

**A inibição parcial e a neurose de fracasso**

Trato num mesmo capítulo dos distúrbios que se manifestam na escola, pois eles têm uma etiologia vizinha e conseqüências diferentes.

A inibição parcial testemunha uma dificuldade do sistema pré-consciente para inibir certo conteúdo inconsciente. Assim, esse conteúdo, como no recalque que é próximo a ele, vai fazer irrupção no pré-consciente. A diferença entre as duas defesas é sutil: o recalque suprime a representação de palavras que remete ao inconsciente. O ponto fraco desse recalque é que ele é simplista, pois a representação busca todos os meios (deslocamento, condensação) para reaparecer. A inibição, ao contrário, é uma operação que depende de uma etapa posterior: a do julgamento. Julgo que tal representação tem direito à consciência ou, ao contrário, julguei sem apelação que ela não o tinha. Evidentemente, essa operação implica que todo recalque tenha sido suprimido a propósito dessa representação: senão esta não será capaz de inibir o conteúdo inconsciente. Eu já contei (1992) por que um estudante de medicina não conseguia compreender a função celular chamada de "bomba de sódio". Ele tomou consciência de que era porque essa função estava *emparelhada* (com a expulsão do potássio). É que o significante "par" estava sobredeterminado nele por problemas edipianos mais importantes que em outras partes (ele quis dormir com a mãe). Essa inibição não está longe da *neurose de fracasso* criada por Pierre Mâle, naquilo a que a inibição pode obedecer ou suprir da função paterna muito em falta no exemplo citado. Mas a neurose de fracasso vai mais longe ainda, porque interdita sadicamente todo êxito, êxito condicionado pelo exame, pela sanção das notas, etc. O adolescente tem então uma atitude que se assemelha com o masoquismo moral: seu sentimento de culpa o torna muito mais severo com ele mesmo do que seria qualquer pai. Ou antes, ele substitui o pai (muitas vezes enfraquecido para proibir a ele uma mãe excitante) por um supereu terrível, que não tem – ou não tem ainda – as características do ideal do eu. Muitas dificuldades ditas escolares são com muita freqüência, de fato, problemas disciplinares que decorrem desse mecanismo inconsciente: os alunos não têm nenhum problema intelectual, mas não se autorizam a aprender e ainda menos a ter boas notas. Seja dito de passagem, muitos adolescentes fazem esforços sobre-humanos para não ultrapassar a média e não ficar muito distante dos outros ou muito à vista dos professores e dos colegas.

## A inibição parcial

Julia, 12 anos, na *cinquième*, sofre com problemas em francês desde a *cinquième*. Suas notas baixaram há algum tempo. De fato, é disortográfica, mas os pais, que a puseram numa escola de prestígio, têm consciência de que existe algum problema, mas não um distúrbio instrumental: ela pergunta à mãe o que é uma depressão e veste-se como menino, só aceita ter cabelos curtos desde os 4 ou 5 anos de idade. Logo na primeira sessão, me conta um sonho: "Um menino novo fala com ela. Ele manca de uma perna e anda com uma bengala." Desde a primeira consulta, as notas aumentaram, e ela ficou fantástica em equitação, me diz a mãe. O pai confirma o desbloqueio miraculoso em ortografia. Julia me diz: "Agora, *os erros me machucam*." O menino por quem ela acaba de se apaixonar é daltônico, me diz ela, e acrescenta: "Não entendo por que os meninos sempre precisam se comparar entre eles. São uns grossos, eles se acham superiores." Começa a estudar logo que volta da escola, e a mãe percebe isso. Ela compreende a aula de inglês, mas diante de uma dificuldade desiste. "No entanto, tenho a impressão de ter medo, mas *tenho um buraco*." Ela parece surpreendida pelo que acaba de dizer.

No caso dessa jovem, que sem dúvida teve uma identificação edipiana masculina, o despertar adolescente da problemática edipiana reativa um complexo de castração que ela tinha tentado superar. O sintoma disortográfico traz, talvez, a marca disso, já que ela dirá durante a terapia que confundia *ch* com *g*, e *m* com *l*!

*Fabrice* está na *première**  com 17 anos. No caso dele também o complexo de Édipo adquire formas inesperadas. Odeia a mãe e adora o pai. Mas, de fato, é o contrário. Ou antes, odeia a mãe quando ela provoca nele perturbações sexuais.

---

* Segundo ano do *lycée* na França. Corresponde, mais ou menos, ao segundo ano do ensino médio no Brasil. (N. da T.)

E odeia o pai quando ele é incapaz de dizer não à esposa. Como o pai é professor de matemática, ele recusa compreender as bases matemáticas: também não aceita os pares na fórmula $(a + b)^2$. Ele se questiona por que $3 - 2 = 1$. Quando compreende uma demonstração, diz que não a compreendeu e me pergunta por que não se começam as somas pela esquerda. Esse Édipo não é intelectual: vai mesmo impelir Fabrice a fugir de casa, já que sua atração pela mãe é insuperável e o pai é afetuoso demais. Sonha aliás que estamos no hospital e que eu dou à enfermeira um envelope para a Seguridade social em que está escrito: "relações edipianas".
Essa inibição está relacionada com uma ausência da função paterna separadora. Essa ausência impede também que Fabrice se identifique com esse pai que sente gentil demais. Além disso, durante a sessão, ele me perguntará se é possível identificar-se com uma mulher!

## A neurose de fracasso

Ela vai ao encontro dessa problemática, mas estende-se a todas as esferas em que a castração (ou seja, o risco fantasístico de castração, provocado por uma falta de castração simbólica infligida pelo pai) pode entrar em jogo.

É para evitá-la que *Roland*, 13 anos, na *cinquième*, precipita-se na identificação paterna: "Não preciso de ajuda; não quero mais ir à escola. Prefiro o campo. Gosto de ver o sangue correr. Quero ser açougueiro." O pai é artesão, forçado pelos hipermercados a abandonar o campo para se ver empregado... num hipermercado.

A mãe de *Paul* sempre deu tudo para o filho. Aliás, ele lhe lembra o pai que ela adora. Ela reconhece que, quando o pai de Paul lhe dizia alguma coisa, ela não o escutava. Paul é expulso de todas as escolas. Faz besteiras, é advertido, como ele diz, e promete não recomeçar. Paul faz com que seja punido o máximo possível, e a psicoterapia não o ajudará a fazer isso!

*Laurent* está completamente bloqueado para estudar. Além disso, já não pode sair de casa para ir à aula de violão.

Depois que o vi, ele se lembra de seus sonhos: "Atacam-no e os adultos que vêm defendê-lo são colocados à parte. Ele se esconde." Laurent ficou muito decepcionado com o pai, que não quis acompanhar a mãe quando ele tinha 11 anos. Mas não pode se opor a esse pai tão atencioso. O que ele não sabe é que o pai faz tratamento de depressão grave.

É impressionante constatar que esses adolescentes têm um comportamento de fracasso em relação imediata com o fracasso do pai em se opor a eles... ou à mãe deles.

François, 15 anos, repetiu a *quatrième*. É um pequeno deus em casa. Aliás, está num colégio música-estudo, pois toca piano muito bem. Mas não sabe o que fazer para impedir a adoração que os pais dedicam a ele. Mas sim, é claro, interromper o piano. Os pais ficam consternados e consultam-se! A mãe é de uma hiperatividade extrema e dirige sua própria empresa, ao passo que o pai é funcionário público. O certo é que este último, por amor como diz, é absolutamente incapaz de se opor a ela. Queixa-se do filho, que quer sempre ter razão, mas quando quer falar com ele o filho não aceita. Ele confessa que privá-lo de sair o priva também. Evidentemente, o pai não estabelece nenhuma relação entre o comportamento escolar do filho e o fato de que ele mesmo interrompeu os estudos na *troisième*. François solta a língua: "Tento mudar; eles também, mais nunca do lado certo." Ele não suporta que, no meio de uma loja, a mãe lhe diga diante de todo o mundo: "Meu queridinho daqui, meu queridinho dali."

Florence tem 18 anos e está bloqueada na *terminale*[7]. Ela não suporta absolutamente os controles. De fato, gostaria de ser a primeira, como na *seconde*, e tem medo de não conseguir. Faz muitos esportes: tênis, ciclismo e é campeã de boxe francês. O pai minimiza tudo: para ele, ela é perfeccionista; repetirá isso durante toda a entrevista. Ela não assume o fracasso, aliás, queria até deixar o boxe depois de um resultado ruim. No entanto, ela se opõe menos ao pai do que à mãe. É preciso

---

7. Cf. pp. 157-8.

dizer que apenas a mãe se opõe à filha. O pai minimiza também a depressão que ela teve há um ano, assim como uma anorexia relativa. Ele não está entusiasmado com a psicoterapia, que, no entanto, foi amplamente indicada. O ano passado, ela não se apresentou ao *bac*: os pais tentaram fazer com que os pais do amigo de infância interviessem, mas foi em vão. A mãe nos revela que quando pequena a filha queria ser menino, jogava futebol, que a partir dos 9 anos ela não quis mais usar saias. De fato, percebe-se que os pais estão em total desacordo, desacordo no centro do qual está Florence, mas eles não querem reconhecer isso.

Como se vê, se as dificuldades escolares revelam distúrbios patológicos, os resumem ou fornecem o álibi de um pedido de consulta, estes não estão numa relação fácil de traduzir com aqueles. Em outras palavras, não há correspondência entre tal tipo de patologia e tal dificuldade escolar. Em contrapartida, há uma profunda relação entre a capacidade de aprender e a possibilidade de o sujeito tomar distância das relações afetivas que estabeleceu com os pais. A esse respeito, as etapas precoces são essenciais (desmame, separação), não menos que a qualidade do par edipiano.

## O ADOLESCENTE EM BUSCA DE NOSSOS LIMITES: REFLEXÕES SOBRE O TRATAMENTO PSICANALÍTICO EM HOSPITAL-DIA

O conceito de limite, a bem da verdade menos utilizado em psicanálise do que em psiquiatria, conserva no entanto nesses dois campos a ambigüidade de sua etimologia latina. *Limes* (*limitis*), de fato, é ao mesmo tempo um *limite* entre dois campos, estes rústicos, e o *caminho* que os distingue.

Essa ambigüidade é encontrada em todas as etapas psíquicas que levam o sujeito a individuar-se, ou seja, separar-se[8].

...........

8. Texto retomado de uma intervenção no colóquio do CMPP Étienne Marcel, *L'adolescent à la limite*, sábado 6 de novembro de 2004, ASIEM.

A separação entre o sujeito e a mãe é realizada pela castração primordial, constituída pela fase do espelho. Mas, como se sabe, essa separação nunca é total, mesmo porque é preciso refazê-la na adolescência! A própria fase do espelho permitiria então separar o externo do interno, mas ainda aí estaríamos falando de que limite, visto que existem dois, se acreditarmos em Paul Federn[9]: no limite externo cuja efração é responsável pela despersonalização ou no limite interno sem o qual, cito, "as repetições das fases do Eu recalcadas [podem] engendrar delírios e alucinações"? Essa ambigüidade é encontrada evidentemente nos estados amorosos com a mistura entre identificação e relação de objeto que Didier Lauru[10] sublinhou. Ela é ainda mais evidente no conceito de limite psicossomático, lugar-fronteira "onde as manifestações *psíquicas* adquirem um sentido simbólico ou metafórico no registro do corporal e por onde, igualmente, a excitação *somática* se inscreve no psiquismo"[11]. Mas essa ambigüidade culmina no conceito de estado-limite, ele mesmo limite entre psicanálise e psiquiatria, um vasto campo onde tudo cabe que autoriza a psiquiatrização de adolescentes perdidos graças aos novos neurolépticos, que seriam perfeitamente tolerados se não fizessem engordar também: não duvidemos disso, esse novo medicamento vai chegar e me dizem que encontraram a molécula. Com esse conceito, de fato, não é um caminhozinho que delimita o campo da psicose e o da neurose, é uma larga via em que nos embrenhamos sem buscar analisar – convém dizer – o fato de estrutura, mesmo sendo tanto mais difícil quanto a adolescência, como mostrou J.-J. Rassial[12], é um período que vê se fechar – sem que se consiga muita coisa, deve-se reconhecer –, uma configuração estrutural presente desde a mais tenra idade.

..................
9. *In Limites du moi*, por Marvin S. Hurvich, verbete do *Dictionnaire international de la psychanalyse*, dir. A. de Mijolla, Paris, Calmann-Lévy, 2002.
10. Cf. D. Lauru, *La folie adolescente*, Paris, Denoël, 2004.
11. Gisèle Harrus-Revidi, in *Dictionnaire international de la psychanalyse*, *op. cit.*
12. J.-J. Rassial, *Le sujet en état-limite*, Paris, Denoël, 1999.

Para encerrar esse preâmbulo, direi que existem sujeitos perfeitamente psicóticos, histéricos por causa da terapia ou da análise, que não mostram o menor sinal positivo de psicose. Da mesma maneira, encontrei sujeitos neuróticos que estavam em estados análogos ao de Jean-Christophe, o herói de Romain Rolland, citado por D. Marcelli e A. Braconnier[13], que "já não sabia se existia [...], falava, e sua voz parecia sair de outro corpo [...], mexia-se e via seus gestos de longe, do topo de uma torre [...], passava a mão no rosto, um ar perdido", sem que esses estados fossem de forma alguma acessos delirantes, mas antes vivências inefáveis, ou quase, ligadas a modificações imaginárias que são encontradas no que chamamos agora de "acontecimentos de vida".

Convém dizer que me limitarei à relação terapêutica com o adolescente, em particular em instituição. Ora, em relação ao conceito de limite, essa relação permite um *paradoxo* que deveria nos questionar: parecemos de fato oferecer-lhes com nossos métodos, e às vezes mesmo com o plano, um gozo, certamente limitado a nossos olhos, mas ilimitado aos deles. Explico-me.

A *psicanálise*, na própria formulação de sua regra fundamental, abole toda convenção social, todo pudor, toda reserva. Decerto, essa abolição se refere a um pensamento ou à fala que o traduz, em nosso espírito em todo caso. Não é o que acontece, sabe-se, com muitos pacientes, e em particular com adolescentes: estes como aqueles entendem essa regra como um imperativo irrealizável, pois neles o ato e a fala não estão dissociados. Conseqüência: uma *inibição* maciça. Eles se calam, e o cúmulo é que isso possa nos espantar. No entanto, abrir a intimidade a um desconhecido, como eles dizem, parece-lhes tão obsceno quanto uma passagem ao ato: as *projeções* que fazem sobre nós e às vezes têm a delicadeza de nos comunicar o provariam se conviesse a eles. Por esse motivo, como sabemos, a psicanálise é raramente indicada na adolescência. Limitamo-nos então à psicoterapia.

---

13. *Psychopathologie de l'adolescent*, Paris, Masson, 1984, p. 249.

Mas a *psicoterapia* tem as mesmas regras e provoca assim os mesmos efeitos. Conhece-se o infortúnio ocorrido com Anna Freud no início de sua prática com uma pequena obcecada de 6 anos, que lhe declara: "Tenho um demônio em mim. É possível fazê-lo sair?" Ela lhe responde que não seria fácil, "que deveria *fazer* muitas coisas que não seriam nem um pouco agradáveis". E Anna Freud determina entre parênteses: "Dizer-me *tudo*."[14] É o que faz a pequena... e a sessão se transforma num "depósito". Mas, em vez de se limitar à sessão, ela faz toda a família tirar proveito disso "embriagando-se com um monte de representações, de comparações e de expressões anais". Anna Freud fica chocada: "Minha pequena paciente se comportou como uma perversa [...]. Fiz de uma criança inibida e neurótica [acrescenta ela] agora uma criança má, uma criança *perversa*" (p. 69). A seqüência é conhecida, a terapeuta ameaça interromper tudo e a menininha promete não dizer mais nada... em casa. Anna Freud concluirá que o analista de criança (e sem dúvida de adolescente) deve "reunir em si duas tarefas difíceis e *no fundo* contraditórias: é preciso que ele analise e que eduque".

Então, podemos dizer, há o *psicodrama*? Logo no início do psicodrama, Lebovici e Diatkine tinham decidido propor às crianças que brincassem em grupo no hospital Enfants-Malades. Muito rápido eles foram submersos pelo jogo das crianças, pois elas se batiam e quebravam o material: assim, foram forçados a instituir regras. Dizer tudo certamente, mas *fingir*. Somente com essas condições a criança podia tomar consciência, por um lado, da *realidade fictícia* do jogo, me permito esse oximoro, e, por outro, pelos *limites* que se impõe a si mesma sem saber.

Por que são necessárias novas regras onde não havia limites aparentes à fala? Simplesmente porque a ausência de *limites externos*, em vez de dissolvê-los, reforça ao contrário os

---

14. *Le traitement psychanalytique avec les enfants*, Paris, PUF, 1981, pp. 16 e 67. O destaque é nosso.

*limites internos*, inibição, ou seja, a interdição para falar, ou ainda, interdição de pensar ou de representar. Diante desse jugo superegóico, o terapeuta é obrigado a instaurar uma estrutura ainda mais restrita: isso pode ir da junção de novas regras até a estrutura analítica, que finalmente parece atingir apenas aqueles que não podem respeitá-la. Os outros a vivem antes como uma libertação, mas infelizmente muito poucos conhecem essa felicidade: assim o gozo é o pior constrangimento[15]. Dito isso, uma vez eliminadas as pressões sociais, a aparência, a vergonha e o respeito humano, uma vez eliminadas as resistências devido à impressão de liberdade dada pela sensação de pagar o preço justo, resta *last but not least* a contratransferência do analista, que reforça às vezes a dos cuidadores, e reciprocamente, quando o paciente é tratado pelo grupo chamado de "instituição".

Ora, queira-se ou não, as instituições para adolescentes chanceladas pela psiquiatria oferecem, por sua razão social, além dos diferentes espaços sem limites que enumerei, o direito de ser louco. Por esse motivo, alguns adolescentes pioram quando são admitidos (quando é "admitida" sua patologia), ou, por exemplo, *fazem-se de loucos*. Isso acontece principalmente em hospital-dia, por exemplo, quando o adolescente psicótico vem se recuperar do hospital psiquiátrico, mas também com alguns neuróticos graves (os que são então qualificados de *borderline*) e sobretudo com psicopatas que apresentam a partir de então uma loucura neurótica extenuante para a equipe cuidadora, mesmo quando é chamada de neurose de comportamento.

Por isso, deve-se continuamente lembrar o adolescente da função da instituição, seu caráter temporário, e sobretudo a questão do objetivo do tratamento, tratamento que escolheu com nossa ajuda. Ora, para mim, a tendência maior é esquecer essas considerações que são tidas como "evidentes" ou "superficiais", e até mesmo referir-se apenas ao lado prático: elas

---

15. "Goze!", diz o supereu, segundo a fórmula de Lacan.

tocam, ao contrário, um aspecto fundamental da adolescência, aspecto ao mesmo tempo à flor da pele e profundo, a saber, seu narcisismo. Como escreveu Anna Freud, que acreditava que a análise não interessava ao adolescente, por sua incapacidade de transferência: "O adolescente concentra tudo num único ponto: a preocupação com sua própria personalidade."[16] O adolescente se pergunta constantemente o que faz ali. Ou ainda, tendo aceitado entrar sem ter escolha, mostra sua agressividade sem poder falar de seus fundamentos. Lembramos-lhe então das regras e, se ele precisar da instituição, tentará se conformar a elas. É então confrontado com os limites: tanto os dos adultos como os seus. Ora, seus limites são dolorosamente sentidos e travam o desenvolvimento da adolescência, quer sejam anulados por fantasias megalomaníacas, quer sejam vividos vergonhosamente na inibição, da qual se conhece a proximidade com a passagem ao ato. Nada mais angustiante, com efeito, do que o sentimento de perda de seus limites, que o processo de adolescência induz com o desaparecimento momentâneo do ideal do eu, guardião de si, até então encarnado pelos pais. Por esse motivo, o que lhe interessa nesse *encontro* com o terapêutico, quer se trate de uma instituição ou de um terapeuta, é o confronto, ou seja, o encontro dos limites do outro. Certamente, há os limites impostos pelo adulto, uma fronteira que estabelece entre ele e o adolescente, por exemplo a linha materializada por uma faixa pintada que os fumantes não podem transpor no pátio do colégio. Esses limites artificiais, o adolescente não tem nada a fazer com eles: na melhor das hipóteses, ele os despreza; na pior, os transgride. O que ele quer é *encontrá-los*. E onde se pode encontrá-los? Os policiais teriam muito para contar sobre isso; os psicanalistas não deveriam se limitar – convém dizer – a falar em *provocação*.

Antes de terminar com três casos extremamente diferentes que mostrarão os limites buscados *no* Outro (e insisto

---

16. A. Freud, *Le moi et les mécanismes de défense*, Paris, PUF, 12ª ed., 1990, p. 149.

nesse *no*), vejamos uma história não muito nova (data de 1986), contada por um médico diretor de um hospital-dia. A adolescente levou a professora de francês ao cinema para assistir a um filme de terror. Não sei se a professora ultrapassou os limites do regulamento, mas com toda a certeza a adolescente procurava os limites do adulto. Durante todo o filme, de fato, ela não olhou para a tela um só instante, mas ficou espiando as reações no rosto da professora![17]

**Fort-Da**

*Jérémie* tinha 14 anos quando foi encaminhado ao hospital-dia depois de um tratamento com psicodrama, porque era dependente dos outros na escola, estava mal nos estudos e insuportável em casa. O psicodrama permitiu que ele superasse a depressão ligada a sua posição de vítima, mas, rejeitado pela instituição escolar, tendo cometido atos graves de delinqüência, precisava de uma assistência mais importante. O meio familiar, caloroso mas completamente exaurido pelas mentiras contínuas de Jérémie, dobrava-se ante medidas coercitivas draconianas: proibição total de sair, por exemplo, às quais ele se submetia. O pai, obrigado a punir, está sofrendo muito: chora diante de Jérémie suplicando-lhe que se corrija, e compensa imediatamente com presentes a punição que acabou de infligir-lhe.

Muito à vontade na instituição, Jérémie apresenta poucos problemas escolares, mas é literalmente insuportável. Não apenas aterroriza os mais fracos, como também passa o tempo manipulando tanto adultos quanto adolescentes. Em suma, ele não passa ao ato: está numa passagem ao ato contínua e irreparável. Impõem-lhe entrevistas, que ele aceita de bom grado, e durante as quais fala; é obrigado a voltar ao psicodrama, e o faz com pontualidade e uma excelente participação. Tudo isso não muda nada. É dispensado periodicamente da

...................
17. J.-J. Baranès, "Les processus de symbolisation", *Cahiers de l'IPC*, n? 3, maio de 1986, p. 135.

instituição, por alguns dias, para refletir, e volta sempre com um aspecto grave e ponderado, pronto a aceitar todas as nossas condições e a ser posto em causa. Assim que é readmitido, tudo recomeça. Parece que é do tipo de adolescente acessível ao raciocínio e ao questionamento pessoal no cara-a-cara individual, mas que retoma os hábitos repetitivos mortíferos logo que é imerso novamente no grupo. Seria possível analisar isso em termos de clivagem da transferência, pouco importa. Que fazer, visto que a rejeição pela instituição começa a se fazer sentir?

Determino, então, em acordo com a diretora, uma atitude comum e cega de todos os não-cuidadores, ou seja, essencialmente os psicopedagogos do grupo escolar de Jérémie, ou de todos os que, nos ateliês ou nos espaços comuns, costumam encontrá-lo. Tratava-se de dispensar Jérémie tão logo uma transgressão, de qualquer espécie, fosse observada. A adesão de todos, paradoxalmente, não foi fácil de ser obtida: os psicólogos gostam de saber o que fazem e querem receber o adolescente antes de dispensá-lo para compreender os motivos de sua atitude. Isso foi feito apesar de tudo. No fim de diversas dispensas, algumas acontecendo, às vezes, um pouco depois da readmissão, Jérémie recuperou sua coerência e acalmou-se. Arrumou outro estágio, pois foi mandado embora do primeiro por roubo, atualmente está em formação profissional e sai da instituição.

A rapidez da melhora depois dessa decisão, cujo efeito se mostra terapêutico, me impele a tentar compreendê-la. Inicialmente, porque a melhora é prova de uma verdade teórica; depois, porque não sabemos nada dessa verdade, mesmo que ela tenha sido apresentada como hipótese. Que fizemos, senão colocar Jérémie no lugar da famosa bobina do neto de Freud? Nós nos colocamos na posição de criança impotente – nós o éramos – diante de uma mãe onipotente – ele o era. Em resumo, saímos do dilema sadomasoquista em que estávamos encerrados. Curiosamente, colocando-o em posição de objeto – e que objeto –, ele pôde retomar uma posição de sujeito e distinguir o Imaginário do Real. Se falamos disso em termos de limites, Jérémie ultrapassou todos os nossos limites institucionais, fossem eles terapêuticos ou educativos, e toda a instituição, auxiliada pela equipe terapêutica, pôde relacionar Jérémie com os limites que ele buscava em nós sem encontrá-los. Esses limites são a idéia implacável da regra que não se discute, da famosa lei que não se justifica de maneira nenhuma, em suma a que ele nunca encontrara. Evidentemente, pode-se compreender seu comportamento como uma provocação, mas o que é uma provocação sem resposta? O limite que encontrou em nós não é um limite externo, ou melhor, é um limite externo que ele pôde enfim interiorizar depois de inumeráveis e vãs chamadas à ordem. E, se pôde fazê-lo, é sem dúvida porque nós transmitimos a ele, contra nossa vontade, apesar de nossa contratransferência, alguma coisa da ordem de nosso próprio supereu.

## Além de nossos limites

*Guillaume* é um adolescente de 18 anos que veio do interior por causa da depressão profunda que teve depois do divórcio dos pais. Ele recusava toda medicação, assim como a assistência em meio psiquiátrico. O pai, que vive num país distante, encontrou nosso endereço, quando Guillaume estava na casa da mãe. Assim que é admitido, Guillaume começa a ter dificuldade para se levantar, vive doente, e é muito mal aceito na residência de jovens trabalhadores que arrumamos para ele. Seus problemas de sono são tantos que é necessário explorá-los, o que levará muitos meses para organizar. Finalmente é encontrado um diagnóstico de narcolepsia evidente, o que o desculpabiliza sem que nos satisfaça, já que, na temporada de esqui que ele adora, o problema desapareceu completamente. Entretanto, os atrasos e as ausências se sucedem a tal ritmo que a equipe terapêutica[18] pensa numa outra orientação. É o que se discute com ele, questionando-o sobre a assis-

---

18. Composta de um médico e de um psicólogo no hospital-dia de Ville-d'Avray.

tência que recebe no estabelecimento. De fato, Guillaume consegue respeitar seus encontros exatamente uma vez por semana, sobretudo quando é o médico que o convoca. Desta vez, depois de numerosas tentativas, decidimos aumentar nossas exigências para uma nova saída, e isso não apenas com relação aos horários de aula como também com relação aos encontros de psicoterapia. Para nossa grande surpresa, Guillaume propõe que nos vejamos todos os dias: o que pedimos para ele repetir, pois achamos que está zombando de nós. O futuro mostrará que ele estava sendo sincero, respeitando um emprego do tempo menos draconiano que o exigido por ele, mas conseguindo mesmo assim fazer as provas do *bac*.

Nesse caso, o próprio adolescente forçou os limites que lhe impusemos sem nem mesmo saber.

## Pôr limites

*Amélie* é uma encantadora jovem de 16 anos que se apaixonou por um rapaz mais velho, que a incentivou a suas condutas de risco. Ele mesmo está perturbado, e o haxixe não resolve nada. Amélie já viveu o divórcio difícil dos pais, o pai é psicótico, a mãe tem uma personalidade desequilibrada, é intrusiva e envolve Amélie em sua própria vida amorosa. Amélie vive com ela e fez psicoterapia analítica durante vários anos. Foi decidido que, no hospital-dia onde ela se consulta com um psiquiatra por causa dos tranqüilizantes, eu continuaria com psicodrama individual, primeiro, e entrevistas em seguida. Esqueci de mencionar o mais importante: Amélie tem impulsos ansiosos que mobilizam as pessoas próximas, mas que levam as tentativas de suicídio *a minima*. Sobretudo, quando está no auge da angústia, acontece de se escarificar; esse ato, como de forma clássica, lhe fornece com a visão do sangue e com o símbolo, ou seja, o corte, uma sedação maior. A angústia cede numa crise de lágrimas.

No psicodrama, que ela representa muito bem, apreciando particularmente a *surpresa* que algumas réplicas provocam e o *espanto* de se ouvir dizendo o que nunca pensou conscientemente: suas descobertas tocam em particular as moções edipianas.

Por outro lado, ela está bem inserida e vai bem na escola. Por isso, fico espantado com a recidiva de escarificação, recidiva que arruma para que eu saiba disso sem que ela me diga. Ao contrário, levo isso muito a sério, faço com que tome uma decisão: ela deve aceitar ligar no meu celular quando sua angústia estiver intolerável, senão interrompo a assistência.

Alguns meses depois, ela decide deixar o estabelecimento para regressar a um liceu a partir do ano seguinte, vive com o pai e recusa rever a mãe depois das férias passadas com ele, e principalmente aceita continuar na residência que conseguimos para ela perto do hospital-dia para que mantivesse distância do pai e pudesse continuar a terapia comigo.

Esses três casos muito diferentes têm um ponto comum: a *transferência*. Mas como se vê a transferência não é unívoca: rudimentar no primeiro caso, inconsciente no segundo, evidente no terceiro. Por isso, ela não terá o mesmo fim em todas as figuras. *Não precisa* ser analisada no primeiro caso, deve ser *cuidada*, e nada mais no segundo, está *no cerne* do tratamento no terceiro, que permitirá talvez sua resolução.

O que parece interessante para nosso assunto, em contrapartida, e em particular para todos os casos que parecem abandonar a vestimenta da transferência "amigável e terna" assim que transpõem a porta de uma instituição em que, deve-se ressaltar, são colocados à prova de forma severa, é que uma nova transferência só é possível se ela *se apóia, se sustenta* literalmente *em nossos próprios limites*. Tudo acontece como se, antes de conhecer esses limites, o adolescente não pudesse fazer diferença entre nós, terapeutas, e qualquer outro adulto de quem desconfia. Nossa oferta de escutar tudo lhe parece então completamente falaciosa. Pôr limites exteriores já não tem valor a seus olhos: muito pelo contrário, ele vê nisso uma prova de que somos adultos interditores. Em compensação, provar a ele a realidade de nossos limites no que lhe diz respeito, *a ele*, e sua problemática, em vez de fechar seu horizonte, parece ao contrário ser o *limiar* de uma entrada num mundo imaginário da fantasia, se não numa relação terapêutica, pelo menos numa problemática de sujeito. É o que vamos analisar agora.

## O ADOLESCENTE, OBJETO DE CUIDADO OU SUJEITO DO DESEJO

Espero que ninguém tenha sido enganado pela ingenuidade da alternativa que esse título enuncia. Opor assim o cuidado ao desejo remete a um velho debate entre psiquiatria e psicanálise – o que estou dizendo! –, entre instituição cuidadora e associação livre, digno dos anais de Maio de 68. A questão é que essa crítica se aplica perfeitamente quando o objeto do cuidado ou o sujeito do desejo é uma criança ou um adulto, muito menos quando se trata de um adolescente, sobretudo quando a instituição em questão está nos antípodas do asilo psiquiátrico. É que, à alienação psicótica da criança, à alienação social do psicótico adulto hospitalizado, se acrescenta no adolescente cuidado a alienação fantasiada da criança pelo adulto. Essa vivência persecutória pode resultar portanto em verdadeiros delírios coletivos: "aproveitam" de nossa doença, ou melhor, "dizem que estamos doentes e se servem de nós para fazer com que os psicólogos vivam", e até mesmo em excitações grupais, como durante uma sessão dita terapêutica em que adolescentes enfurecidos transformam todas as falas dos adultos em jogos de palavras com conotação sexual. Essas fantasias ou essas encenações revelam, aliás, em nossos adolescentes uma verdadeira posição masoquista, verificável, por exemplo, quando eles propõem dedicar-se a tarefas sobre-humanas. A partir de então, é uma nova alternativa que começa para eles: sujeito do cuidado ou objeto de desejo! Como se vê, estamos sempre numa lógica dual. Felizmente, há a escolaridade, e, se a escolaridade está integrada ao funcionamento da maioria dos hospitais-dia para adolescentes, é sem dúvida para escapar a essa lógica imaginária: o adolescente deve ter vontade de prosseguir ou de retomar os estudos gerais se ele quer ser beneficiado pelos cuidados, ou antes, o primeiro cuidado consiste em lhe oferecer esse lugar inesperado no grupo escolar. Assim, aumentamos sua dívida, sua culpa e suas ilusões megalomaníacas. Isso tem um efeito rápido: depois de algumas semanas, a morosidade se deteriora, o excluído encontra amigos, o isolado faz parte de um grupo. Octave Mannoni se perguntava em 1984 como utilizar a crise de adolescência em vez de combatê-la. Vejamos uma das possibilidades: juntar adolescentes. Dessa maneira, mesmo que a administração seja decidida por psicanalistas, mesmo que a razão social seja "hospital-dia", mesmo que os adolescentes sejam encaminhados por médicos para uma terapia global, o que conta para o sujeito é a opinião de um camarada, é conformar-se ao desejo suposto do chefe para que não seja excluído do grupo, é até mesmo cometer algum delito para provar seu engajamento. Em suma, como todo o mundo, o paciente é curado graças a um novo vínculo social. O paradoxo é que essa cura não nos satisfaz. Sabemos de fato que todos os problemas vão reaparecer na saída da adolescência. Então, o que fazer? Criar as condições de um mal-estar para analisá-lo em seguida? Aqui estamos na mesma posição que Freud com seu paciente Ferenczi, em *Análise com fim e análise sem fim*. Mas tratava-se de um tratamento; a instituição poderia então nos ajudar? Poderia ser o intermediário entre o adolescente e seu terapeuta impotente? Nada está menos certo. Como se comporta, de fato, nosso adolescente em relação à equipe cuidadora? Sabemos disso pelo que ele diz, aliás não tanto em psicoterapia como nos grupos. Ele elege um objeto de predileção (não falo de transferência: veremos por quê), que será o melhor de todos, de preferência se está na posição de terapeuta e simultaneamente rejeita todos os outros, sobretudo se estão em posição de poder. Para ir rápido, ele cliva com obstinação *desejo* e *lei*, opondo os adultos que oferecem sua base. Ora, em vez de se opor a isso, a instituição ao contrário favorece esse movimento, ela até mesmo o encoraja, pelo que Jean Oury chama de sua opacidade, de seus diferentes níveis (fantasístico, legal, econômico), e dessa forma ela tem um papel terapêutico, dado que afastar o desejo da lei diminui a angústia. O adolescente se comporta aí como uma bomba aspirante e recalcadora (convém dizer): aspira tudo o que ama e rejeita tudo o que o incomoda. É exatamente a definição do princípio do prazer dada por Freud em *Triebe und Triebschicksale*[19] [Pulsões e os destinos das pulsões]: o eu "toma para si, na medida em que são fonte de prazer, os objetos que se apresentam, introjeta-os (segundo a expressão de Ferenczi) e, por outro lado, expulsa para fora de si o que, no interior de si mesmo, provoca o desprazer (projeção)". Atribui-se com freqüência à psicanálise certa ideologia institucional (liberada de iniciar ou não uma terapia, direito à fala, etc.), quando se trata de princípios democráticos indispensáveis na coletividade mais temíveis entre o divã e a poltrona. Aliás, é isso que torna a psicanálise eficaz: não é a tagarelice que reina aí, mas o confronto com a "abertura feita no Imaginário por toda rejeição (*Verwerfung*) dos comandos da fala", é a definição dada por Lacan[20] para essa figura "obscena e feroz" do supereu. A projeção sobre o analista de uma figura assim é a transferência negativa, "nó inaugural do drama analítico"[21], tão difícil de ser suportado pelo analista quanto pelo analisando que crê erradamente que seu lugar está ameaçado. A verdade é que alguns pacientes podem interromper nesse momento para recomeçar com outro até uma nova repetição, pois o princípio do prazer que os anima é o melhor aliado do supereu[22]. O ideal do psicanalista, se não foi perdido em seu trabalho numa instituição em que a patologia se reconhece muitas vezes nessa "identificação narcísica que deixa o sujeito mais aberto que nunca a essa figura obscena e feroz", faz com que ele espere que seus pacientes não fujam na

...............
19. S. Freud, "Pulsions et destins des pulsions", *in Métapsychologie*, Paris, Idées NRF, reed. Folio, 1986.
20. J. Lacan, "Variantes de la cure-type", *Écrits*, Paris, Seuil, 1976, p. 360.
21. J. Lacan, "L'agressivité en psychanalyse", *Écrits, op. cit.*, p. 107.
22. Cuja injunção, como vimos, é "Goze!" para Lacan.

ideologia "sentir-se bem, sentir-se à vontade", que não evita os deslizes quando não os provoca. Por isso, para terminar, falarei de uma instituição terapêutica exemplar, esclarecendo com um exemplo recente. Essa instituição se distingue por uma unidade de assistência que respeita a diversidade imaginária das posições contratransferenciais, mas as submete ao primado simbólico da transferência para o diretor. Falei, evidentemente, do psicodrama individual. Esse dispositivo não é nem um pouco democrático. O diretor de jogo, soberano, decide a cena com o paciente na presença de co-terapeutas silenciosos, modifica a cena de acordo com as construções que escolhe ao incluir um terceiro, interrompe enfim o jogo quando o julga suficiente. Foi esse dispositivo[23], no entanto, que permitiu ao longo das sessões que se operasse numa jovem doente hospitalizada em psiquiatria a passagem de um status de objeto a um status de sujeito. Encaminhada por esse serviço à unidade de psicodrama, *Marie* derrama torrentes de lágrimas quando evoca a indecisão dos psiquiatras: não foi este que escreveu "*borderline*" e ponto de interrogação, aquele "PMD" e sempre ponto de interrogação? Conclui: "Não sou nada." Entendemos: já que o Outro não é nem mesmo capaz de me reconhecer. Teve duas tentativas de suicídio, uma medicamentosa, a outra com fogo, mas sem sucesso. A primeira não provocou a mesma atenção que a dispensada pelos pais, nas mesmas circunstâncias, à irmã gêmea. Ela começou então uma psicoterapia, mas, como esta também não lhe trouxe o que queria, foi procurar receitas num livro de psiquiatria. Eu gostaria de ressaltar agora sua relação com os cuidadores, pois isso traduz sua evolução. Marie os representou repetidas vezes durante seu tratamento. A primeira vez foi logo depois da narrativa de sua segunda tentativa, perpetrada apesar da psicoterapia. Em seu papel da psicanalista que propõe uma terapia, está cheia de boas intenções e declara à sua "paciente": "Isso

..........
23. Psicodrama do departamento de psicoterapia, departamento do Pr. Mazet no hospital da Salpêtrière.

poderia libertá-la de algumas coisas." Mas, como ressoa de modo lenitivo, faço intervir o namorado da paciente que, de forma paranóica, vem fazer reivindicações e acusar os psicanalistas de incompetência perigosa. Nesse momento, Marie, sempre no papel da psicanalista que defende seu lado, replica: "Mas isso não pode fazer mal a ninguém." O que conta, então, não são as palavras mas o tom. Ora, esse tom demonstra, não que a terapia não é nociva, mas que – como para as medicinas alternativas – não se vê por que isso poderia prejudicar, subentendido: é ineficaz. O relato é voluntariamente elíptico e evita-se falar nos pedidos de Marie para ser hospitalizada de novo e em suas resistências múltiplas. Segunda cena de encontro terapêutico. Sempre no papel de psicanalista, Marie pergunta:
"– Por que você vem me ver?
– A'doente' balbucia a problemática confusa da paciente: para tentar falar, mas é difícil, pois há coisas verdadeiramente impossíveis; os psiquiatras não se saíram bem nisso e, a propósito, o que é a psicoterapia?
– Marie: depende um pouco de você. Se você pode analisar as coisas, compreendê-las."
Quase acreditaríamos nisso. Por esse motivo, S. Daymas vai intervir, com minha concordância, para romper uma harmonia tão superficial: ela representa a assistente fictícia da terapeuta (institucional?) que traz um dossiê que prova a periculosidade da paciente. Marie não reage. Finge não entender os protestos da "paciente" e continua: "Posso tentar ouvi-la, compreendê-la." Mas, quando a "paciente" se queixa de tudo o que se conta sobre ela, Marie lança enfim sem nenhum argumento: "Mas há coisas verdadeiras no que falam de você!"
Mais tarde, Marie já não quer ser hospitalizada. O hospital, diz ela, "era um refúgio, uma casa. A depressão era *mesmo assim* (sic) atroz". Representamos muitas cenas relacionadas à infância, ao divórcio dos pais, ao Édipo. A indicação de psicanálise aparece agora evidente. É sempre Marie que está no papel do médico. De saída, ela recebe a paciente com:

"– Com que objetivo você marcou esse encontro?
– Paciente: Necessidade de falar, de compreender.
– Marie: Você acha que uma terapia poderia ajudá-la a resolver seus problemas? Diga o que você pretende com relação à terapia (o desejo intervém portanto na cura!).
– Paciente: Falar de minha família, compreender, porque o psicodrama me ajudou.
– Marie: O psicodrama a ajudou? (percebam a formulação interrogativa).
– Paciente: Sim, me deu vontade de falar e falar me ajuda.
– Marie: Em quê? (pergunta verdadeiramente analítica)
– Paciente: Sinto-me melhor.
– Marie: Isso já é alguma coisa! (aponta aqui toda a ironia sobre a eficácia da psicoterapia e sobre a idéia de que em análise a cura acontece como um bônus).
– Paciente (pedindo): Não sei como isso funciona, será que você pode me mostrar?
– Marie: Não posso fazer nada concretamente além de ajudá-la a encontrar essa via por si mesma.
– Paciente: Mas como você pode me ajudar?
– Marie: Por uma espécie de diálogo. Você reflete, mas não sozinha: você tem em sua frente alguém que a ajuda a orientar seus pensamentos de forma positiva."

Nesse dia, quando mostraram a Marie que sua concepção de psicoterapia tinha mudado, ela continuou: "*Sim, é claro!*", como se se tratasse para ela de uma evidência.

No psicodrama individual, a transferência é cindida entre imaginária e simbólica, a primeira para os co-terapeutas, a segunda para o diretor; por esse motivo, não se trata de uma verdadeira transferência. Mas está próximo disso, nem que seja ao demonstrar a preeminência da segunda, a transferência simbólica, sobre a primeira. Em todo caso, está mais próximo, ouso dizer, do que na instituição, onde a separação dos dois tipos de transferência – que estou dizendo, seu antagonismo – chega a desnaturalizá-las. De um lado, haveria uma vaga simpatia, até mesmo amor, por um adulto idealizado; de

outro, uma hostilidade mal disfarçada pela pessoa que representa a autoridade e continua investida do poder. É preciso admitir que, às vezes, é difícil reconhecer nesses movimentos pulsionais contraditórios uma única e mesma dinâmica. No entanto, muitas vezes é assim que se apresenta a transferência na instituição. Vejamos alguns exemplos disso:
– *Claude*, garoto homossexual, logo depois de ter manifestado no psicodrama diagnóstico as forças insólitas de uma transferência potencial, viu sua equipe terapêutica (composta de um médico e de uma psicóloga) como um casal parental quase tão repressivo e imbecil quanto o seu. O curioso é que, ao mesmo tempo, apaixonou-se loucamente por um psicólogo, sem que esse amor pudesse ser analisável.
– *Dominique* tem, por sua vez, acompanhamento em psicodrama. Sua representação contrasta espantosamente com um mutismo total durante a entrevista. Ela confessa suas paixões: seu quarto está forrado com fotos de jogadores de futebol. Um dia, sem poder dizer por quê, ela interrompe o psicodrama, as entrevistas com a psicóloga ficam pobres, mas sou informado pela mãe que ela substituiu as fotos dos jogadores pelas fotos, encontradas não se sabe onde, de dois psicólogos do Centro.
– *Julien*, enfim, também investiu no psicodrama. Também o interrompeu sem poder dizer por quê, mas paralelamente interrompeu igualmente as entrevistas. Ainda aí, uma erotização da transferência para a terapeuta parecia justificar a interrupção de um trabalho de simbolização.
Numa intervenção em Ville-d'Avray[24], Charles Melman definia o papel do analista em duas partes: ele dizia que havia, de um lado, um propósito de autoridade para fazer valer, pois nada funciona sem ela, e além disso o adolescente é muito sensível a isso; e, de outro, levar o adolescente a entender uma *relação com uma lei* que seria a de nossa relação com a lingua-

24. Centro do Parque de Saint-Cloud, hospital-dia para adolescentes.

gem. Estou inteiramente de acordo com essa dupla tarefa, mesmo que o adolescente a confunda às vezes. O que dá força à psicanálise, e o que nos impele a sustentar que seja exigida em instituição, não é o fato de que a transferência, todas as transferências, está à mercê de uma única pessoa? Talvez isso explique nossa dívida com todos.

## Conclusão

Desde que os psicanalistas se interessaram por ela, a adolescência, conceito sociológico nascido no século XIX, viu evoluir sua condição. Qualificada de crise no início do século, atualmente perdeu seu aspecto um pouco pejorativo e ocupa a cena na mídia, sobretudo porque interessa a nossa sociedade consumerista. Nem por isso ela recuperou o status oficial que tinha na Antiguidade – e em certa medida, nas sociedades primitivas, e até mesmo no Antigo Regime –, a passagem à idade adulta que a puberdade inaugurava. Essa situação, com a qual se junta nesse início do século XXI a falência da autoridade paterna, aumenta a desordem que se apodera de muitos sujeitos durante esse período em que os riscos são conhecidos, desordem a qual se responde com muita freqüência de maneira psiquiátrica, ou seja, sintomática em todos os sentidos do termo.

Ora, antes de Pierre Mâle, os psicanalistas, a começar por Anna Freud, também pareciam excedidos pelos transbordamentos da adolescência pouco compatível, segundo eles, com o famoso quadro analítico. A adolescência é, no entanto, um período rico em remanejamentos psíquicos descobertos por S. Freud, a partir do que ele chama de *puberdade*, e que se articulam com um verdadeiro *processo* que interessa tanto ao adulto (sobretudo por suas fraquezas) e que foi cantado pelos poetas. A orientação sexual não constitui nisso, aliás, a menor das implicações, mesmo que seja minimizada, em parte devido à importação do casal de *gênero* por nossos novos intelectuais. Mas esse processo, legível *a posteriori*, "esperneia" na adolescência, se me permitem a expressão, e isso sob o efeito conjugado das defesas e das pulsões.

Por esse motivo, é necessário que os psicanalistas encontrem a fé que animava Pierre Mâle, o que chamaremos de seu otimismo, utilizando o desafio adolescente, em vez de desconfiar dele, e sua capacidade de inventar dispositivos técnicos que permitem a escuta do inconsciente. Somente com essas condições poderemos acompanhar os adolescentes da psiquiatria à psicanálise, em suma, na busca de sua verdade.

# Glossário

**Ambivalência:** presença simultânea na relação com uma mesma pessoa ou com uma mesma situação de atitudes ou de sentimentos opostos.

**Angústia:** manifestação corporal do conflito psíquico (neurose*). A angústia pode afetar o corpo (histeria* de angústia) em determinado órgão ou, ao contrário, dar lugar a uma impressão de estranheza que evidencia às vezes um sentimento de despersonalização.

**Balint (grupo):** método inventado pelo psicanalista húngaro M. Balint que reúne clínicos gerais para analisar, a partir da demanda de cuidados, a relação terapêutica e a verdadeira demanda inconsciente do doente.

**Censura** (ver tópica)

**Complexo de Édipo:** soma de investimentos do pai e da mãe e da resolução deles sob forma de identificação.

**Conversão** (ver histeria)

**Defesa:** procedimento que o ser humano emprega em todas as idades da vida para se proteger das agressões psíquicas. É dessa maneira que defesas antigas ou arcaicas podem se tornar, no tratamento psicanalítico, resistências.

**Desejo:** tanto para Freud como para Lacan, o desejo inconsciente leva a recuperar um objeto de fato fundamentalmente perdido e incestuoso.

**Estrutura:** modo privilegiado e permanente das relações do sujeito com seus objetos, a estrutura, sem ser obrigatoriamente patológica, toma uma forma neurótica (fóbica, histérica, obsessiva), psicótica ou perversa.

**Etiologia:** pesquisa das causas.

**Fase do espelho:** fase criada por H. Wallon e teorizada por J. Lacan. A criança identifica seu eu com a própria imagem, como se esta fosse de um outro, a partir dos seis meses, sob o olhar e com o assentimento da mãe, entrelaçando assim os registros do imaginário e do simbólico.

**Fobia:** fixação da angústia* num objeto exterior (animal, lugar, situação). Esse sintoma pode prevalecer na neurose* fóbica (também chamada de histeria* de angústia), na qual tem a função de criar um terceiro imaginário numa relação fusional entre o sujeito e a mãe.

**Genital, pré-genital:** para Freud, a criança atravessa fases nas quais prevalece uma pulsão oral, anal ou genital. A pulsão genital prepara o complexo de Édipo, característico da neurose.

**Hipocondria:** sintoma obsessivo que procura no corpo sinais que possam evocar uma doença.

**Histeria:** neurose caracterizada pela localização da angústia num sintoma físico real (paralisia, anestesia, constrição laríngea, dispnéia, taquicardia, polaciúria, dores abdominais, etc.), mas sem substrato anatômico. A pessoa histérica pode manifestar seus sintomas em crises espetaculares e/ou ter com relação a esses sintomas uma indiferença suspeita.

**Ideal do eu:** instância edipiana por excelência, o ideal do eu é a conclusão de um Édipo superado. Exterior e representado pelos pais durante a infância, é interiorizado no fim do processo de adolescência.

**Identificação:** fato de tornar seu a parte ou o todo de um ser querido, a identificação pode preceder ou substituir a "escolha de objeto" (a eleição desse ser querido).

**Imaginário, simbólico, real:** categorias psíquicas distinguidas por J. Lacan para balizar o campo psicanalítico. O imaginário, baseado na imagem do outro pela qual se forma o eu, se opõe ao simbólico, fundado na e pela palavra, mas eles são indissociáveis (fase do espelho) na neurose. Quanto ao real, é o impossível de simbolizar que se encontra na psicose.

**Inconsciente:** na primeira tópica, caracteriza o lugar dos conteúdos recalcados* (as representações de coisa), aos quais são recusadas as representações de palavra. Na segunda tópica, caracteriza o estado do isso e, em certa medida, o eu e o supereu*.

**Interpretação:** tradução em linguagem corrente ou científica do sentido inconsciente (chamado de latente) do discurso ou de uma conduta do paciente. Apesar de a interpretação requerer o intermédio do analista, ela pode também ser própria do paciente, até mesmo tomar formas lúdicas como no psicodrama.

A pessoa neurótica é consciente de seu estado: busca no amor do outro uma solução sempre imperfeita para seus problemas.

**Mania/melancolia:** afecções psiquiátricas características da psicose maníaco-depressiva. Para a psicanálise, são definidas em relação ao objeto sobre o qual o sujeito acredita triunfar na mania, enquanto se identifica totalmente a ele para não perder seu amor na melancolia.

**Masoquismo:** mais que uma perversão – obter gozo no sofrimento –, o masoquismo se encontra consciente ou inconsciente em muitos comportamentos neuróticos. Punir-se, sofrer, fazer-se punir, não se cuidar são entendidas assim como manifestações de um sentimento de culpa mais ou menos inconsciente. Encontra-se evidentemente esse masoquismo na repetição*.

**Metapsicologia:** conjunto de concepções teóricas psicanalíticas. Comporta três pontos de vista, dinâmico, tópica* e econômico.

**Negação:** forma de defesa que consiste em negar para afirmar.

**Neurose:** afecção psicogênica devida a um conflito entre o eu e as pulsões*. Esse conflito leva a um compromisso, mistura de realização simbólica e de interdição inconsciente chamada de sintoma. Vários sintomas (angústia, fobia, obsessão, conversão somática...) podem receber nome de neurose.

**Obsessão:** sintoma central da neurose obsessiva, a obsessão é a repetição compulsiva de frases, palavras ou atos (ritos) que visam suprimir a angústia.

**Perlaboração:** é o fato de esgotar a significação de um sintoma, de um sonho, de um lapso, etc. por associações ("cem vezes você refez sua obra...").

**Pré-consciente** (ver tópica)

**Psicologismo:** deformação que visa querer imobilizar discurso e comportamento em *patterns*.

**Psicose, psicótico:** ao lado das doenças caracterizadas (paranóia, esquizofrenia, melancolia, etc.) que mostram no sujeito, por um lado, a relação fundamentalmente alterada com si mesmo e a realidade exterior e, por outro, tentativas de reconstrução, tais como delírios e alucinações, a psicanálise procurou também despreender o conceito de estrutura psicótica a partir da clínica de psicoses não descompensadas. Essa estrutura seria caracterizada essencialmente por uma desunião dos registros simbólico* e imaginário* devida a uma falha da fase do espelho*.

**Psicoterapia e psicanálise:** as psicoterapias se distinguem da psicanálise no que delimitam como objetivos e meios, ou seja, fazem intervir a vontade, e portanto o eu do paciente. A psicanálise, ao contrário, visa a cura etiológica (a das causas) sem limite de tempo: dirige-se ao sujeito inconsciente. A psicoterapia dita analítica, embora não limite seu objetivo, restringe contudo os meios (cara-a-cara, sessões menos freqüentes): pode assim conduzir a uma psicanálise.

**Psicotrópicos:** medicamentos destinados a agir quimicamente sobre o psiquismo (tranqüilizantes que visam a sedação da angústia, neurolépticos à dos distúrbios psicóticos, etc.).

**Pulsão:** conceito-limite entre a biologia e a psicanálise, a pulsão impele (*Trieb*) o sujeito a fazer cessar a excitação de um órgão, mas só pode ser acessível por sua representação.

**Pulsão (ou instinto) de morte e pulsão (ou instinto) de vida:** foi a partir de um fato clínico, ou seja, a repetição, que Freud foi levado a detectar, em 1920, uma pulsão de morte (volta ao original), que ele opôs à pulsão de vida. Essa oposição substitui a das pulsões do eu às pulsões sexuais, tanto umas como as outras concernem mais ou menos à pulsão de vida ou à pulsão de morte.

**Recalque, recalcado:** utilizado na linguagem corrente, o recalque, para a psicanálise, visa de fato privar a pulsão* de toda representação (pensamentos, imagens, lembranças) e, conseqüentemente, mantê-la no inconsciente*. O recalque "propriamente dito" apenas segue a via traçada por um recalque primeiro chamado de originário. A esses dois tempos sucede a volta do recalcado sob formas transformadas, ou seja, os sonhos, os sintomas, os atos falhos ou lapsos, etc.

**Recusa:** recusa do sujeito em reconhecer a realidade de uma percepção traumatizante.

**Repetição:** processo inconsciente pelo qual o sujeito se coloca, sem querer, nas mesmas situações penosas. Esse processo está na dependência do instinto de morte*, pois leva a reproduzir em ato os fracassos infantis (como, por exemplo, o do complexo de Édipo).

**Representação:** figuração imagética ou verbal de um fato, de uma idéia, de uma pessoa, etc. no aparelho psíquico. Freud distingue as representações de coisa, inconscientes, das representações de palavra, pré-conscientes, sendo que a reunião delas forma a representação de objeto consciente.

**Resistência:** tudo o que se opõe no tratamento analítico à atividade de associação livre, ou seja, o fato de o paciente supostamente falar tudo o que passa pela cabeça sem restrição.

**Retardo psicomotor:** manifestação psicofísica da depressão particularmente penosa.

**Sinal, sintoma, síndrome:** subjetivo ou objetivo, o sinal (ou sintoma) na medicina remete a uma manifestação, patológica ou não, que se trata de caracterizar (é o objeto da semiologia). É por isso que o conjunto de sinais funcionais (o que o doente sente), físicos (o que o médico encontra), biológicos, radiológicos, etc. podem se reunir em síndrome: conjunto mórbido característico em si ou que faz parte de uma doença.

**Sugestão:** efeito da ascendência de uma pessoa sobre outra, a sugestão é um procedimento empregado pelos médicos e pelos terapeutas para convencer o paciente a abandonar seus sintomas e resgatar um traumatismo esquecido.

**Supereu, eu ideal:** instâncias do eu em grande parte inconscientes. O papel do supereu é impedir cegamente todo prazer ligado ao gozo representado pela união primária com o objeto de satisfação sempre incestuoso. A própria satisfação é representada pelo eu ideal, instância do eu caracterizada pela onipotência.

**Tópica** (de *tópos*, lugar): figuração espacial do aparelho psíquico. A primeira tópica freudiana distingue inconsciente*, pré-consciente* e consciente, separados por uma primeira e uma segunda censura. A segunda distingue isso, eu e supereu.

**Transferência:** deslocamento mais ou menos consciente de uma problemática infantil para a pessoa do analista, a transferência pode facilitar a análise ou, ao contrário, alimentar as resistências*.

# Bibliografia

Abraham, N., e Torok, M., *L'Ecorce et le noyau*, Paris, Aubier-Montaigne, 1978.
Audry, C., *La statue*, Paris, Gallimard, 1983.
Baranes, J.-J., "Les processus de symbolisation", *Cahier de l'IPC*, n° 3.
Benoît, G., e Daumezon, G., *Apports de la psychanalyse à la sémiologie psychiatrique*, Paris, Masson, 1970.
Cocks, *The Curve of Life, the Correspondance of H. Kohut*, Chicago-Londres, University of Chicago Press, 1994.
Cournut, J., *L'ordinaire de la passion*, Paris, PUF, col. "ligne rouge", 1991.
De Mijolla, A., *Dictionnaire international de la psychanalyse*, Paris, Calmann-Lévy, 2002.
Delaroche, P., *Adolescence à problèmes*, Paris, Albin Michel, 1992.
_____, *Adolescence. Enjeux cliniques et thérapeutiques*, Paris, Armand Colin, 2000.
_____, *Doit-on céder aux adolescents?*, Paris, Albin Michel, 1999.
_____, *La peur de guérir*, Paris, Albin Michel, 2003.
_____, *Le psychodrame psychanalytique individuel*, Paris, Bibliothèque Scientifique, Payot, 1996.
_____, *Parents osez dire non!*, Paris, Albin Michel, 1996.
_____, *Psy ou pas psy?*, Paris, Albin Michel, 2004.
Dragonetti, R., *La vie de la lettre au Moyen Âge*, Paris, Seuil, 1980.
Dupeu, Jean-Marc, *L'intérêt du psychodrame analytique*, Paris, PUF, 2005.
Ferenczi, S., *Oeuvres complètes*, tomos I a IV, Paris, Payot, 1985.

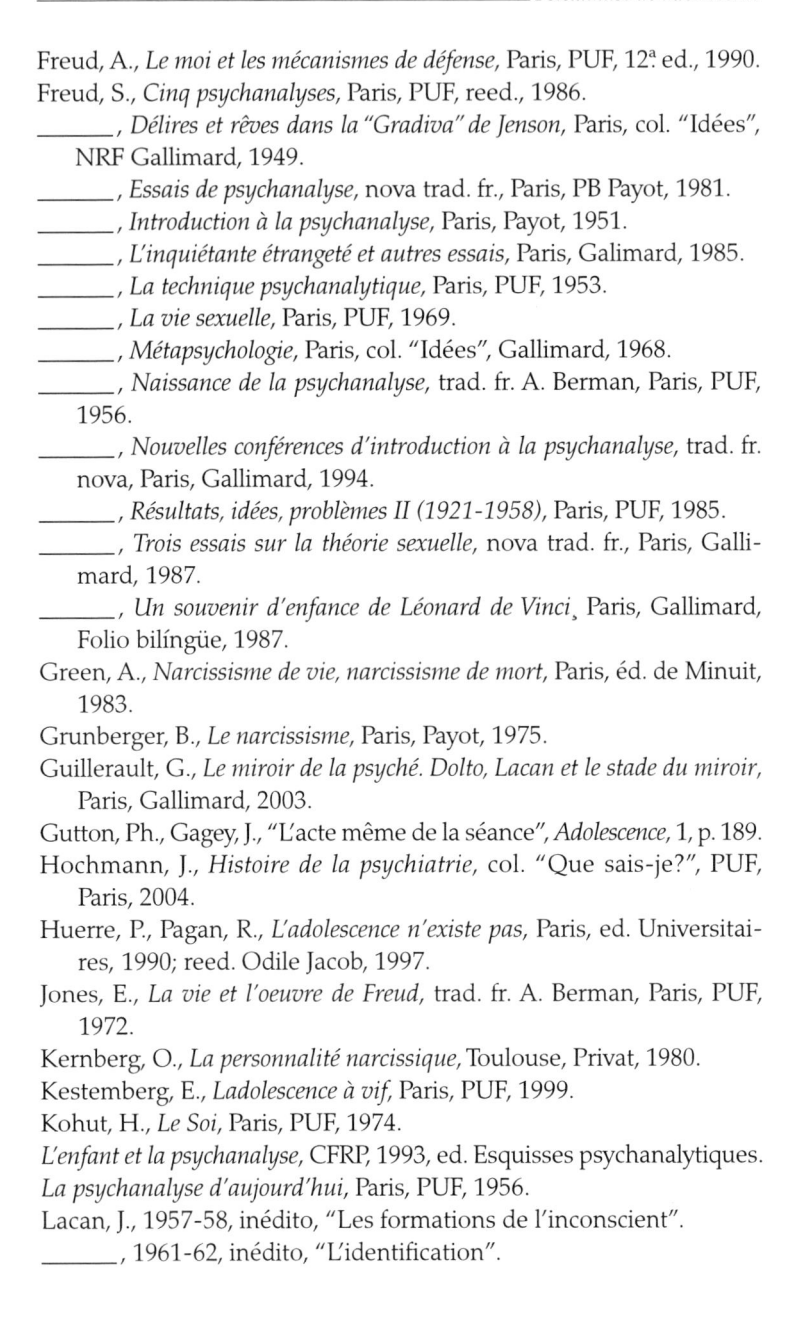

Freud, A., *Le moi et les mécanismes de défense*, Paris, PUF, 12.ª ed., 1990.
Freud, S., *Cinq psychanalyses*, Paris, PUF, reed., 1986.
_____, *Délires et rêves dans la "Gradiva" de Jenson*, Paris, col. "Idées", NRF Gallimard, 1949.
_____, *Essais de psychanalyse*, nova trad. fr., Paris, PB Payot, 1981.
_____, *Introduction à la psychanalyse*, Paris, Payot, 1951.
_____, *L'inquiétante étrangeté et autres essais*, Paris, Galimard, 1985.
_____, *La technique psychanalytique*, Paris, PUF, 1953.
_____, *La vie sexuelle*, Paris, PUF, 1969.
_____, *Métapsychologie*, Paris, col. "Idées", Gallimard, 1968.
_____, *Naissance de la psychanalyse*, trad. fr. A. Berman, Paris, PUF, 1956.
_____, *Nouvelles conférences d'introduction à la psychanalyse*, trad. fr. nova, Paris, Gallimard, 1994.
_____, *Résultats, idées, problèmes II (1921-1958)*, Paris, PUF, 1985.
_____, *Trois essais sur la théorie sexuelle*, nova trad. fr., Paris, Gallimard, 1987.
_____, *Un souvenir d'enfance de Léonard de Vinci*, Paris, Gallimard, Folio bilíngüe, 1987.
Green, A., *Narcissisme de vie, narcissisme de mort*, Paris, éd. de Minuit, 1983.
Grunberger, B., *Le narcissisme*, Paris, Payot, 1975.
Guillerault, G., *Le miroir de la psyché. Dolto, Lacan et le stade du miroir*, Paris, Gallimard, 2003.
Gutton, Ph., Gagey, J., "L'acte même de la séance", *Adolescence*, 1, p. 189.
Hochmann, J., *Histoire de la psychiatrie*, col. "Que sais-je?", PUF, Paris, 2004.
Huerre, P., Pagan, R., *L'adolescence n'existe pas*, Paris, ed. Universitaires, 1990; reed. Odile Jacob, 1997.
Jones, E., *La vie et l'oeuvre de Freud*, trad. fr. A. Berman, Paris, PUF, 1972.
Kernberg, O., *La personnalité narcissique*, Toulouse, Privat, 1980.
Kestemberg, E., *L'adolescence à vif*, Paris, PUF, 1999.
Kohut, H., *Le Soi*, Paris, PUF, 1974.
*L'enfant et la psychanalyse*, CFRP, 1993, ed. Esquisses psychanalytiques.
*La psychanalyse d'aujourd'hui*, Paris, PUF, 1956.
Lacan, J., 1957-58, inédito, "Les formations de l'inconscient".
_____, 1961-62, inédito, "L'identification".

Lacan, J., *Le Séminaire, Livre I*, "Les écrits techniques de Freud", Paris, Seuil, 1975.

_____, *Le Séminaire, Livre III*, "Les psychoses", Paris, Seuil, 1981.

_____, *Le Séminaire, Livre IV*, "La relation d'objet", Paris, Seuil, 1994.

_____, *Le Séminaire, LivreVII*, "L'éthique de la psychanalyse", Paris, Seuil, 1986.

_____, *Le Séminaire, Livre VIII*, "Le transfert", Paris, Seuil, 1991.

_____, *Le Séminaire, Livre XI*, "Les quatre concepts fondamentaux de la psychanalyse", Paris, Seuil, 1973.

_____, *Le Séminaire, Livre XX*, "Encore", Paris, Seuil, 1976.

_____, *Écrits*, Paris, Seuil, 1966.

Laplanche, J., e Pontalis, J.-B., *Vocabulaire de la psychanalyse*, Paris, PUF, 1967.

Lauru, D., *La folie adolescente*, Paris, Denoël, 2004.

*Les Premiers psychanalystes*. Minutas da Sociedade psicanalítica de Viena, tomos I a IV, Paris, Gallimard, 1983.

Lesourd, S., *La construction adolescente*, Érès, 2005.

Levi, G., e Schmitt, J.-C., *Histoire des jeunes en Occident*, Paris, Seuil, 1996.

Lorenz, K., *Trois essais sur le comportement animal et humain*, Paris, Seuil.

Mâle, P., *Psychothérapie de l'adolescent*, Paris, PUF, "Quadrige", 1999.

Mannoni, M., *Ce qui manque à la vérité pour être dite*, Paris, Denoël, col. "L'Espace analytique", 1988.

Marcelli, D., e Braconnier, A., *Psychopathologie de l'adolescent*, Paris, Masson, 1981.

McDougall, J., *Plaidoyer pour une certaine anormalité*, Paris, Gallimard, 1978.

Neyraut, M., *Le transfert*, Paris, PUF, 1980.

Oppenheimer, A., *Kohut et la psychanalyse du Self*, Paris, PUF, 1996.

Pankoff, G., *L'homme et sa psychose*, Paris, Aubier-Montaigne, 1969.

Pasche, F., *À partir de Freud*, Paris, Payot, 1969.

Perrier, F., *La Chaussée d'Antin, édition nouvelle*, Paris, Albin Michel, 1994.

Porge, E., "La Chose", *Lettres de l'École freudienne*, n°. 18, abril de 1975.

_____, *Se compter trois*, Paris, Érès, 1989.

*Psychanalyse, adolescence, psychose*, Colóquio internacional, Payot, 1986.

Rank, O., "Une contribution au narcissisme", in *Topique*, 14 de novembro de 1974.

Rassial, J.-J., *Le passage adolescent*, Toulouse, ERES, 1996.

_____, *Le sujet en état-limite*, Paris, Denoël, 1999.

Rosen, J. N., *L'analyse directe*, Paris, PUF, 1960.

Rouart, J., *Psychopathologie de la puberté et de l'adolescence*, Paris, PUF, 1954.

Rousseau, J., e Israël, P., "Jalons pour une étude métapsychologique de l'adolescence", *L'Inconscient*, 1968.

Roustang, F., *Un destin si funeste*, Paris, éd. de Minuit, 1976.

Safouan, M., *Études sur l'Oedipe*, Paris, Seuil, 1974.

*Scilicet* n° 1 a 5, revista da Escola freudiana de Paris, Seuil.

Stoller, R., *Recherches sur l'identité sexuelle*, trad. fr. de *Sex and Gender*, Paris, Gallimard, 1978.

Stoloff, J.-C., *Les pathologies de l'identification*, Paris, Dunod, 1997.

Terrier, C., e Terrier, G., "L'adolescence, un processus", *Revue Française de Psychanalyse*, 1980.

Tort, M., *Fin du dogme paternel*, Paris, Aubier, 2003.

Wallon, H., *Les origines du caractère chez l'enfant*, Paris, PUF, col. "Bibliothèque de philosophie contemporaine", 5ª ed., 2002.

Winnicott, D. W., *De la pédiatrie à la psychanalyse*, Paris, Payot, 1969.

# Índice remissivo

**A**
*a posteriori* 1, 7-9, 17-24, 76-7, 91, 112, 137, 147, 222
acesso maníaco 61
adoção 122, 139
Aichorn 4-5
Alcibíades 120
amor 10-1, 21-40, 45-54, 61, 68-9, 81, 88-9, 108-27, 144, 150, 153-5, 174, 203, 220
análise XI, 1, 12, 16, 19, 21, 26, 37-42, 51, 53-4, 57-61, 70-7, 82-7, 97, 105, 107-12, 117-36, 141, 145, 194-5, 206-9, 216, 219
anorexia 38, 59, 70, 181, 185, 204
apoio 9, 38, 94, 122
Ariès Ph. 2
atuado 122, 144
auto-erótica 6, 8
autoridade 6, 11, 52, 143-5, 149, 163, 168, 182, 221-2

**B**
Barande I. 12
Bernfeld S. 2, 4
bissexuação 41-3, 49
bissexualidade 3, 24, 41-5, 48-50, 85, 125, 151
Bleger J. 58
Blos. P. 17
Bonaparte M. 12
*borderline* XII, 56, 75, 82-3, 89, 91, 104, 143, 208, 218
Bourdier P. 12

**C**
castração 10, 15, 31, 33-6, 67, 84-5, 99, 101, 106, 125, 147, 155, 201-2, 205
causalidade 41, 58, 134
clínica 5, 9, 17, 22, 31, 37, 46-51, 55, 79-80, 83-6, 99-100, 123, 114, 188
CMP 186
CMPP 186-8, 204
Cohen D. 65
complexo 10-1, 20, 24, 33, 36, 42-3, 47, 51, 66, 71, 103, 143, 147, 153-6, 171, 174, 201

corpo 8, 42, 51, 60, 65, 67-8, 83, 85, 89, 98-106, 130-1, 185, 193, 206
Cournut J. 26
crise de adolescência XI-II, 5, 17, 89, 155, 189, 216
culpa 5, 38, 65, 173, 200, 216
Czermak M. 82

**D**
Daymas S. 12, 219
Debesse M. 5
defesa 63, 117-20, 127, 132, 146, 161-2, 174, 189-90, 209
Delaroche P. 47, 58-9, 63, 68, 80, 109, 157
Delay J. 58
delinqüente 4-5, 145, 160-7
depressão 15, 23, 27, 32, 51, 61-70, 78, 85, 88, 97, 109-12, 156-7, 185, 197-204, 210, 212, 219
desafio XI, 23, 52
desconfiança 130-2, 135-8
desencadeamento 21, 60-1, 75, 78, 83, 109, 168, 188
despersonalização 29, 60-7, 75, 195, 205
determinismo 58, 89, 150, 185
diabete 185
diagnóstico XII, 56, 58, 62, 71-7, 82, 89, 90, 139, 192, 198, 212
Diatkine R. 207
dismorfofobia 67, 184
Dolto F. 35, 68, 85, 100-3
Dostoievski F. 112

**E**
Édipo 10-1, 15, 17, 20, 22-4, 33-43, 47-53, 82, 85-7, 95-6, 116, 143, 147, 153, 155-6, 171, 174, 195, 201, 219
educação XIII, 43, 88, 148, 153, 159-68, 179
escarificação 66-7, 214
escolar 14, 71, 110, 148-50, 164-6, 182-3, 190-9, 203, 210-1, 215-6
Estocolmo (síndrome de) 161
estrutura 13-4, 29-31, 42, 49, 56-61, 72-3, 82-92, 95-6, 146, 180, 187, 205-6
etiologia 65, 71, 76, 199
eu 1, 9, 13, 17, 21-30, 34-41, 45, 49-54, 59, 65-9, 87-8, 93, 99-102, 113-30, 135-40, 145-7, 154, 162, 171, 173, 177-8, 200, 205-8, 213-7
eu ideal 21-2, 28, 34, 51, 120, 129, 145, 171

**F**
fálico 6-7, 15, 24, 36-7, 84, 87, 102, 105, 149, 151, 156, 159, 174-6
falo 33, 35, 87, 98, 101-6, 148, 155, 159, 174
família 12, 42, 58, 78-9, 87, 146, 148, 155-9, 163, 171, 197, 215
fantasias 10, 38, 59, 102, 189, 209, 215
feminino 7, 43, 125
fenomenologia 79, 146
Ferenczi S. 23, 36, 134, 141, 216
fixação 7-11, 29-31, 46, 69, 81, 121, 191
Fliess W. 43
fobia 20, 71, 125, 150, 177, 190

Índice remissivo

fracasso 15, 28, 46, 139, 158, 180, 190-203, 210
Freud Anna 12, 108, 121, 161, 189, 207, 209, 222
Freud Sigmund 2-13, 16-44, 60, 65-9, 77, 81-5, 92, 101, 109, 117-32, 137, 144-7, 167-71, 189-90, 207-11, 216-7, 222
fusão 31, 35-8, 44, 120, 124, 126

**G**
genital 6-7, 27, 73, 122, 171
Godelier M. 3
gozo XIII, 31, 42, 52, 67, 116, 121-2, 163, 166, 206-8
Graal 122
grande Outro 22, 40, 99, 113, 118, 134, 136
grupo 2, 38, 80, 129, 146, 191, 193, 195-6, 207-11, 216

**H**
Hegel G. W. F. 160
hemofilia 185
Hesse H. 109-16, 121
hermafroditismo 42
heterossexual 110-1, 116
homossexualidade 9, 44, 48-50, 110-3, 116, 129, 195
hormônio 2

**I**
ideal XII, 17, 21-30, 34, 40, 46-54, 69, 82, 99, 103, 105, 114, 117, 119, 122, 129-31, 143-7, 153-5, 163, 171-5, 200, 209, 217
identidade 24, 34, 41, 45, 57, 67-8, 111, 138

identificação 24, 29, 32, 39-44, 46-53, 68-9, 94-6, 104, 111, 145, 161, 167, 176, 189, 201-5, 217
ideologia 56, 217
ídolo 23, 51, 54, 108, 114, 129, 149, 175
Imaginário 51, 81, 86, 93, 145-6, 169, 211, 217
incesto 9-11, 34, 46, 53, 126, 152
incestuoso 7-11, 22, 25, 33-6, 50, 52, 152
inconsciente XI, 5, 7, 13-7, 24, 28, 31, 34, 55, 66, 71, 76, 87, 96-7, 118, 131-6, 141, 146, 170, 189-90, 200, 214, 223
inibição 14, 51, 57, 137, 141, 171, 189-90, 193-4, 199-202, 206, 208-9
instrumentais 191-6
introjeção 22-4, 51-2, 117, 129, 145, 171
investimento 11, 22-5, 29-31, 37, 40, 44, 46-7, 51, 69, 81, 105, 109, 121, 137, 151, 164, 191-2, 195

**J**
Jacob F. 23
Jones E. 5
Jung G. 26, 112
justiça 167, 179-82

**K**
Knabenschaften 4
Kohut H. 153

**L**
Lacan J. 12, 19, 22, 27-31, 34-5,

43, 51, 68, 72-5, 79-86, 91, 94, 98-106, 113, 116-9, 121-2, 134-7, 146-7, 151, 171-4, 208, 217
Laufer M. 5, 12
Lauru D. 205
Lebovici S. 207
Lebrun J.-P. 52, 144, 163, 171, 175
legal 143, 217
líder 175
Loewenstein R. 12
Losserrand J. 4
luto 23, 25, 3, 117, 128, 159, 190

**M**
mãe 8-11, 16, 24, 33-4, 43-2, 76, 96, 102, 111, 139-41, 143-55, 171
Makine A. 19
Mâle P. 1, 12-6, 55, 200, 222-3
mal-estar 17, 70, 198, 216
Malinowski 3
Mannoni O. XI, 28, 216
masculino 4, 7, 42-4, 157
masoquismo 15, 38, 105, 162, 168-70, 200
Mazet Ph. 65, 138, 218
Mead M. 3
medicalização 64, 185
médicos 16, 65, 185, 216
megalomania 52, 70, 92, 162
melancolia 29, 32, 69, 77, 81, 92
Melman C. 52, 72, 144-5, 221
metapsicologia 83
morosidade 15, 191, 193, 197-9, 216
mucoviscidose 185

**N**
Nacht S. 12, 73
*nachträglich* 17, 19
neuroléptico 57, 63, 76
neurose 14, 29, 54, 64, 69, 76-7, 84-92, 94, 123, 139, 190-4, 200-8
neurose de fracasso 15, 190, 199-200, 202
Nome-do-Pai 29, 85-7

**O**
objeto 8-11, 19-45, 51-4, 69-77, 81-2, 88, 99-101, 104-6, 109-10, 119-26, 159, 164, 189, 197, 205, 211-5
ódio 29, 36, 39, 98, 112, 114
organização 2-4, 13, 17, 72, 158
Oury J. 216

**P**
pai 3, 10-1, 36-9, 43, 48-52, 78-9, 81-5, 96, 104, 112-6, 126-31, 139, 143-59, 163, 168, 171-8, 192, 196-203, 210-3
pênis 36, 39, 148, 159, 170
pequeno outro 40, 99, 113, 118-9, 134-6
Perrot M. XII, 4, 17
Platão 119
prazer 6, 23, 38, 49, 102, 126, 162, 170, 175, 189, 217
processo 5-8, 13, 16, 19-26, 37, 41, 49-57, 82, 85-90, 96, 108-12, 116, 122-4, 129, 143, 171, 183, 188-91, 208-9, 222
projeção 22-5, 32, 40, 51, 53, 120-2, 123, 129, 145, 171, 217

psicanálise 4, 8, 12, 20, 24-33, 37, 42-8, 55-60, 63, 68-77, 83, 88, 90-9, 107-8, 112, 119-20, 130-4, 146, 163, 186-9, 193, 204-6, 215-23
psicodrama 1, 57, 59, 63-6, 70, 80, 92, 95, 107, 111, 130, 133-41, 172, 192, 198, 207-13, 218-21
psicogênese 62, 72
psicopatia 143
psicopatologia 13, 20, 55, 109
psicose 14, 29, 36, 44, 61, 67-9, 74-9, 82-9, 92, 94, 109-11, 144, 151, 187, 205-6
psicoterapia 1, 12-6, 56-61, 70-1, 74, 79, 93, 134-5, 150, 165, 183, 191-204, 206, 213, 216-20
puberdade 4-8, 17, 19-21, 24, 39, 51, 55, 68, 96, 104, 147, 151-5, 184, 192, 222

**R**
Rassial J.-J. 82-91, 205
real 11, 24, 30, 41, 45, 49, 67, 84-7, 98, 121-6, 143-8, 166, 171, 174-8
recalque 6-11, 22, 30, 44, 71, 80-1, 87, 95, 101-3, 115, 122, 137, 162, 171, 190, 193, 200
recusa 36, 94, 160, 165, 185
regras 163-8, 207-9
repetição 11, 15, 121, 141, 217
resistência 29, 69, 81-2, 108, 117-9
Revolução 2-4
ritos 3, 17, 64, 195
Russier G. 110

**S**
sadismo 162, 166
Safouan M. 32, 34, 45, 118-9, 171, 173-4
Salpêtrière 65, 138, 188, 218
Sand G. 4
Sédat J. 170
separar 2, 10, 32-3, 141, 143, 197, 204-5
sexo 4, 15, 24, 36-50, 110-4, 121, 124-5, 147, 151
sexualidade 2, 5-9, 24, 41, 47, 89, 100, 109, 114, 151, 162
simbólico 3, 22-6, 28, 31-7, 41-2, 47-53, 81, 86, 94, 96, 118-20, 143, 145, 169-70, 174, 176, 202-3, 205, 218, 220
sintoma 29, 64-72, 74, 82, 86-97, 106, 117, 125, 137, 189-90, 199, 201
Sócrates 119-20, 131
sofista 131
Stein C. 44
Stoller R. 24, 41, 45
suicídio 15, 21, 25, 39, 41-2, 51, 59, 69-70, 74, 110-1, 149, 181, 188, 197-8, 213, 218
supereu 22-9, 1-2, 69, 141, 190, 200, 208, 212, 217

**T**
tempo lógico 1
Tolstoi L. 112
transexual 40-5
transferência 5, 15, 25-30, 36-40, 50, 54, 59, 67, 76-7, 82, 90, 92, 104, 108-11, 115-35, 139, 145, 177, 209-16, 220-2

transitivismo 52, 105, 123
traumatismo 8, 60, 193
Tremblais Th. 12

**U**
Überschätzung 175

**V**
variabilidade 62

véu 39, 122
Ville-d'Avray (hospital de dia) 212, 221
violência 40, 144-9, 159-70, 174-8, 196

**W**
Wandervögel 4, 17
Winnicott D. 5, 12-3

IMPRESSÃO E ACABAMENTO:
**YANGRAF** Fone/Fax: 2095.77.22
e-mail:yangraf.comercial@terra.com.br